ZUSAMMENLEBEN STATT ZUSAMMENROTTEN

Foto: Katrin Seithel

Zur Autorin

Als studierte Ethnologin beobachtet *Katja Johanna Eichler* den Diskurs um Identität bzw. Fragen der sog. »Interkulturalität« schon sehr lange und kommt damit auch im Rahmen ihrer beruflichen Praxis der Europabildung immer wieder in Berührung. Neue Perspektiven zu entwickeln, findet sie wichtig. Dies war auch das Ziel ihrer Dissertation zum Thema Migration und Gesundheit, in der sie eine kompetenzorientierte Sichtweise vorschlägt. Die Autorin hat Ethnologie, Psychologie und Politik an der Universität Heidelberg studiert (Magister) mit Stationen an den Universitäten Lincoln/USA und Oslo. Promoviert hat sie nebenberuflich an der Universität Hamburg (Erziehungswissenschaft). Neben der Dissertationsschrift »Migration, Transnationale Lebenswelten und Gesundheit« (VS Verlag für Sozialwissenschaften 2008) hat sie einzelne Texte veröffentlicht, unter anderem Essays in den Literaturmagazinen *Lichtungen* (Heft 152/2017) und *Schreibkraft* (1/2017). 1999 erhielt sie den Deutschen Studienpreis der Körber-Stiftung (bevor er ein Dissertationspreis wurde) für eine Arbeit zu Malaria aus unterschiedlichen Perspektiven. Die Autorin lebt in Bremen und arbeitet dort in der Europaabteilung der Bremer Senatsverwaltung.

KATJA JOHANNA EICHLER

ZUSAMMENLEBEN STATT ZUSAMMENROTTEN

Warum wir Gruppe und Identität neu denken sollten – eine Intervention

BÜCHNER

ISBN (Print) 978-3-96317-284-7
ISBN (ePDF) 978-3-96317-825-2
ISBN (ePUB) 978-3-96317-826-9

Coverillustration: Christina S. Zhu
Layout: DeinSatz Marburg | tn
Druck und Bindung: Totem.com.pl, Inowrocław

Printed in EU

Die verwendeten Druckmaterialien sind ein FSC-Mix.

Bibliografische Informationen der Deutschen Nationalbibliothek

Die Deutsche Nationalbibliothek verzeichnet diese Publikation in der Deutschen Nationalbibliografie, detaillierte bibliografische Angaben sind im Internet über http://dnb.de abrufbar.

www.buechner-verlag.de

Inhalt

Misfit – warum wir nicht mehr zu unserer Welt passen

Einkaufen, Informieren, Reisen, Studieren, Essen, im Internet surfen und Musik hören? Gerne ohne Schranken! We walk this world… Sich identifizieren? Unbedingt in Grenzen! My group is my castle… Das passt nicht zusammen? Richtig! Und damit willkommen an ›Bord‹ dieses Essays.

Der Mensch möchte differenzieren, trennen und sich selber und andere über die so geschaffenen Zugehörigkeiten identifizieren. Nein, er möchte nicht, er *muss*. Sehr offensichtlich, denn nichts auf der Welt scheint das menschliche Zusammenleben seit jeher stärker zu prägen als die Identifikation über ein Gefühl der Zugehörigkeit bzw. Nichtzugehörigkeit. So stark sich die Welt auch verändert – dieser Modus der menschlichen Selbstwahrnehmung und Sozialordnung scheint konstant zu sein und als etwas Gegebenes allgemein akzeptiert zu werden. Der vorliegende Essay macht sich auf den Weg, um diesem scheinbaren menschlichen Grundbedürfnis auf den Grund zu gehen und seine Zukunftsfähigkeit zu hinterfragen. Man kann diese Ordnung nach Zugehörigkeiten als einen »Mechanismus des ›Wir‹« bezeichnen, wie Tristan Garcia (2018) das tut, oder wie George Orwell (1945) von einem »Nationalismus im erweiterten Sinne« sprechen. Verbindend scheint zu sein, dass das Phänomen, von dem hier die Rede ist, mit »Gruppenhaftigkeit« in Verbindung gesehen werden muss, also mit sozialen Phänomenen, die durch Abgrenzung nach außen und eine innere Vernetzung charakterisiert sind.[1,2]

Die Frage, worin dieses Phänomen wurzelt und welche Folgen es hat, damit werde ich mich hier beschäftigen und dabei von zwei Grundannahmen ausgehen: zum einen von der These, dass die Betonung von bzw. das »Sprechen über Gruppen« seit dem 19. Jahrhundert Gruppen als »Weltbewältigungsinstrument« etabliert hat (Etzemüller 2019/2020: 27). Will heißen, dass diese Strategie der Identifizierung über Zugehörigkeiten allgemein gesellschaftlich befördert und verstärkt wurde und noch immer wird. Dazu gehört auch »der moderne Aufstieg der Identität«, wie von Anthony Appiah (2019:13) diagnostiziert und von vielen Autor*innen beschrieben, so beispielsweise bereits 1991 in »Modernity and Ambivalence«[3] von Zygmunt Bauman. Zum anderen ist das die sicher nicht unbegründete Annahme, dass die Globalisierung aufgrund zunehmender weltumspannender Vernetzung, Reise- und Migrationsbewegungen sowie der Digitalisierung weiter voranschreiten wird. Auf die Frage, ob Nationalstaaten politisch an Bedeutung verlieren werden oder nicht, gehe ich zwar nicht explizit ein, habe aber dennoch keinen Zweifel, dass deren Einfluss für das individuelle *Handeln* abnehmen wird – wobei sie in der *Wahrnehmung* von Menschen natürlich trotzdem eine anhaltende Bedeutung haben können.

Ich gehe also von der Annahme aus, dass der Mensch sich weiter und auch zunehmend grenzüberschreitend informieren, kommunizieren, lernen, konsumieren und bewegen wird. Aus diesen beiden angenommenen Bedingungen ergibt sich meines Erachtens ein enormes Spannungsfeld, das den Ausgangspunkt für meine Überlegungen darstellt. Dessen Ursprung liegt in einer Inkompatibilität der menschlichen Identitätsbildung über gruppen- und damit stark grenzbezogene Zugehörigkeiten und der Globalisierung der Lebenswelten: der Kauf einer Jeans, eines Handys oder einer Mango, die Nutzung von Google, Facebook, Twitter, die direkte oder indirekte Inanspruchnahme von Handwerker*innen, Erntehelfer*innen und Putzkräften aus einem anderen EU-Land, die Rezeption von Corona-Infektionszahlen aus der gesamten Welt, das Live-Mitverfolgen der US-Wahl oder des Hurricanes vor den Philippinen oder die Buchung eines Urlaubs auf den Seychellen: Während Menschen durch ihr alltägliches, verstärkt grenzüberschreitendes Handeln eine neue globale und damit eine immer heterogenere Lebenswelt befördern, stecken sie selbst noch immer in archaischen Fremd- und Selbstwahrnehmungssystemen bzw. Identifizierungsmustern fest. Diese können jedoch nicht länger funktionieren, denn die »über das globale Mediennetz vermittelte neue Vielfalt ermöglicht es, ja zwingt geradezu dazu, die eigene Selbst- und Weltdeutung vor dem Hintergrund vieler anderer Deutungen zu spiegeln und zu relativieren« (Eickelpasch, Rademacher 2013: 8). Darüber hinaus intensiviert sich die analog erlebbare Vielfalt, die durch Flucht und Migration entsteht, globale Bewegungen, die auch keine Pandemie aufhält. Und diese bringt ›den Fremden‹ – zu dieser Kategorie unten mehr – in unseren Alltag, der, so Bauman, »den Einklang zwischen physischer und psychischer Distanz [stört]: Er ist *physisch nahe*, während er *geistig fern* bleibt. Er bringt die Art von Differenz und Andersheit in den inneren Kreis der Nähe« (2016: 89, Hervorh. im Original). Und das ist hart, denn es wirft uns auf die grundlegenden Wahrheiten und Fragen der Menschheit zurück. Diesen auszuweichen, mag zwar kurzfristig betrachtet ein Einfaches sein: Mit Shopping, Reisen, Medienkonsum lassen sich sehr effektiv unbequeme Gedanken fernhalten, gesellschaftlich jedoch geschieht dies auch durch ein übertriebenes Festhalten an Traditionen und Ismen – wobei hier der Nationalismus oder ein bürgerlicher Konservatismus ebenso gemeint sein kann wie ein übertrieben nach außen getragener weltmännischer Kosmopolitismus. Auch wenn es im Blick auf die Auswirkungen in der Gesellschaft natürlich nicht egal ist, in welche Richtung die Ablenkungsmanöver streben – es eint sie dennoch ein Wunsch nach »konturierten Verhältnissen« (Reuter 2002: 237), der seinen Ursprung eben nicht in der »Fragwürdigkeit des Anderen«, sondern in dem »problematisch gewordenen Eigenen« hat (ebd.).

Die Welt leidet unter dem Status quo der selbst geschaffenen Lebensbedingungen und das zeigt sich auch an der Haltung zur Globalisierung: Yes, we can – no, we can't! Wir wollen sie, wir leben sie, aber wir können sie nicht aushalten. Zu den verheerenden Folgen dieser Unvereinbarkeit gehören die global aufblühenden Nationalismen und die zunehmenden Trennlinien, die innerhalb von Gesellschaften gezogen werden, sowie damit natürlich auch der aufblühende Rassismus. Diese Überlegung ist keinesfalls neu und wurde in Zusammenhang mit dem Nationalismus bereits von Adorno formuliert: »Das Klima […], das am meisten solche Auferstehung fördert, ist der wiedererwachende Nationalismus. Er ist deshalb so böse, weil er im Zeitalter der internationalen Kommunikation und der übernationalen Blöcke sich selbst gar nicht mehr so recht glauben kann und sich ins Maßlose übertreiben muss, um sich und anderen einzureden, er wäre noch substantiell«. Theodor W. Adorno hat diesen Satz in seinem sorgenvollen Aufsatz »Erziehung nach Auschwitz« im Jahr 1966 formuliert (2003: 5), aber er entbehrt auch heute nicht der Aktualität, wenn auch nicht in Bezug auf eine Blockbildung, sondern vor dem Hintergrund der Globalisierung – beides Prozesse, die aus kleinteiligen politischen Einheiten bzw. im Fall der Globalisierung aus begrenzten Handlungs- und Wahrnehmungseinheiten größere machen.

Ein weiterer Fingerzeig, dass dieser ›Misfit‹ zwischen menschlichen Fähigkeiten und Lebenswelt deutlich gespürt wird, ist die aktuelle Debatte um Identität und Identitätspolitik. Auch dieser aufgeregte und harsche Diskurs ist Ausdruck von Sorge. So eint die scheinbaren Kontrahenten im Grunde allesamt die verzweifelte Beobachtung der aktuellen Entwicklungen: der gesellschaftliche Zerfall durch neu geschärfte Trennlinien, eine »Fragilität« und »Zerbrechlichkeit«. Eine Analyse dieser Situation und was sie für Deutschlands »gesellschaftliche Mitte« bedeutet, findet man beispielsweise in der Studie »Verlorene Mitte, Feindselige Zustände« (Zick, Küpper, Berghan 2019). Die große Sorge, die Angst sowie die damit einhergehende Aufgeregtheit, Angespanntheit und insbesondere Ziellosigkeit der aktuellen Debatten schließlich werden im Folgenden auf eine gemeinsame Wurzel zurückgeführt: Es gibt im Moment keine Vision davon, wie eine an die neuen globalen Rahmenbedingungen angepasste Gesellschaft funktionieren könnte, und vor allem nicht davon, welche Voraussetzungen der einzelne Mensch an sich in einer zunehmend entgrenzten Welt ausbilden müsste. Es existiert eine gesellschaftliche Wahrnehmung, dass in der Welt alles irgendwie nicht zueinanderpasst, aber es gibt keine Vorstellung davon, wie die Kompatibilität von Mensch und Welt verbessert werden könnte. Sehr stark diskutiert werden gemeinhin gesellschaftliche Rahmenbedingungen, wenig bis gar nicht werden hingegen die menschlichen Voraussetzungen und Bedingungen beleuchtet, die scheinbar als ›gegeben‹ betrachtet werden. Eine grundlegende Debatte der diesbezüglichen Ursachen, quasi der menschlichen ›Software‹, fehlt. Dazu unten mehr.

Eines ist klar: Schnelle und einfache Antworten kann es nicht geben, sie darf es auch nicht geben. Vorschläge wie zum Beispiel den von Francis Fukuyama, »nationale Bekenntnisidentitäten auf den Gründungsideen der modernen liberalen Demokratie zu errichten« (2019: 195), oder die Aufforderung, Identität als Konzept einfach abzuschaffen, wie Rebekka Reinhard und Thomas Vašek in der *Zeit* fordern (*Die Zeit* 07/2019), sind Antworten, die aus der bereits geschilderten und gut nachvollziehbaren Sorge oder auch aus einer gewissen Genervtheit ob der lauten Debatten erwachsen. So richtig weiterhelfen tun sie nicht, denn wie die vielen anderen Beiträge in der Debatte vermitteln sie keine Idee, wie sich die Zukunft der menschlichen Identitätssozialisation alternativ gestalten könnte. Sie beschäftigen sich viel zu wenig mit dem Menschen an sich, dessen sozialen und mentalen Fähigkeiten, die ja die primären Bedingungen stellen bzw. Potenziale und Grenzen beschreiben, wie menschliches Leben in einer entgrenzten und undifferenzierten Welt friedvoll zu entfalten wäre. Es muss hierbei einen Schritt geben, der uns endlich von den Konzepten der Multikulturalität oder Interkulturalität wegführt, die retrospektiv betrachtet nicht anders denn als notwendige historische Übergangsmodelle zu bewerten sind. Sie können auch gar nichts anderes sein, da sie sich von der Vorstellung getrennter gruppenbezogener Identitäten nähren. Jede theoretische und praktische Arbeit, die auf diesen Konzepten basiert, trägt zu ebendiesen Trennlinien bei bzw. stärkt diese Denkart.

Wenn wir darüber hinauswollen, dann bewegen wir uns auf einem Terrain, von dem wir uns im Moment nicht vorstellen können, wie es sich gestaltet, wie es aussieht, wie es sich anfühlt. Wenn Fukuyama behauptet, dass wir uns nicht von Identität und Identitätspolitik lösen können (ebd.: 192), dann ist das erstens sehr kurzfristig gedacht, will heißen, es ist richtig, dass wir, so wie wir heute auf dem Planeten Erde leben, das vermutlich nicht mehr umsetzen können; und es ist zweitens bequem, weil wir uns ersparen, einen zentralen, Sicherheit versprechenden Faktor unseres Unterbewusstseins hinterfragen zu müssen. Es ist immer unbequem, Gewohntes loszulassen, kann in diesem Fall aber einen echten Mehrwert entwickeln. Insbesondere wenn man Appiahs These einbezieht, dass Identitäten ohnehin nichts weiter als Fiktionen darstellen, dass es »letztlich Lügen seien, die uns verbinden« (2019: 18). Schwierig ist es, weil diese »Lügen«, diese Bilder von Zugehörigkeiten fest in unserer Wahrnehmung ›verbaut‹ sind. Um es mit Welzers Worten zu sagen: Wir müssen unsere »mentalen Infrastrukturen umbauen« (2013: 64). Und das bedeutet eben, dass wir uns auf unbekanntes Terrain vorwagen müssen, um eine Perspektive zu entwickeln, die möglicherweise zukünftige Generationen weiterführen bzw. umsetzen werden. Garcia beschreibt diesen Prozess am Ende seiner Ausführungen über die Logik des »Wir« als eines trennenden Identitätselements so: »Die Erzählung bewegt sich hingegen voran. Schon wenn wir uns selbst erzählen, wie wir es bisher in diesem ganzen Buch getan haben, haben wir uns verändert. Wir haben die Vorstellung von uns selbst vorangebracht und sind nicht mehr für die reaktionären, modernen oder postmodernen Modelle unserer Identitäten aufnahmefähig. Nun bemühen wir uns schon um den nächsten Schritt. Was wäre normaler? Das politische Denken besteht im Bemühen um den nächsten Schritt, nicht in der Konzeption einer messianischen Gestalt des allerletzten Endes.« (2018: 286) Ulrich Kattmann wiederum stellt die Frage nach einer Überwindung von Rassismus und kommt zu dem Ergebnis, dass »die Frage der Menschen nach Identität und Zugehörigkeit zu einer Gruppe nicht gänzlich als ungebührlich abzuweisen« sei und dass es darum gehen müsse, »ein selbstbewusstes und selbstsicheres Verständnis von der eigenen Gruppe zu entwickeln«, um dem Bedarf nach feindlicher Abgrenzung entgegenzuwirken (2015: 6). Das ist sicherlich eine gute Herangehensweise für den Moment. Es kann jedoch nicht die Vision der Zukunft sein, denn gruppenbezogene Identität wird immer eine abgrenzende sein und deren Trennschärfe immer eine gefährliche Gratwanderung. Heißt: Es muss von Grund auf neu gedacht werden und dies sogar vom tiefsten Grund auf – man betrachte nur einmal die gängige, unhinterfragte Annahme, dass Menschen eben Gruppenwesen seien. Diese Hinnahme findet sich auch bei Appiah, der sich – vielleicht auch nur resignativ – auf die »Ansicht von Evolutionspsychologen« bezieht, die auf evolutionäre Anpassungsprozesse verweisen, bei denen sich Gruppen vermutlich als hilfreich zur Sicherung des Überlebens erwiesen (2019: 58).

Die erste Schlüsselfrage, die zu diesem neuen unerschlossenen Gebiet, einer neuen Logik führt, ist diejenige nach einer menschlichen Identität, die *nicht* in der Vorstellung von Zugehörigkeiten gründet. Damit müssen auch Grundlagen der sozialen Ordnung an sich infrage gestellt werden. Und ja: Sogar das Prinzip der Ordnung selbst muss unbedingt kritisch betrachtet werden. Das allein mag bereits befremdlich klingen, da man sich damit scheinbar gegen die menschliche Natur wendet, gegen ein menschliches Grundbedürfnis eben. Gemäß Zygmunt Baumans Auffassung stemmt sich ein solches Projekt insbesondere gegen das Streben des Menschen seit der Moderne, »Ambivalenz auszulöschen« – ein Versuch, der in einen ständigen Prozess der Konstruktion von Ordnung mittels Klassifizierungen und dem Setzen von Grenzen mündet (vgl. Bauman 2016: 15). Dabei ist eines klar: Jedes Ordnen und Klassifizieren produziert »Überbleibsel« (ebd.: 54). In einer Welt, die bald größtenteils aus Heterogenität, also insgesamt aus nicht zuzuordnenden »Überbleibseln« bestehen wird, ist das ein Problem. Können wir wirklich nicht anders? Oder müssen wir versuchen, unseren inneren Drang nach gruppenorientierter Zugehörigkeit besser zu verstehen? Ich meine: Ja, und zwar dringend. Mein Essay möchte zu einer Hinwendung zu dieser Zukunftsfrage motivieren.

Bauman betrachtet das »Ordnen« als »wesentlich eine rationale Aktivität, die mit den Prinzipien moderner Wissenschaft und, allgemeiner, dem Geist der Moderne in Übereinstimmung steht« (2016: 54) und beleuchtet auch deren dunkle Seiten. Ich möchte Baumans Perspektive ergänzen durch Aspekte, die von der Warte einer rein kognitiven oder rationalen Betrachtung nur schwer begreifbar sind.

Ein erster Schritt hin zu einem solchen tieferen Verständnis ist das Eingeständnis, dass der Mensch – auch die heutige moderne Spezies – nicht ausschließlich von rationalen, konkreten Bedürfnissen geleitet wird. Vielmehr bewegen sich diese auch im Rahmen von abstrakten Dimensionen, die in ihrem Zusammenhang mit gesellschaftlichen Ordnungssystemen betrachtet werden müssen. Hierbei geht es um subtile bzw. unserem Handeln unbewusst zugrunde liegende Strukturen und Muster. In diesem Zusammenhang können ethnologische Grundlagentexte weiterhelfen. Insbesondere ist es lohnenswert, Arbeiten der Ethnologin Mary Douglas zu der sozialen Relevanz von Ordnungsvorstellungen und der Dichotomie Rein-Unrein wiederzuentdecken. Auch Gedanken zur Struktur von ›heiligen Räumen‹ des (umstrittenen) Religionsphilosophen Mircea Eliade werden hierfür zu einem vertieften Verständnis hinzugezogen.

Eine Antwort auf die hier gestellten Fragen kann man nicht einfach aufschreiben oder schnell und laut herausrufen. Man wird sie weder in Form von Kurznachrichten oder Tweets bearbeiten können. Diese Antwort wird in einem fordernden, gemeinsamen Prozess vieler Beteiligter mit unterschiedlichen Perspektiven und aus diversen Fachrichtungen entwickelt werden müssen. Er sollte gekennzeichnet sein von dem Versuch, neu zu denken, und von einem respektvollen Umgang. Jeder Beitrag kann ein Mosaik für ein gänzlich neues Bild sein – es gibt für diesen Schritt kein Richtig oder Falsch. Dieser Text versteht sich als ein Impuls in diese Richtung. Es braucht einen entspannten und visionären Diskurs ohne Abgrenzungs- und Differenzierungsreflexe, die sich normalerweise in medialen, wissenschaftlichen und journalistischen Debatten wiederfinden. In diesem Sinne und vor diesem Hintergrund möchte ich aus einer kulturanthropologisch geprägten sozialwissenschaftlichen Perspektive heraus verstehen, warum sich die Identitätsbildung hauptsächlich über Zugehörigkeiten gestaltet. Was macht diesen Mechanismus für den Menschen so überaus attraktiv, dass er als ein unhinterfragtes Moment gelebt, akzeptiert und durch Sozialisationsprozesse befördert wird? Den Spuren meines Interesses folgend werde ich am Ende auch zu denjenigen menschlichen Fähigkeiten und Kompetenzen gelangen, die eine Identitätsentwicklung unterstützen würden, aber eben nicht auf Zugehörigkeiten gerichtet sind und sie als »Konnektivitätsbewusstsein« (Bielefeld 2016) und ›Selbstverortungskompetenz‹ bezeichnen.

Ein Essay, der sich mit der heiklen Unterscheidung zwischen ›Wir‹ und ›Die‹ beschäftigt, kommt nicht umhin, an dieser Stelle selbst etwas Transparenz zu schaffen: Allein in diesem kurzen Textabschnitt habe ich mehrfach ein noch unhinterfragtes ›Wir‹ verwendet. Welche gruppenbezogenen Grenzlinien wurden hiermit angewandt? Klar ist: Hier schreibt eine Europäerin, eine Deutsche ohne Migrationshintergrund, mittleren Alters, Akademikerin, vermutlich der Mittelschicht zuzuschreiben. Damit gehört die Autorin, rein statistisch gesehen, zu einer stark repräsentierten und repräsentierenden Gruppe in unserer Gesellschaft, zwar nicht Babyboomerin und auch nicht Mann, aber dennoch Teil der gesellschaftlichen Mehrheit und eine, global betrachtet, per se mit reichlich Privilegien ausgestattete Person. Diese Beschreibung stellt indes keine Selbstzuschreibung dar (die würde sich vermutlich ganz anders gestalten), sondern spiegelt, was typische Fremdzuschreibungen sein könnten. Ich habe kein Bedürfnis, für eine dieser genannten Gruppen zu sprechen und schon gar nicht besitze ich die Autorität, dies zu tun, denn gemäß Appiah muss das »Privileg, eine Gruppe zu repräsentieren, verliehen oder erworben werden« (2019: 42). Vielmehr möchte ich hier verdeutlichen, dass diese Identität eine Menge perspektivische Problematiken mit sich bringt, sieht man sie im Kontext eines globalen Machtsystems. Dies wiederum muss mit den hartnäckig nachwirkenden Aspekten der europäischen und auch deutschen kolonialen Vergangenheit sowie der spezifisch deutschen Geschichte in Zusammenhang betrachtet werden. Mit der eigenen Begrenztheit, der eigenen kontextuellen Gefangenheit kann man sich beschäftigen, man kann sie sich anlesen, studieren, wissen und auch reflektieren. Am Ende ist sie aber dennoch nicht gänzlich abstreifbar – zumindest nicht diejenigen Dimensionen, die Teil unserer »mentalen Infrastrukturen« geworden sind und die uns durch gesellschaftliche Sozialisationsprozesse zu eigen gemacht wurden. Der Ansatz der »critical whiteness« deutet auf diese Problematik hin. Eine Veränderung dieser Infrastrukturen kann nur in einzelnen Schritten vollzogen werden, nie auf einmal im Hier und Jetzt – und wohl auch kaum im Laufe eines Menschenlebens.

Hier setzt mein Essay an und möchte einen Beitrag leisten, eine Einladung und ein kleiner Schritt ins Morgen sein. Seine zentralen Fragen werden sein: Zu welcher Art von Zusammenleben sind wir als Menschen eigentlich fähig? Können wir das Menschsein ohne Gruppe und Grenze überhaupt aushalten? Und: Könnten wir Fähigkeiten ausbilden, die uns zu einem anderen Zusammenleben befähigen? Ich meine: Ja. Und möchte motivieren, in diese Richtung weiterzudenken. Natürlich tue ich dies unweigerlich in einem engen Bezug zur eigenen Lebenswelt, die von bestimmten Trennlinien und Machtstrukturen geprägt ist und aus meiner eigenen privilegierten Position heraus. Wo immer ich im Verlauf des Textes gruppenbezogene Identifikationsprozesse kritisch reflektiere, wo immer ich über die notwendige Flexibilisierung von Gruppenstrukturen spreche, damit *neue* Sozialisationsprozesse möglich werden, geschieht dies aus dieser grundsätzlich privilegierten Position heraus, mit Blick auf ebendiese per se privilegierten Gruppen. Im Schlussteil des Essays wird es heißen, dass all das Beschriebene gerade *hier* – in Europa und in Deutschland – beginnen könnte. Das heißt im Umkehrschluss auch: Ich beschäftige mich gerade nicht mit den Gruppen und den gruppenbezogenen Identitäten der vermeintlich ›Anderen‹. Vielmehr adressiere ich die Gruppenbezogenheiten, die mir selbst gesellschaftlich zugeordnet sind – und die aus den oben genannten historischen Erfahrungen heraus äußerst problematisch sind.

Am Ende wird es darum gehen, die eigene Bezogenheit zu Gruppen – seien sie konkret oder imaginär – zu reflektieren. Und es wird deutlich werden, dass es die privilegierten, gegenwärtig machtvollen Gruppen sind, die ihrerseits nun in diesem gesellschaftlichen Reflexionsprozess ebenso einen Schritt nach vorne machen müssen! Gleichzeitig ist in unserer Gesellschaft aber auch bereits ein neues ›Wir‹ entstanden bzw. ist das »Wir« durch Zuwanderung, neue Lebensformen, Geschlechteridentitäten etc. in ständiger Bewegung. Und da dies unbedingt weiter das gemeinsame Ziel sein muss, ist es wichtig, solche Wege gemeinsam zu begehen und ein gemeinsames Nachdenken anzustoßen. Auch deshalb, weil dieser Essay Mary Douglas in ihrer Annahme folgen wird, dass es durchaus universale Mechanismen gibt, die soziale Ordnungen und Trennlinien bestimmen. Dieser Text ist daher eine Einladung an alle Interessierten: Durch das Lesen und gemeinsame Nachdenken über die hier aufgeworfenen Fragen kann überall ein neues, zukunftsfähiges Wir entstehen. Und trotzdem: Europa bzw. Deutschland waren in der Geschichte das Zentrum, von welchem aus Fremdheitskonstruktionen und Gruppendenken exportiert, auf die Spitze und in die dunkelste Ecke der Menschheit getrieben wurden. Einen Rückbau dieser Mechanismen sollten wir von hier aus anstoßen und aktiv mitgestalten!

What a Difference a Human Makes …

Die Erhebung zur Zeitverwendung 2012/2013 des Statistischen Bundesamtes (das seit Beginn diesen Jahres eine aktuelle Erhebung durchführt) erfasste seinerzeit 9 Haupt- und 48 Unterkategorien und mit diesen insgesamt 165 Aktivitäten (Theisen 2017: 14). Insgesamt wurde die Zeitverwendung von 5.040 Haushalten mit 11.371 Personen ab 10 Jahre an 33.842 sogenannten »Tagebuchtagen« erfasst (ebd.: 17). Vom sogenannten »Persönlichen Bereich/Physiologische Regeneration«, wozu zum Beispiel Aktivitäten wie Schlafen, Waschen, Essen und Trinken gehören, über die Kategorien »Erwerbstätigkeit«, »Bildung« und »Haushaltsführung und Betreuung der Familie« bis hin zu »Ehrenamt«, »Soziales Leben«, »Mediennutzung«, »Sport/Hobbies« und »Wegezeiten« wurden sämtliche Lebensbereiche erfasst. Besonders im Fokus standen bei dieser Studie familien- und bildungspolitische Fragestellungen sowie Aspekte, die eine »veränderte Wohlstandsmessung« ermöglichen sollten, die »über ökonomische Kerngrößen« hinausgeht (Theisen 2017: 11f.). Hierbei wurden vor allem Fragen der »Lebensqualität« und Möglichkeiten »freier Zeitgestaltung« betrachtet – sicherlich wichtige Aspekte, die vermutlich immer noch sehr dem Zeitgeist entsprechen, was sich in der aktuell laufenden Erhebung allerdings erst noch zeigen muss.

In diesem Kontext wäre es meines Erachtens ebenso interessant, zu fragen, wie viel Zeit Menschen eigentlich für ihre Identität verwenden. Das mag zunächst einmal seltsam oder nicht machbar klingen. »Ich verwende Zeit für meine Identität?«, würde der eine oder andere – vor allem auch sich selber – fragen. Ja, das tun wir! Wir hier, in unserer weitgehend gesättigten Gesellschaft, tun dies sogar quasi ständig. De facto würde eine

Studie vermutlich feststellen, dass jede der in der Destatis-Studie untersuchten Kategorien, Unterkategorien und Aktivitäten in Verbindung mit Identitätsfragen oder mit der Entscheidung für eine Zugehörigkeit zu betrachten ist. Das glauben Sie nicht? Heute ist unser Leben eingebettet in ein engmaschiges Konsumnetz – jede Entscheidung für einen Kauf oder Nichtkauf geht zurück auf die Frage einer bestimmten Haltung oder Einstellung bzw. auf die Frage, wie eine solche nach außen repräsentiert werden soll: Welche Zahnpasta benutzt wird, welches Shampoo, welcher Duft, welche Rucksackmarke – unser gesamtes alltägliches Leben wird begleitet von Kaufentscheidungen und diese wiederum von Werbung, die eine bestimmte Lebenshaltung oder Persönlichkeit mit einem Produkt verbindet. Der reife Mann nimmt dies, die unabhängige Frau das, der Akademiker benutzt jenes, der Individualist raucht dieses, das Abenteuer beginnt hiermit und das hier macht Familien modern. »Konsum-Kapitalismus« nennt Eva Illouz (2019) dieses Phänomen und beschreibt, wie weit dieser bis in das intimste Beziehungsleben hineinwirkt. Als »Lifestyle-Kapitalismus« benennt dies Robert Misik in Anlehnung an Jeremy Rifkins Begriff des »Kulturkapitalismus«: »Firmen haben damit begonnen, ihre Produkte mit einem Lebensstil, einem Lebensgefühl zu verbinden, um sie besser verkaufen zu können – und heute werden die Produkte oft in erster Linie gekauft, um einen Lebensstil zu erwerben.« (2015: 1) Wir leben in einer Gesellschaft, die mit ihrem wirtschaftlichen Wachstumscredo auf einer Identitätsindustrie basiert, die ihrerseits von den Ängsten der Menschen lebt, »sich keine dem postmodernen Leben entsprechende Identität schaffen zu können«, und daher »Individuen in der Postmoderne abhängig von den Angeboten der Konsumgesellschaft [macht]«. Thomas Kron und Melanie Reddig (2011: 463) haben dies in einer Zusammenfassung des Ansatzes des polnisch-britischen Soziologen und Philosophen Zygmunt Bauman ausgeführt.

Unentwegt scheinen Menschen individuell und gesellschaftlich mit Fragen der Identität beschäftigt zu sein: mit der Konstruktion, der eigenen Zuordnung oder derjenigen von anderen Menschen. Wir kleiden und schmücken uns in besonderer Art, üben Sprechweisen, schwören auf eine besondere Wochenzeitung oder einen bestimmten Youtube-Kanal, befestigen Aufkleber auf unseren Autos oder Briefkästen, die besagen, was wir gut oder schlecht finden oder auch, an welchen Orten der Welt wir schon waren, wo wir uns beheimatet sehen, in welchem Land, in welcher Stadt, in welchem Bezirk. Wir tragen Buttons, bestimmte Marken oder nur Secondhand und gerne T-Shirts mit Sprüchen. Wir identifizieren uns mit Rap, Hiphop, Schlager oder der Musik aus den Achtzigern beziehungsweise ist das alles viel zu ›mainstream‹ für uns und wir hören nur Klassik oder schwören auf Jazz, aber auf keine Fall iTunes, sondern Platte, denn wir machen das anders und deswegen lernen unsere Kinder auch Horn und Geige. Wir können nur in bestimmten Stadtteilen wohnen, entweder aus Kostengründen oder weil wir dort unseresgleichen finden – was beides natürlich in engem Zusammenhang stehen kann –, oder wir ziehen in einen Stadtteil, der gerade (noch) kein Kollektiv anzieht und zählen uns damit ebenso zu einer bestimmten Art von Mensch, den Individualisten, die gerade nicht zu diesen »Konsumtrotteln« oder »Kommerzidioten« (Misik 2015: 2) gehören möchten und am Ende dann – ups – doch wieder Teil eines Kollektivs sind, für welches es passende Angebote gibt: »Fair Trade. Die schönen Dinge, wie sie Manufactum verkauft. Mode Retro. Die Vermarktung des Schäbigen. Das besonders ausgefallene Teil, das signalisiert, dass Sie anders sind als die anderen.« (ebd.) Wir verpflichten uns der einen Sportart, dem einen Fußballverein, den Sportmuffeln, der einen Partei, benutzen Apple, weil wir uns eher zu den Kreativen zählen, schauen auf keinen Fall Privatsender und essen nur Bio oder eben gerade nicht. Nichts von dem, was wir tun, scheint zufällig zu sein, hinter fast jeder menschlichen Handlung steht eine bewusste und möglichst aussagekräftige Ausstattung unserer Person, die uns von anderen abgrenzt, die uns einer bestimmten Gruppe von Menschen zuordnet – oder auch gerade nicht, was uns dann eben zu einem Teil des ›Gerade-nicht‹-Kollektivs mit eigenen charakteristischen Merkmalen und insbesondere Konsumentscheidungen macht.

Dass über die »Kultivierung seines Geschmacks [...] das Selbst seine Einzigartigkeit [erfährt]« (Illouz 2019: 304), wissen wir aus Bourdieus soziologischen Studien zum Zusammenhang von Geschmack und sozialem Status. Wenn Bourdieu sich mit den Nuancen von Geschmacksdifferenzen beschäftigt, beispielsweise in Bezug auf Kunstwerke, indem er zwischen dem legitimen, dem mittleren und dem populären Geschmack unterscheidet, dann zeigt er damit, wie hierdurch feine gesellschaftliche Unterschiede geschaffen werden, die für die Bestimmung sozialer Positionen bestimmend sind (Bourdieu 1987/2016: 36ff.). Zwar wandeln sich durch die Globalisierung und die Digitalisierung herkömmliche soziale Strukturen und das Verhältnis von »ökonomischem«, »kulturellem« und »sozialem Kapital«[4] wird neu justiert bzw. dynamisiert. Aber das ändert nichts an dem grundlegenden Faktum, dass sich Identität auch über Geschmack bildet und dass Geschmack als »Legitimitätsnachweis« für die soziale Position gilt (ebd.: 115ff.). Möglicherweise gerade weil diese klaren klassenbezogenen Strukturen nicht mehr existieren bzw. wandlungsfähiger sind, scheint eine möglichst ausgeprägte Selbstrepräsentation an Bedeutung zu gewinnen – manchmal auch in Verbindung mit der Bekräftigung von (eigentlich längst überholten) sozialen Distinktionen. (So ist zum Beispiel ein Aufkommen konservativer, stark bürgerlich orientierter Lebensweisen junger Familien zu beobachten.) Selbstverständlich gibt es diesbezüglich individuell ausgeprägte Unterschiede – das hat sicher jeder schon festgestellt. So gibt es Menschen, für die es sicherlich vordergründiger ist, aktiv zu gestalten, was andere von ihnen wahrnehmen (sollen), und solche, denen dies relativ – wenn auch nicht komplett – egal ist. Mag sein, dass es hier alters-, geschlechtsspezifische und soziokulturelle Unterschiede gibt, und vielleicht auch regionale und globale. Vielleicht sind Identitätsfragen in der hier dargestellten Ausprägung in mancher Hinsicht ein Luxusphänomen, das – man denke an die Maslow'sche Bedürfnispyramide[5] – erst dann voll greifen kann, wenn alle lebensnotwendigen Bedürfnisse gestillt sind? Was dann die Frage aufwürfe, wo sich Identität in dieser Pyramide genau wiederfinden würde.

All diese Vielleichts könnten untersucht werden, allerdings bliebe die Frage bestehen, *wofür* Menschen all diese Anstrengungen unternehmen. Schließlich ist Gruppenzugehörigkeit – anders als dies in der Steinzeit der Fall war – heutzutage keine Frage des Überlebens mehr. Und angesichts der Tatsache, dass die Gründerin eines jungen Start-ups oder ein digitaler Nomade ohne akademischen Abschluss ein höheres Einkommen erzielen kann als ein promovierter Akademiker, ist sie auch längst keine Garantie mehr für eine hohe soziale Position – wie auch immer man diese definieren mag. Warum also solch ein komplexes und verzweigtes Differenzierungssystem? Denn – eines muss man an dieser Stelle klar festhalten: Konsumentscheidungen bzw. geschmacksbezogene Entscheidungen fungieren nach Bourdieu als »Teilungsprinzipien, die mit Begriffen zugleich Gruppen schaffen« (Bourdieu 1987/2016: 748). Sehr deutlich erkennbar scheint es ein menschliches Grundbedürfnis zu geben, das für uns als frühere ›Herdentiere‹ bzw. zum Überleben auf die Gruppe angewiesene Lebewesen so zentral war, dass wir es noch nicht ablegen konnten. Obwohl die Gruppe nicht mehr Leib und Leben schützt und uns auch keinen unmittelbaren konkreten Mehrwert bringt, scheint es einen Identitätshype zu geben. Sich kleineren (beispielsweise veganen) oder größeren (beispielsweise nationalen) Kollektiven öffentlich sichtbar zuzuordnen, ist angesagt. Das ist sicher auch – wie schon zu Anfang erwähnt – eine Reaktion auf die zunehmende Globalisierung mit ihren »dislozierenden Effekten«: Sie »[zerstört] die zeitliche und räumliche Koordination der Repräsentationssysteme für kulturelle Identität und imaginierte Gemeinschaft mit Macht« (Hall 2017/2018: 127). Das Chaos oder – nennen wir es hier einmal: – das große unfassbare grenzenlose Nichts, was hierdurch entsteht und »Identität heimatlos« (ebd.) macht, ist offensichtlich für Menschen kaum bis gar nicht auszuhalten. Es scheint, dass es unser Ich, unsere Persönlichkeit nicht aushält, nur ein undifferenzierter Teil eines riesigen grenzenlosen homogenen Kollektivs zu sein. In unserer Wahrnehmung käme das dem Tode gleich. Spätestens an diesem Punkt wird klar, dass Grenzen »existenziell« sind, wie Schiffauer sagt (2006: 103). Er führt aus, wie daher im »Sprengen von Grenzen eine gewisse Ambivalenz [liegt]«; auch wenn es gleichzeitig Freiheit suggeriere, führe die erfahrene Strukturlosigkeit dennoch »zu Ängsten vor Verlorengehen, Selbstverlust und Haltlosigkeit«. Im Umkehrschluss bedeutet dies gemäß Schiffauer, dass das Ziehen von Grenzen »die Antwort auf die Urangst des Selbstverlusts« darstellt (ebd.).

Darum geht es also bei der universal verbreiteten und prominentesten Grenzziehung, die wir alle jederzeit und allerorten gerne vornehmen, derjenigen, die im selben Zug das Wir stiftet und das Ich nährt – die Unterscheidung von Eigenem und Fremden. Diese Kategorisierung hat sich durch seine Praktikabilität bewährt, denn »[d]as Eigene stiftet Heimat, Zugehörigkeit, Identität und Kontinuität – Fremdes löst Unruhe aus, bedroht die

Identität und durchbricht die Tradition.« (Reuter 2002: 10) Dieses Bedrohungsgefühl geht seit Menschengedenken einher mit einer zerstörerischen Kraft, die sich leider weit jenseits der bis hierhin geschilderten harmlosen Selbstausstattung mit Anti-AKW-Aufklebern und Sprüche-T-Shirts bewegt. Um das Ich oder vielmehr das Eigene zu verteidigen, gilt es um jeden Preis, Trennlinien und Differenzierungen zu erzeugen. Es ist dasjenige menschliche Grundbedürfnis mit den brutalsten Auswirkungen der Menschheit, denn es liefert den Stoff für Genozide, Kriege, Unterdrückung – Ereignisse, deren Spuren tief in unseren Planeten eingraviert sind. Sie bestimmen noch immer kollektive Identitäten und die dazugehörigen Wertigkeiten, die Menschen von außen zugeschrieben werden und die sie von innen beschreiben; die Leib und Leben gefährden und allentscheidend dafür sein können, ob wir ein menschenwürdiges, erfüllendes Leben führen können oder nicht oder ob uns gar das Leben an sich untersagt wird.

Diese tiefen Spuren der Weltgeschichte zu überwinden, scheint ein fast übermenschliches Vorhaben, und doch – sollte es nicht möglich sein, von Menschen Erzeugtes auch kraft menschlichen Vermögens zu überwinden? Schließlich dient die Identifizierung mit einer Gruppe nicht nur als ein Wattebausch voll Wellness für das menschliche Ego. Zur selben Zeit wird sie zum Hammer im Werkzeugkasten der Macht und dient als Ventil für die destruktiven Seiten menschlichen Handelns. Heißt das, wir können nicht anders? Heißt das, auch Nationalist*innen, Rassist*innen und Faschist*innen folgen im Grunde nur einem Grundbedürfnis, gegen das sie sich nicht wehren können? Nein, mitnichten heißt es das. Wie in anderen Zusammenhängen sollten Menschen – im Gegensatz zu Tieren – auch hier in der Lage sein, ihre Bedürfnisse zu steuern bzw. die Anwendung von gesellschaftlichen und kulturellen Regeln zu unterstellen. In diesem Sinne spiegelt eine Berufung auf ein menschliches Gruppen-Grundbedürfnis die größtmögliche Einfältigkeit und einen niedrigen Evolutionsstand in der Gestaltung menschlichen Lebens wider, die nur das blanke und ungezügelte Zusammenrotten in einer möglichst einheitlichen Gruppe zur Abgrenzung gegenüber vermeintlich ›Anderen‹ kennt. Es ist der bequemste Weg zur Sicherung des Egos bzw. der eigenen Identität. Nur ist dies leider nicht mehr zeitgemäß – schlicht nicht zukunftsfähig.

Man denke nur daran: Kurz vor dem Aussterben waren die Dinosaurier am größten.

Es gibt aber noch ein anderes Argument, weswegen die Gleichsetzung der gruppenbezogenen Identität mit einem menschlichen Grundbedürfnis nicht funktioniert. Es verneint einen ebenso existenziellen Trieb des Menschen, der sich in der heutigen Identitätsgestaltung genauso stark zeigt wie der Kollektivierungsreflex: Es ist der Wunsch nach Individualität an sich, das Ich-Bewusstsein. Wenn Adorno Folgendes schreibt, deutet er auf diese Polarität hin: »Für das Allerwichtigste gegenüber der Gefahr einer Wiederholung [von Ausschwitz und des Nationalsozialismus, Anm. der Autorin] halte ich, der blinden Vormacht aller Kollektive entgegenzuarbeiten, den Widerstand gegen sie dadurch zu steigern, dass man das Problem der Kollektivierung ins Licht rückt. Das ist nicht so abstrakt, wie es angesichts der Leidenschaft gerade junger, dem Bewusstsein nach progressiver Menschen, sich in irgendetwas einzugliedern, klingt. Anknüpfen ließe sich an das Leiden, das die Kollektive zunächst allen Individuen, die in sie aufgenommen werden, zufügen. Man braucht nur an die eigenen ersten Erfahrungen in der Schule zu denken.« (1966/2003: 3)

Adorno thematisiert hier einen Widerspruch: Identität trägt zur Individualisierung bei, macht Menschen zu Individuen, macht lebendig, ›rettet‹. Und doch scheint es für den Menschen gleichzeitig von höchster Attraktivität zu sein, seine Identität aus der Zugehörigkeit zu Gruppen zu beziehen, die das Ego nähren, legitimieren und sichern. Diesen Widerspruch, so spannungsgeladen, hochexplosiv und verheerend er ist, zu verstehen und aufzulösen, könnte (noch immer) eine der wichtigsten Herausforderungen für den heutigen und zukünftigen Menschen sein.

Identität – das ewige Karussell

Und nun? Eine weitere Ausführung zum Identitätsbegriff? Oder besser noch: zum Pro und Contra einer Identitätspolitik? Lieber nicht. Uns ist bereits schwindelig genug von den Debatten, die in jüngster Zeit regelmäßig aufflammen und aus sich im Kreis drehenden, stetig wiederkehrenden Textbaustücken und Argumentationsmustern bestehen. Alles zum Begriff der Identität wurde gesagt, alle Begründungen für und gegen eine Identitätspolitik wurden ausgetauscht und liegen auf dem Tisch. Wie eingangs erwähnt, manifestiert sich in der Debatte um Identitätspolitik der Wunsch nach Analyse und Erklärung der aktuellen gesellschaftlichen Spaltungen und populistischen Tendenzen. Erklärungsversuche und Argumentationen speisen sich indes insbesondere aus politik- (oder wirtschafts-)wissenschaftlichen Diskursen und reproduzieren ihrerseits vorherrschende Identitätskonstruktionen, indem sie sich refrainartig mit entsprechenden Begriffen auf politische Lager (›rechts‹, ›links‹) und bestehende Kategorien und Ismen (Kapitalismus, Kommunismus, Bürgertum, Klasse, Neoliberalismus etc.) beziehen. Dadurch wird der Diskurs als Ganzes bisweilen tautologisch, kreisend und blockiert sich in der immerwährenden Beschäftigung mit der Henne-Ei-Frage: ›Weil sie Politik für Identitäten macht, spaltet Identitätspolitik oder auch gerade nicht‹, ›Identitätspolitik stärkt den Neoliberalismus, weil der Neoliberalismus Trennlinien verursacht, die wiederum Identitätspolitik erfordern‹, ›Entweder es gibt diese Trennlinien oder auch jene‹ oder ›Da sich die Welt verändert, ändern sich die Trennlinien oder bestehende werden gestärkt‹. Und so – auch das muss man sagen – trägt dieser schwindelerregende Diskurs am Ende selber zur Festigung von bestehenden Kategorien bei und damit auch zu genau der Situation, die den Autor*innen die formulierten Sorgen bereiten.

Eine Sammlung von Essays zum Thema »Identitätspolitik« der Zeitschrift *Aus Politik und Zeitgeschichte* (APuZ 2019) zeigt das Karussell in seiner ganzen Dynamik, auch wenn durchaus Ausbruchsversuche zu verzeichnen sind: etwa durch die Zielsetzung, neue Identitäten zu schaffen, zum Beispiel durch eine neue Bürgerlichkeit, wie Simon Strauß vorschlägt (2019: 4ff.). (Wobei bürgerliche Lebensansätze bislang prädestiniert dazu waren, gesellschaftliche Trennlinien zu schaffen und zu reproduzieren – die neue Bürgerlichkeit, zum Beispiel diejenige junger Familien aus bestimmten urbanen Milieus wurde ja bereits in diesem Zusammenhang erwähnt.) Zu diesen Ausbruchsversuchen gehören auch die Suche nach universalen Lösungen wie im Ansatz von van Dyk (2019: 25ff.) oder aber die Formulierung von neuen Rahmenbedingungen wie beispielsweise die Voraussetzungen einer besseren gesellschaftlichen Teilhabe (El-Mafaalani 2002: 41f.). Jedoch: Identitäten können nicht verordnet werden im Sinne eines ›Man sollte‹ – von wegen: »Europäische Identität kann und soll andere Identitäten nur ergänzen«, wie das Institut für Europäische Politik (IEP 2017) schreibt. Oder wie es Appiah fasst: »Wer Identitäten zu steuern versucht, der versucht etwas zu steuern, das sich nicht steuern lässt.« (2019: 143) Es kann zudem auch keine universale Identität geben, denn Identität ist kein ausschließlich soziologisches Konzept, sondern besitzt insbesondere auch ein Ich-bezogenes psychologisches Moment, das etwas mit der Ausbildung einer eigenen Persönlichkeit, also mit Individualität zu tun hat. Und außerdem können gesellschaftliche Rahmenbedingungen zwar Teilhabechancen vergrößern, aber nur zum Teil vermeiden, dass Menschen sich oder andere Menschen (gewohnten) Identitätskategorien zuordnen – was El-Mafaalani mit seiner Beobachtung eines Phänomens, das er Integrationsparadox« nennt, letztlich bestätigt. Man betrachte diesbezüglich zum Beispiel den in Mode gekommenen Hashtag #Arbeiterkind, mit dem sich auch gerne Menschen markieren, die von einer verbesserten Teilhabe profitiert, also einen sozialen Aufstieg gemeistert haben, aber unter dem Hashtag gefühlte Hürden und Barrieren beschreiben und sich damit abgrenzen wollen. Sprich: Überwiegend geht es im Diskurs zur Identitätspolitik um deskriptive oder politikanalytische Betrachtungsweisen, was die Ausführungen in diesem Sinne natürlich legitimiert. Will heißen: Kann man machen und die so schreibende Community kann sich immer wieder auf ihre Ausführungen in unzähligen akademischen Schriften beziehen und somit das Karussell antreiben. Aufgrund ihrer erwähnten tautologischen Veranlagung wird diese Debatte den breiten, öffentlichen Diskurs eher kaum zukunftsweisend beeinflussen. Vielmehr trägt sie wohl nicht nur zur Festigung bestehender gesellschaftlicher (Identitäts-)Kategorien, sondern auch zur Festigung der eigenen akademischen (disziplinären) Identität bei.

Mit Blick auf den bereits erwähnten Sammelband muss man zudem anmerken: Der Themenbereich der Identitätspolitik hat mit dem Konzept der Identität letztlich nur insofern zu tun, als in den Beiträgen grundsätzlich stillschweigend vorausgesetzt wird, dass sich Menschen über Gruppen persönlich identifizieren. Oder, anders formuliert, dass die fraglichen Gruppen aus Menschen bestehen, die sich auch selber als Teil dieser Gruppe sehen, also mit dieser bzw. deren gemeinsamen Merkmalen einen persönlichen Identifizierungsprozess durchlaufen haben. Nur weil ich ein bestimmtes Merkmal mit anderen Menschen teile, muss das schließlich nicht bedeuten, dass ich mich über das Merkmal selber identifiziere oder mich gar als Teil einer Gruppe fühle. Der Diskurs ist also bisweilen essenzialisierend und dies insbesondere mit Blick auf solche Gruppen oder Menschen, die aufgrund gesellschaftlicher Benachteiligung besondere politische Aufmerksamkeit benötigen. Würde man diese Vorannahme aus dem Diskurs ›subtrahieren‹, müsste man also richtiger von Gruppenpolitik sprechen, konkreter: von einer Politik der Gruppeninteressen. Dieser Begriff wäre sachlich richtiger sowie weniger irreführend und streitbar. Auch dieser Begriff der Interessenspolitik wäre in sich natürlich hochgradig tautologisch. Schließlich besteht Politik im Kern auf dem Ausgleich unterschiedlicher Interessen und beruht das System der repräsentativen Demokratie in einem sehr hohen Maß auf Gruppen, Interessensgruppen und Parteien.

Identitätspolitik im Sinne einer Vertretung benachteiligter Menschen – unabhängig davon, ob es sich hier um eine Selbst- oder Fremddefinition handelt – kann immer nur ein Ausräumen von historischen Ungerechtigkeiten sein. Ein Ausgleichen des Schadens, den durch die Weltgeschichte geprägte Kollektiv- bzw. Identitätsvorstellungen auf der Welt angerichtet haben. Ob dieses fatale System ungleich mit Macht ausgestatteter Identitätskategorien dadurch aufgelöst werden kann, dass eine Überbeschäftigung mit den Identitäten sogenannter ›benachteiligter‹ Gruppen stattfindet oder ob diese vielleicht sogar zur Stärkung von Benachteiligungen beiträgt, ist abhängig von der jeweiligen Perspektive und wird nicht abschließend zu klären sein, sondern für immer im Diskurs-Karussell mitfahren. Klar ist hingegen, dass es eine Stärkung von Gruppen geben muss, solange bestimmte Merkmale von Menschen zur gesellschaftlichen Ausklammerung und Diskriminierung führen. Von zentraler Bedeutung sollte jedoch die Einsicht sein, »dass nicht nur die ›Anderen‹ und Marginalisierten Identitäten haben«, wie van Dyk treffend erläutert: In seinen Augen sei Trumps Wahl nichts weiter als »Ausdruck einer weißen Identitätspolitik«, die »die Privilegien der Vergangenheit zu restaurieren versucht.« (2019: 30) So macht eine Beschäftigung mit dem soziologischen Identitätskonzept denn auch deutlich, dass das Eigene und das Fremde immer nur in gegenseitiger Abhängigkeit und Korrelation zu verstehen sind. Sprich: Durch die Überbeschäftigung mit den Identitäten anderer werde ich auch immer meine eigene Identität – gewollt oder ungewollt, bewusst oder unbewusst – stärken. Und damit – Achtung – auch immer wieder zu bestehenden Trennlinien beitragen!

Kurz: Ein der Zukunft zugewandter Diskurs, der Wege aus dem Dschungel bestehender Kategorien sucht, wird sich nicht aus einer so gestalteten Beschäftigung mit Identitätspolitik entwickeln. Hierfür ist vielmehr notwendig, das Grundkonzept der Identität selbst zu hinterfragen. Dabei richtet sich diese Infragestellung nicht auf dessen grundsätzliche Funktion als psychologischer Prozess, der die Persönlichkeit und Individualität von Menschen prägt. Vielmehr muss es darum gehen, zu hinterfragen, warum sich menschliche Identifikationsprozesse so gerne auf Gruppen beziehen. Dies als selbstverständlichen, vermeintlich gegebenen, vielleicht auch banalen Aspekt zu hinterfragen, schien bislang nicht angezeigt. Diesen Punkt gilt es, zu beleuchten. Und zwar mit Blick auf die *eigene* Identitätsbildung – nicht auf die der ›Anderen‹ oder sogenannten ›Fremden‹.

Wie Differenzierungen (zum Beispiel diejenige in Eigenes und Fremdes) und die darin begründeten Identitäten sich gestalten und welche sozialen

Funktionen solche Differenzierungen erfüllen (man denke hier beispielsweise an den Erhalt der sozialen Ordnung und des Machtgefüges), wurde von vielen Wissenschaftler*innen immer wieder fundiert und kenntnisreich beschrieben. Insbesondere Bauman hat den engen Zusammenhang von moderner Gesellschaft und Fragmentierungszwang mit all seinen dunklen Seiten analysiert (vgl. u.a. Bauman 2016). Leider ist zu wenig von diesen Erkenntnissen in die *breite*, öffentliche Diskussion gelangt. Dies ist insofern bedauerlich, als diese Ansätze, insbesondere auch der von Stuart Hall formulierte »Diskursive Konstruktivismus« das Potenzial besitzen, Menschen aus ihrer oben beschriebenen Inkompatibilität mit der Welt herauszuführen bzw. »neue Möglichkeiten dafür zu eröffnen, unser Ich des einundzwanzigsten Jahrhunderts zu definieren. Hall lehrte uns nicht nur, dass diese alten Differenzkategorien [›Rasse‹, Ethnizität, Nation, Anm. der Autorin] dabei versagten, die Unbestimmtheit der menschlichen Existenz, die ungezählten Überschneidungen von Identitäten, Vergangenheiten und Hintergründen zu erfassen, sondern er hat auch deutlich gemacht, dass diese alten Kategorien dadurch, dass sie vorgeben, so etwas wie scharfe Grenzen zwischen Gruppen zu repräsentieren, Unterdrückungsgeschichten aufwiesen und ein gefährliches Gruppendenken aufrechterhielten, während sie zugleich hierarchische Vorstellungen von kultureller Differenz bestätigten. Es musste folglich ein Neuanfang gemacht werden und Hall hatten den Schlüssel dazu in der Hand« (Gates 2017/2018: 14). Es ist vielleicht nicht nur bedauerlich, sondern gar verheerend, dass diskursive Identitätsansätze niemals wirklich breit – und damit ist gemeint: außerhalb des wissenschaftlichen Apparats – diskutiert und verankert wurden, weil sich die aktuelle Auseinandersetzung mit populistischen und nationalistischen Tendenzen dadurch erneut unhinterfragt auf scheinbar feste und starre Identitäten bezieht. Durch diese Auseinandersetzung entlang solcher Differenzierungskategorien bietet sie Letzteren gleichzeitig eine großartige Bühne und einen wirkungsvollen Resonanzraum. Die Medien spülen die Kategorien in einem immerwährenden Strom in die Öffentlichkeit, die Köpfe werden mit herkömmlichen gruppenbezogenen Vorstellungen so förmlich vollgestopft und daran gehindert, den Blick – über diese alten Trennlinien hinaus – auf andere Dimensionen zu richten. Jeder, der aktiv dazu beiträgt, macht sich damit zu einem Teil des Hall'schen »verhängnisvollen Dreiecks« und konserviert unter anderem die von ihm als »verheerende Äquivalenzkette« beschriebene Abfolge von Ethnizität, Rassismus und Nation.

Um den vollen Gehalt dieses Verhängnisses zu verstehen, ist eine Auseinandersetzung mit den Arbeiten Appiahs hilfreich. Er betrachtet Identitäten als fiktionale Konstrukte – geprägt durch Bilder, die »in diversen Hinsichten wenig hilfreich oder rundheraus falsch« sind (Appiah 2019: 14). Appiah deckt diese Fiktionalität von Identitäten anhand der Konzepte von Geschlecht, Religion, Land bzw. Nation, Hautfarbe, Klasse und Kultur auf. Er erzählt von Irrtümern und dekonstruiert Bilder, als würde er mühsam erstellte Strickwerke aufribbeln. Zu den Erkenntnissen seiner Dekonstruktionsarbeit gehören: die Unmöglichkeit, Geschlechtlichkeit anhand von Chromosomen und Geschlechtsmorphologie zu hundert Prozent eindeutig zu deuten (ebd.: 34ff.), oder auch die Unmöglichkeit, religiöse Identitäten in ihrer Essenz mit einem gemeinsamen Kern zu bestimmen, nicht einmal die Schriften würden dazu dienen. Anhand des Christentums stellt er beispielsweise die »Ungewissheit in der Frage« dar, welche Bücher als Teile des Buchs, der Bibel gelten sollen« – eine Frage, deren Antwort noch ungewisser wird, wenn man sie vor dem Hintergrund verschiedener Konfessionen betrachtet, schließlich hätten Katholiken und Anglikaner diesbezüglich sehr unterschiedliche Auffassungen (ebd.: 87f.). So gebe es viele andere Faktoren, die religiöse Identität ausmachten, Appiah beschäftigt sich hier unter anderem mit dem »Gefühl, etwas nicht richtig zu tun«. Er sieht dieses als abgrenzende Kraft innerhalb von Religionen, die zum Entstehen unterschiedlicher Richtungen beitragen kann (ebd.: 71). Zudem widmet er sich der Interpretation von religiösen Schriften als praktischem Handeln (ebd.: 89) sowie natürlich der Tradition (ebd.: 91ff.). Dass Nationen von Menschen geschaffene Konstrukte sind, ist bekannt, auch dass »gemeinsame Gefühle« für ein produktives Zusammenleben manchmal eben erst geweckt werden müssen (ebd.: 116f.), zum Beispiel durch den Bezug auf eine gemeinsame Abstammung – selbst wenn diese faktisch gar nicht erfüllt ist, sondern ausschließlich imaginär ist (ebd.: 115f.). Appiah ›ribbelt‹ sich auch durch Klasse und Kultur und natürlich durch die Kategorie der ›Rasse‹: Dafür bezieht er sich auf Erkenntnisse der Evolutionstheorie, Populationstheorie und Genetik, die unter anderem auf den Arbeiten Darwins oder Mendels fußen und sehr deutlich zeigen, dass wir »[d]ie übergroße Mehrheit unseres genetischen Materials […] mit allen normalen Menschen, ganz unabhängig von ihrer biologischen Abstammung« teilen (2019: 170). Zu Recht moniert er, dass die »Welt jenseits der Wissenschaften« davon »nicht sonderlich viel zur Kenntnis genommen habe« (ebd.: 16).

Was Appiah als ein akribisches Aufdecken von »Lügen« (ebd: 18) betreibt, wird bei anderen Wissenschaftler*innen zur Analyse von ›gesellschaftlichen Konstrukten‹, die eng mit dem Konzept der Identität in Verbindung gebracht werden. An dieser Stelle ist es hilfreich, einige Voraussetzungen für ein gemeinsames Verständnis zu schaffen. Die Soziologin Julia Reuter untersucht in ihrem Band »Ordnungen des Anderen« (2002) die Möglichkeit einer »Soziologie des Fremden« und liefert zu diesem Zweck eine umfassende und außerordentlich gut sortierte Darstellung von Ansätzen, die sich mit der Konstruktion von Fremdheit beschäftigen. Ich kann die von Reuter erarbeiteten Modelle an dieser Stelle nicht in ihrer gesamten Komplexität darstellen, aber möchte einige Eckpfeiler für ein Grundverständnis des sozialwissenschaftlichen Identitätskonzepts beschreiben: Dazu gehört an erster Stelle, dass das *Fremde als ein Konstrukt* betrachtet wird. Julia Reuter klärt in ihrer Einführung, dass es »den Fremden« als Typus nicht gibt, sondern dass dieser eine Konstruktion darstellt, »dass Fremdheit weder ein Faktum der sozialen Welt darstellt, dem bestimmte Eigenschaften und Merkmale ›per se‹ anhaften, noch eine Qualität von Personen oder Handlungen kennzeichnet, sondern, dass es als *soziales Artefakt* und *Beziehungsprädikat* in gesellschaftliche Bedeutungsstrukturen rückgebettet bleibt« (ebd.: 12, Hervorh. im Original). Was bedeutet das? Es bedeutet, dass, ob wir etwas oder jemanden als »fremd« wahrnehmen, von unserer eigenen subjektiven Perspektive abhängt, die sich zusammensetzt aus »Wirklichkeitsvorstellungen, Wahrnehmungsmustern, Erfahrungswissen, Beurteilungsmaßstäben, gesellschaftlichen Konventionen und Normen« (ebd.: 13). Hierbei unterscheidet Reuter zwischen der Konstruktion durch »alltagspraktische Erfahrungen« und »wissenschaftlichen Unterscheidungen des Eigenen und des Fremden«, welche wiederum jeweils Einfluss auf die Alltagspraxis haben (ebd.: 15). Unter »alltagspraktischen Erfahrungen« fasst sie Fremdheit als ein »spezifisches Beziehungsverhältnis, bei dem sich ein ›Innen‹ und ›Außen‹, soziale ›Nähe‹ und ›Ferne‹ sowie ein ›Du‹ und ein ›Ich‹ unterscheiden lassen (ebd.: 27). Darüber hinaus ist Fremdheit eine Zuschreibung. Das heißt: Es »›ist‹ niemand fremd, sondern befindet sich permanent im Brennpunkt von Konstruktionsprozessen, in die allgemeine gesellschaftliche Wirklichkeitsvorstellungen einfließen.« In einem ersten Schritt seien diese Vorstellungen noch als »neutrale Symptome« beschreibbar, können aber in einem zweiten Schritt »in eine Stigmatisierung bzw. Etikettierung [von Menschen] umschlagen.« (ebd.: 35)[6]

Ein weiterer wichtiger Eckpfeiler für ein Verständnis von Fremdheit sei dessen Verbindung zum Eigenen. Reuter stellt daher die Frage nach »sozialen Strukturen und Prozessen« in den Mittelpunkt. Insbesondere nach der »Art und Weise, also *wie* Personen oder Gruppen *als fremd behandelt werden.*« (ebd.: 13, Hervorh. im Original) So wird die Bezeichnung »fremd«, wie oben beschrieben, immer in Bezug zur eigenen, subjektiven Realität verliehen, das heißt, sie hat immer eine »Relation zum Eigenen« und definiert damit auch ›das Eigene‹, indem der, die oder das ›Fremde‹ als »Gegen-Bild, Fremd-Bild, als Ab-Norm oder Symbol des Wider-Sinns« fungiert (ebd.). Diese Funktion des Fremden lässt sich gemäß Reuter (mit Bezug auf Simmel) auch auf die Bildung der individuellen Identität beziehen (ebd.: 57ff.). Auch für Hall (2017/2018: 144) besteht Identität immer in einer deutlichen Markierung von Ähnlichkeiten und Unterschieden, denn jede Identität muss stets über einen »symbolischen ›Anderen‹« verfügen. Das macht die Identität des Eigenen so abhängig von der Definition des Anderen und »[d]er Fremde ist damit *als das Andere der Ordnung dennoch ein Teil der Ordnung* und demzufolge nicht vom Eigenen zu trennen. So erscheinen *die Ordnungen des Anderen als Konstruktionen des Eigenen.*« (Reuter 2002: 14, Hervorh. im Original)

Durch diese Konstruktion von Fremdheit wird damit auch soziale Ordnung geschaffen und bestätigt: »Das Fremde übernimmt […] die Funktion eines Vergesellschaftungs- und Differenzierungskriteriums, das auf der Wirklichkeitsebene eine permanente Reproduktion von Mustern der Unterscheidung bewirkt: Mann versus Frau, vertraut versus unbekannt, schön versus schlecht, wobei das eine nicht ohne das andere denkbar ist.« (ebd.:

41) Das Fremde wirkt gemäß Reuter in diesem Sinne als ein »Regulativ« oder als »›Gegenbild‹ kultureller und sozialer Selbstbilder« (ebd.: 48), das jedoch keine einseitige Wirkung hat, sondern »Rückkoppelungsprozesse« zwischen dem Eigenen und Fremden entfalten kann (ebd.: 42f.). Solche Rückkoppelungen sind jedem vertraut, der erlebt hat, wie durch einen Ausschluss positive Wirkungen für das Zusammengehörigkeitsgefühl der ausschließenden Gruppe entstehen. Was Reuter demzufolge als »Chiffre der Macht« bezeichnet (2002), zeigt sich vor allem in den Begriffen der Klasse, der ›Rasse‹ und des Milieus: Fremdheit muss im engen Zusammenhang mit den Macht- und Herrschaftsverhältnissen der bestehenden sozialen Ordnung gesehen werden (ebd.: 49). In diesem Sinne bildet Rassismus aus Halls Perspektive (2017/2018: 57), »so hasserfüllt er als historischer Tatbestand gewesen sein mag, dennoch ein *Bedeutungssystem* […], also eine Art und Weise, die Welt zu strukturieren und bedeutungsvoll zu klassifizieren.«

Die soziale Funktion von Differenzierungen erklärt, warum auch ein inzwischen als empirisch widerlegtes Konstrukt wie Rasse stetig fortbesteht: Entstanden im Kontext der Kolonialisierung begründet es Macht- und Herrschaftsverhältnisse, auf welchen die Weltordnung noch immer basiert und kann gemäß Hall als »das Herzstück eines hierarchischen Systems, das Differenzen produziert«, betrachtet werden (2017/2018: 57). Dadurch, dass die Wahrnehmung des Menschen durch Sozialisationsprozesse geprägt wird, die in diesen globalen Macht- und Herrschaftsverhältnissen wurzeln, kann das Konzept durch »- unbewusste – Denkstrukturen und Urteile in unseren Köpfen« weiterleben, natürlich abhängig »vom Grad der kritischen Auseinandersetzung« (Kattmann 2015: 1). Bevor man sich nun ob seiner kritischen Auseinandersetzung auf die Schulter klopft, sei zu bedenken, dass Kattmann später beschreibt, dass rassistisches Denken sein neues Zuhause in der »Kategorie Kultur« gefunden habe und dort zu finden seien, wo »[k]ulturelle Unterschiede […] als unüberwindbare Gegensätze zwischen Menschen dargestellt, einzelnen Kulturen […] feste Eigenschaften und Wesenszüge zugeschrieben« würden. Er bezieht dies gleichermaßen auch auf einen »politisierten und instrumentalisierten Gegensatz der Religionen« (ebd.: 6).

All diese grundlegenden Ausführungen zu Identität setzen einen letzten Eckpfeiler, der sich als Schlussfolgerung aus dem bereits Beschriebenen ergibt: *Identitäten können unmöglich als starre und feste Formationen betrachtet werden*, vielmehr sind sie hochgradig fluide und dynamisch. Während die oben beschriebenen soziologischen Ansätze zum Fremden und Eigenen mit dem Begriff der Konstruktion arbeiten, greift Hall den Aspekt des Prozesshaften stärker auf. Wenn wir an ein »Konstrukt« denken, haben wir vor allem das Bild eines stabilen und unveränderbaren Gebildes vor Augen. Dieses Bild relativiert Hall, wenn er »lieber vom Prozess der *Identifikation*« schreibt. Identität sei kein »fixierter Wesenskern«, sondern vielmehr ein Prozess, der aus dem Einnehmen verschiedener »Identitätspositionen« bestehe (2017/2018: 142, Hervorh. im Original). Will heißen: Hall lehnt die Vorstellung von Identität mit Bezug auf ein »wahres Ich«, das sich im Laufe der Zeit auf ein vorher bekanntes Ziel hin entwickelt, ab. Der Prozess der Identifikation wiederum muss immer in den jeweiligen Zusammenhängen betrachtet werden, in denen er stattfindet: »Identität ist nichts ein für alle Mal Gegebenes, das durch die Gene übermittelt würde, die wir in unserer Hautfarbe mit uns tragen, sondern bildet und transformiert sich geschichtlich und kulturell. Dies ist die diskursive Dimension von Identität«. (ebd.: 143)[7]

In seinem aktuellen Buch »Identität« folgt Francis Fukuyama diesem fluiden und kontextuellen Ansatz überraschenderweise nicht und definiert Identität stattdessen als eine »Unterscheidung zwischen dem wahren inneren Selbst und einer Außenwelt mit gesellschaftlichen Regeln und Normen«. In diese hinein verflicht er das Konzept der Würde, welche durch eine Nichtanerkennung des »wahren Selbst« verletzt wird (2019: 26f.). Seiner strikten Trennung von einem wahren inneren Kern, der auf eine »Außenwelt mit gesellschaftlichen Normen und Regeln« trifft, werde ich in diesem Essay nicht folgen, weil sie das Prozesshafte und Konstruktive von individueller Identität ausklammert.

Recycling oder Upcycling – was tun mit dem Identitätsbegriff?

Wenn Reinhard und Vašek (2019) fordern, den »nutzlosen Identitätsbegriff« zu »entsorgen«, spricht daraus in erster Linie Genervtheit. Natürlich ist es nicht möglich, einen Begriff einfach »abzuschaffen«. Was die beiden Autor*innen meinen, ist, weniger über Identität zu diskutieren, also über das Konzept, sondern mehr über die Realität dahinter, über das reale Zusammenleben im realen Kontext (vgl. ebd.: 5). Das ist richtig, dem kann man uneingeschränkt zustimmen und dieser Prämisse möchte auch dieser Essay folgen. Dennoch ist Identität aber kein »Bullshit«, wie sie (vermutlich provozierend) schreiben. Es ist vielmehr ein Konzept, das Menschen zur Beschreibung von Realität nutzen, und keineswegs ein »Nicht-Begriff« einer »Nicht-Sprache« (ebd.: 3). Unsere Sprache und damit unser Denken ist gefüllt mit solchen Konzepten, die abstrakte Begrifflichkeiten sind, zum Beispiel ›Verantwortung‹, ›Liebe‹ und ›Hass‹, ›Bereitschaft‹, ›Emotion‹, ›Fairness‹, ›Aggressivität‹, ›Heimat‹ – um nur einige zu nennen. All diese Begriffe sind abstrakt, aber sie beschreiben Realität, auch wenn diese eben nicht immer konkret und klar fassbar ist. Unser menschliches (Zusammen-)Leben ist nun einmal gefüllt von nicht greifbarem Unkonkretem. Ist es nicht gerade auch diese schwer fassbare, interpretationsbedürftige, flexible und unkonkrete Dimension, die uns zum Menschen macht? Was wäre ein Leben, das sich ausschließlich ›im Konkreten‹ entfaltet? Ginge es dann nur noch um Überleben, Nahrungsaufnahme und -abgabe, Reproduktion und maximal noch das Erwirtschaften, um marktwirtschaftliche Verwertbarkeit? Welche Ethik des Zusammenlebens würde das ausdrücken und zur Folge haben? Und was würden wir dabei mit Blick auf unsere Existenz und unser Zusammenleben an Tiefe aufgeben? Die Entfaltung menschlichen Lebens ohne Bezug auf das Abstrakte erscheint weder möglich noch erstrebenswert. Deshalb werde ich mich weiter unten mit gerade dieser Frage beschäftigen und die Annahme entwickeln, dass es ein menschliches Streben nach abstrakten, konkret nur schwer fassbaren Dimensionen gibt, dem mehr Raum in unserem gesellschaftlichen Leben gegeben werden sollte.

Eine Identität zu haben, ein »Ich-Bewusstsein«, das ist ein grundmenschliches Bedürfnis. Identität – das wissen wir heute – ist ein Konstrukt, ein Prozess. Es ist ein Narrativ, eine Erzählung über uns selbst und über Andere. »Identifikation«, um den Hall'schen Begriff zu verwenden, ist für den Menschen ein wichtiger Prozess und es besitzt große Relevanz, sich damit zu beschäftigen. Richtig ist, dass wir uns ganz sicher weniger mit dem Begriff an sich auseinandersetzen müssen. Das ist eingehend passiert und auf diesen Erkenntnissen können wir heute aufbauen. Wir müssen nun daran anknüpfen und uns fragen, wie wir diese dynamischen, veränderbaren und flexiblen Konstruktionsprozesse der Identifikation in der Realität so diskutieren und gestalten können, dass sie besser zu einem Leben in einer zunehmend globalisierten Welt passen.

Eine Definition von Identität, die den Überlegungen dieses Essays zugrunde liegen kann, muss diese Gedanken aufnehmen und in sich vereinen. Ich schlage hier deswegen die folgende Idee von Identität vor: Identifikation ist ein fortlaufender Prozess, der auf gesellschaftlichen Narrativen und Bildern basiert, er ist eine selbst- und fremdbezogene Rhetorik, die vor allem unser ständiges Selbstgespräch bestimmt, auch im kollektiven Rahmen, das nach außen und nach innen für Kohärenz sorgt sowie für Weltverortung. Die Identifikation fungiert als Filter, der dem Selbst Sicherheit verspricht, da er die Komplexität der Welt vorsortiert. Identifikationsprozesse sind engstens mit gesellschaftlichen Werten und Bewertungen verbunden und werden, wenn sie sich auf gruppenhafte Strukturen beziehen, ein wesentlicher Teil bestehender Machtverhältnisse. Identität wird hier als ein individueller oder aber kollektiver ›Resonanzraum‹ verbildlicht.[8] Diese Vorstellung, die ich weiter unten ausarbeite, ist die eines Raums, der sich um Individuen und Kollektive herum bildet und der die selbst gestalteten und fremdbestimmten Identitätsvorstellungen zum Klingen bringt, quasi als Widerhall, in einem ständigen Replizieren von Fremd- und Eigenbildern. In diesem Raum verortet sich das Selbst.

Jeder Mensch hat das Recht auf eine Ich-Erzählung, auf ein gutes Selbst- und Weltgefühl, auf eine gute Verortung in der Welt – einen individuellen Wellness-Resonanzraum. Dass nicht allen Menschen gleichermaßen dieses Recht zugesprochen wird, liegt an den bestehenden Machtverhältnissen, die wiederum auf realen und vorgestellten Gruppenstrukturen beruhen – ein aus der Geschichte erwachsenes hochkomplexes, fein differenziertes und äußerst dynamisches Feld. Die einfachsten, gröbsten und gleichzeitig auch die ›primitivsten‹ Gruppenkonstruktionen, waren hierbei diejenigen, die sich auf das Aussehen von Menschen bezogen bzw. beziehen. ›Primitiv‹ wird hier verwendet im Sinne von ›einfach‹, da diese Kategorie des Aussehens nun mal diejenige ist, die der visuellen Wahrnehmung am einfachsten zugänglich, jedem Menschen, auch dem schlichtesten Geist verständlich ist. Auf diese Weise gebildete Gruppenkonstruktionen verdeutlichen nicht nur die Willkür, die letztlich hinter ihnen steht, sondern auch die wechselseitigen Bedingungs- und Machtverhältnisse, in denen Gruppen zueinander stehen. Gruppen sind nicht immer rational, zweckmäßig, sinnhaft begründet, das wissen wir nun. Jedoch sind sie dennoch existent, eng mit gesellschaftlichen Systemen verbunden und fungieren als Instrumente der Welterklärung. Bourdieu sieht den »Sinn der Sozialwelt« gerade in dieser »Macht über die Klassifikations- und Ordnungssysteme« (1987/2016: 748). Jedoch können Ordnungssysteme auch anders betrachtet werden – gerade im Hinblick auf ihre subtileren Dimensionen, die oftmals jeglichen rationalen Verwendungszwecks entbehren, aber dennoch so machtvoll sind, dass sie Menschen dazu bringen, sich nicht nur fremd-, sondern insbesondere auch selbstbestimmten Zugehörigkeiten zu verschreiben.

Sichtweisen auf Identitätsprozesse, die sich ausschließlich auf Status oder Macht beziehen, mangelt es an einer Dimension, die nachvollziehbar machen könnte, warum insbesondere die gruppenbezogene Identifikation eine derart starke Anziehungskraft besitzt. Es ist diejenige Dimension, die dem Begriff der ›Identität‹ inhärent ist, zurückgehend auf das lateinische Wort ›idem‹, ›derselbe‹, sich wiederfindend in ›identisch‹, ›vollkommen gleich‹. Es ist dieser Aspekt, der über die oben genannte Kohärenz im Sinne eines Zusammenhängens oder Zusammenpassens noch hinausgeht und auf den Zustand der Vollkommenheit hindeutet. Mary Douglas schließt aus ihren Studien, die sich mit der ordnenden Unterscheidung in Rein- und Unrein-Kategorien sowohl in »traditionellen« als auch »modernen« Gesellschaften beschäftigen, dass »Vollkommenheit ein Ausdruck von Heiligkeit ist.« (Douglas 1966/1988: 73) So finden sich im Heiligen die Aspekte der »Gerechtigkeit und moralischen Rechtschaffenheit wieder, gleichzeitig aber auch ein Moment des »Getrenntseins«, als »Wurzel von Heiligkeit« (ebd.: 70). Anhand ihrer ausführlichen Auseinandersetzung mit dem dritten Buch Mose (ebd.: 60ff.) und insbesondere der Klassifizierung von essbaren und nichtessbaren, »unreinen«, Tieren, zeigt sie, dass »Heiligkeit verlangt, die einzelnen Kategorien der Schöpfung voneinander getrennt zu halten.« (ebd.: 73) Heiligkeit in diesem Sinne wäre dann das »Einssein, Integrität, Makellosigkeit des einzelnen und der Art.« (ebd.: 74) Dieser Perspektive folgend, lässt sich meines Erachtens ein noch tieferes Verständnis des Identitätskonzepts und des menschlichen Strebens nach gruppenbezogener Identifikation erlangen.

»Lob dem Unreinen« – welchem »Unreinen«, Frau Emcke?

»Die Berührung durch uns Menschen hinterläßt einen Makel, ein Zeichen, einen Abdruck. Unreinheit, Grausamkeit, Mißbrauch, Irrtum, Ausscheidung, Samen – der Makel ist untrennbar mit dem Dasein verbunden. Er hat nichts mit dem Ungehorsam zu tun. Er hat nichts mit Gnade oder Rettung oder Erlösung zu tun. Er ist in jedem. Eingeboren. Verwurzelt. Bestimmend. Der Makel, der schon da ist, bevor irgendeine Spur davon zu erkennen ist. Es ist nichts zu sehen, und doch ist er da. Der Makel, der so wesenseigen ist, daß er kein Zeichen braucht. Der Makel, der dem Ungehorsam vorausgeht, der den Ungehorsam einschließt und jedes Erklären und Begreifen übersteigt. Darum sind all diese Reinigungen ein Witz. Noch dazu ein barbarischer. Die Phantasie der Reinheit ist ekelhaft. Sie ist verrückt. Was ist denn das Streben nach Reinheit anderes als eine weitere Unreinheit?«

Philip Roth, »Der menschliche Makel« (2000/2011: 271f.)

Carolin Emcke führt ihren Essay »Gegen den Hass« in das abschließende Kapitel mit dem Titel »Lob des Unreinen«, nachdem sie radikalen Fanatismus mit der Vorstellung eines »homogenen, ursprünglichen, reinen Kollektivs« in Verbindung gebracht hat (2016: 193). »Reinheit« wiederum beschreibt sie im vorangehenden Kapitel als eine »Erzählung«, die es ermöglicht, das »Wir« vom »Anderen« zu unterscheiden (ebd.: 165). Emcke wendet diesen Ansatz auf radikale Terrorgruppierungen, insbesondere den IS an (ebd.: 165ff.) und bezieht sich hierbei (leider nur) an einer Stelle auf die Anthropologin Mary Douglas und deren Werk »Reinheit und Gefahr«, wenn sie zitiert: »Mit der Behauptung von Reinheit oder Verschmutzung verbinden sich Auseinandersetzungen über den eigenen Status«. (ebd.: 175) Mit ihrem Postulat, das »Unreine« zu »loben«, fordert Emcke, dies als etwas Gewinnbringendes wahrzunehmen. Tatsächlich beschreibt dies im Blick auf die menschliche Fähigkeit, mit Pluralität umzugehen, momentan vielleicht das ›Maximum‹. Es ist ein exzellenter Ansatz für das Hier und

Jetzt, vielleicht sogar der einzig gangbare Weg für uns Menschen, die derzeit die Erde bevölkern: Lasst uns Heterogenität nicht als Gefahr betrachten, sondern als Bereicherung für unsere Gesellschaft, denn, so das Argument, akzeptierte und wertgeschätzte Vielfalt schützt unsere eigene Individualität, insbesondere, wenn diese von einer (gefühlten) Norm abweicht. Emcke beschreibt diesen Zustand als einen, der »beruhigen« und Schutz vermitteln kann (ebd.: 194). »Beruhigend« wirkten dann, so die Autorin, »auch jene Lebens- und Ausdrucksformen, die mir persönlich eher fernstehen«.

Die Forderung nach einer Wertschätzung von Vielfalt, weil diese in unserer immer heterogeneren Gesellschaft ein befriedendes und »beruhigendes« Fundament errichten kann, ist nachvollziehbar – diesen Weg gilt es einzuschlagen und weiterzugehen. Jedoch: Das »Lob des Unreinen« kann und sollte nicht die Zielvorstellung sein. Anstatt diese Forderung zu unserer Vision zu machen, sollten wir sie ein paar Stufen weiterentwickeln: sodass eine Gesellschaft entstehen kann, in der Vielfalt weder als Vielfalt wahrgenommen noch in einer Dichotomie von Reinem und Unreinem definiert wird. Das wäre eine Vision, die weit jenseits einer Gesellschaft liegt, in der »[d]ie normative Diskurs-, Handlungs- und Wahrnehmungspraxis der Modernisierung als Normalisierung und Zivilisierung [...] der Idee [gehorcht], Einheit als Eindeutigkeit, Übersichtlichkeit und Reinheit zu formulieren.« (Reuter 2002: 20) Kann das funktionieren? Kann eine solche Gesellschaft existieren? Wie sähe sie aus?

Stellen wir uns vor, dass jemand in – sagen wir – dreihundert Jahren, also im Jahr 2322, das Buch von Carolin Emcke zur Hand nimmt, darin blättert und sich dann fragt, was die Autorin nur mit »Vielfalt« meinte? In unserer vorgestellten Vision kann diese Person den Begriff nicht auf Gesellschaft anwenden, da sie in einer Gesellschaft lebt, die das Konzept von Homogenität längst überwunden hat, in der sich Menschen, Kulturen, Traditionen, Religionen, sexuelle Orientierungen, Lebensstile, Ernährungsgewohnheiten, Sprachen, Gerüche, Kleidungsstile, Musik und Kunst – synkretistisch und hybrid – jenseits von territorialen Zuordnungen auf dem Globus entfalten. Niemand nimmt dies bewusst wahr, denn individuelle Identität ist von der Zugehörigkeit zu einer Gruppe gelöst, die konstante Überidentifizierung mit einer homogenen Gruppe als vermeintlicher Grundpfeiler individueller und gesellschaftlicher Identifikationsprozesse wurde überwunden.

Wie gesagt: Dies ist eine Vision. Sie erscheint im Moment sehr unrealistisch. Ist sie aber nicht in Bezug auf die geschilderten Rahmenbedingungen, denn die großen globalen Migrations- und Informationsströme sind real und verändern unseren Planeten tagtäglich. Irreal ist die Darstellung einzig in ihrer Vorstellung der menschlichen und insbesondere auch politischen Rezeption, die sie sich herbeiwünscht. Denn: Ohne entsprechende Impulse wird sich der Mensch nicht unbedingt anpassen können. Das Argument von Emcke, dass gesellschaftliche Vielfalt eine »beruhigende« Wirkung haben könne – womit die Autorin ihr sozusagen eine wesenhafte Attraktivität zuschreibt –, ist richtig, und findet doch vor allem Widerhall bei denjenigen, deren Lebensstil in vielerlei Hinsicht von der vermeintlichen Norm abweicht. Sie treffen auf eine Majorität, die sich über ebendiese Norm definiert und identifiziert. Diejenigen hingegen, deren Identitäts-Wellness-Resonanzraum sich mit den gesellschaftlich und politisch definierten Normvorgaben deckt, die sich sozusagen auf der ›Sonnenseite‹ des Machtsystems befinden, werden diesen beruhigenden Faktor von Vielfalt nicht unbedingt erkennen oder nachvollziehen, geschweige denn erfahren können. Im Gegenteil: Diese Teile der Gesellschaft werden sich durch das Einbrechen der Vielfalt in den homogenen Raum, in dem ihre Identität ankert, bedroht fühlen. Und warum? Weil sie weiterhin nach Reinheit, sprich: Homogenität streben. Was Emcke in ihrem Essay beschreibt, die Anwendung von Rein-Unrein-Dichotomien auf die Vorstellungswelt fanatischer Terrorgruppen, ist letztendlich auf die gesamte Gesellschaft anwendbar – natürlich finden sich diese Dichotomien hier nicht in der beschriebenen radikalen Form und vor allem sind sie keinesfalls bewusst oder reflektiert. Jedoch wäre es eine verzerrende Sichtweise, solche Ordnung stiftenden Vorstellungssysteme ausschließlich auf ›die Anderen‹ zu projizieren – in diesem Fall eben radikale Gruppierungen. Dies wäre ebenso ein Beitrag zu einer Fremdheits-Konstruktion ›des Anderen‹, wie sie bereits weiter oben in diesem Text thematisiert wurde. Stattdessen ist vonnöten, den Blick auf die subtilen, zugrunde liegenden Vorstellungen von Ordnung zu richten, die das jeweils eigene ›Wir‹ prägen – und zwar ohne dass wir uns dessen bewusst sind. Reinheits- bzw. Unreinheitsvorstellungen wurden bereits vielmals für eine Interpretation von gesellschaftlichen Strukturen untersucht. Auch Pierre Bourdieu bezieht diese Dimension in seine Soziologie des Geschmacks ein: Er spricht von der Dichotomie aus »reinem und ›barbarischem‹ Geschmack«, wenn er die unterschiedlichen Urteile von Kunst-Konsument*innen beschreibt (Bourdieu 1987/2016: 60ff.). Und wenig erstaunlich, sieht er dies als ein »Distinktion setzendes Verhalten«, das nicht ausschließlich in ästhetischen Bewertungen begründet ist, sondern ein gesellschaftlich strukturierendes Element besitzt: »Vielmehr beinhaltet der reine Blick einen Bruch mit der alltäglichen Einstellung zur Welt, und bezeichnet darin gerade auch einen Bruch mit der Gesellschaft« (ebd.: 62). Das hier erstmalig auftauchende Element des »Bruchs« werde ich weiter unten noch einmal aufgreifen, um ein tieferes Verständnis des Bedürfnisses nach strukturgebenden Räumen zu schaffen. Es wird dann noch deutlicher, was wir jetzt schon mit Bezug auf Emcke, aber auch den Ausführungen Reuters ahnen: Wenn wir ein besseres ›Fit‹ von Mensch und globalisierter Welt anstreben, müssen wir die grundlegenden Wahrnehmungen anders sozialisieren, es müsste dann darum gehen, die latent unseren Planeten beherrschende vorgestellte Äquivalenz von Homogenität mit Reinheit zu durchbrechen, »[d]enn solange Einheit mit Reinheit, Reinheit mit Vertrautheit und Vertrautheit mit Sicherheit in eins gesetzt werden, kann der Dialog mit dem Fremden nicht gelingen; solange bleibt der Fremde ein Dorn im Auge des Eigenen«, so Reuter (2002: 10). Allerdings muss unser Verständnis dieser Zusammenhänge noch plastischer werden, damit wir uns selber in unseren grundlegenden gesellschaftlichen Ordnungs- und Wahrnehmungsstrukturen besser reflektieren können. So ist eine zentrale Frage an dieser Stelle: Ist dieses Dreieck aus Reinheit, Vertrautheit und Sicherheit, wie Reuter es darstellt, komplett oder gibt es unter Umständen weitere Bedürfnis-Dimensionen, die in Bezug auf Identifikationsprozesse mitgedacht werden müssen? Oder – und das entspräche meinem Anliegen in diesem Essay – wäre es möglich, dieses Dreieck nicht sogar in Gänze zu überwinden, da wir so sicher in der Welt verortet sind, dass wir keine ›Fremden‹ mehr konstruieren müssen?

Wir leben so, wie wir denken, und wir denken, wie wir sortieren

»Die Sehnsucht nach eindeutigen Trennlinien und klaren Begriffen gehört zu unserem menschlichen Sein.«

Mary Douglas, »Reinheit und Gefährdung« (1966/1988: 210)

Für den hier folgenden Abschnitt lohnt es sich, eines der wenigen verbleibenden Exemplare von Mary Douglas' Klassiker »Reinheit und Gefährdung« (im Original: »Purity and Danger«) aus der nächstgelegenen Unibibliothek zu ergattern, es per Fernleihe aus einer sehr weit entfernten Bibliothek anreisen zu lassen oder es überteuert im Online-Antiquariat zu erstehen. Oder aber wir holen es aus unseren eigenen Beständen aus der Studienzeit, pusten einmal den Staub weg und schauen das Buch mit den inzwischen sehr weichen und leicht vergilbten Seiten an. Mary Douglas hat in ihren Werken am überzeugendsten die Verbindung von gesellschaftlichen Ordnungssystemen mit Rein- und Unreinheitsvorstellungen und religiösen Dimensionen hergestellt: Die im Jahr 1921 geborene britische Sozialanthropologin und Ethnologin Mary Douglas forschte seit 1949 bei den Lele im Kongo, lehrte in den 1950er Jahren in Oxford und London und war seit 1977 für die Russell Sage Foundation in New York tätig. Ihr kulturanthropologisch bedeutendstes Werk »Reinheit und Gefährdung« aus dem Jahr 1966 hebt ihre im ethnologischen Feld gemachten Beobachtungen noch einmal auf eine abstraktere bzw. umfassendere Ebene – nunmehr aus dem Abstand vieler Jahre. Sie tut dies, indem sie die gesammelten religiösen Rein- und Unreinheitsvorstellungen in ihrem systematisch-symbolischen Bezug zu einer zugrunde liegenden sozialen Ordnung betrachtet. Ausgehend von der bereits erwähnten Analyse des dritten Buch Mose zeigt sie die Kraft und subtile Macht solcher trennenden Vorstellungen auf. In ihrem späteren Werk »Ritual, Tabu und Körpersymbolik« (im Original: »Natural Symbols«) aus dem Jahr 1970 überträgt sie die Erkenntnisse auf die Ordnungen moderner Gesellschaften und das Zusammenleben in ihnen, indem sie die Rolle von Symbolen in der Beziehung von Personen und Gruppen darlegt. Mit ihren Publikationen wollte Douglas den Anstoß geben, Reinheitsvorstellungen als integrales Element der Sozialordnung von Gemeinschaften zu betrachten, denn, so erklärt sie in ihrem Werk »Reinheit und Gefährdung« von 1966 (hier 1988: 12), »[d]as Moment der Hygiene bietet einen ausgezeichneten Zugang, solange wir dabei unsere eigenen Erfahrungen nicht ausschalten. Für uns ist der Schmutz wesentlich Unordnung. Schmutz als etwas Absolutes gibt es nicht: er existiert nur vom Standpunkt des Betrachters aus. Wenn wir uns davon fernhalten, so geschieht das nicht aus feiger Furcht und noch weniger aus Grauen oder heiligem Schrecken. Ebensowenig lassen sich alle unsere Maßnahmen zur Beseitigung und Meidung von Schmutz mit unseren Vorstellungen über Krankheitsverursachungen erklären. Schmutz verstößt gegen Ordnung. Seine Beseitigung ist keine negative Handlung, sondern eine positive Anstrengung, die Umwelt zu organisieren.« Zu diesen Anstrengungen gehört gemäß Douglas nicht nur das Ankämpfen gegen Schmutz, sondern auch das Tapezieren, Dekorieren, Aufräumen – all das tun wir nicht, um Krankheit zu vermeiden. Vielmehr ist all dies auch »eine kreative Handlung, der Versuch, eine Verbindung zwischen Form und Funktion herzustellen, unsere Erfahrungen zu vereinheitlichen.« (ebd.: 13)

An dieser Stelle müssen wir innehalten, bevor ich weitere Ausführungen aus der Studie aufgreife: Es stellt sich ja nun so dar, dass mit Mary Douglas eine Vertreterin der kulturanthropologischen Richtung zitiert wird, die, ausgehend von ihrer akademischen Disziplin und insbesondere mit ihren ethnografischen Aufzeichnungen und Studien, ausgerechnet zu ebendieser »Konstruktion des Fremden« beigetragen hat, von der bereits die Rede war. Durch ihre detaillierten Forschungsaufzeichnungen, mit ihren Beschreibungen und den dadurch vorgenommenen Etikettierungen und Interpretationen – nicht zuletzt auch in Bezug zu ihrer Dichotomie Rein-Unrein –, hat sie ein Bild konstruiert, das die von ihr als »primitiv« titulierten Völker mit Konzepten wie Hexerei, Magie, Zauberei und Tabu in Verbindung bringt. Selbstverständlich können diese Ausführungen als ethno- und eurozentristisch sowie als exotisierende Konstruktionen kritisiert werden, wie dies bei so vielen, um nicht zu sagen den meisten religionsethnologischen Studien der Fall ist. Die selbstkritische, beinahe bis zur Selbstzerstörung betriebene Selbstreflexion, die die Ethnologie durchlaufen hat, hat in Douglas' Arbeiten noch keine deutlichen Spuren hinterlassen. Diese Phase der disziplinären Selbstkritik hatte ihren ersten Höhepunkt in den 1980er Jahren, während für Douglas' Werk, insbesondere das frühe und mittlere[9], ein noch wesentlich anderes Diskursumfeld bestand. Und dennoch: Auch in »Reinheit und Gefährdung« deutet sich stellenweise ein Bewusstsein der Autorin dafür an, dass es damals bereits Strömungen in ihrer Disziplin gab, die den trennenden Aspekt von Konstruktionen wahrnahmen. So stellt sie sich zum Beispiel unterstützend hinter die Kritik an ihrem Kollegen Lévy-Bruhl, der in seinen Studien »primitives Denken und rationales Denken einander gegenüberstellte« (Douglas 1966/1988: 102, 101f.), anstatt – wie Durkheim dies getan hatte – »primitive soziale Organisation mit der komplexen modernen« zu vergleichen.

Wie auch immer man diese leicht haarspalterischen Debatten bewerten mag: Am Ende setzte sich Douglas dafür ein, den Begriff »primitiv« im Sinne einer »persönlichen, undifferenzierten Weltsicht« nicht aufzugeben (hier wie im Folgenden ebd.: 122). Sie bemerkt, dass der Begriff einen »abwertenden Klang« habe, verneint dies aber im Blick auf die Bereiche der Technologie und der Kunst, obwohl sie das »Primitive letztlich sowohl im ökonomischen als auch im geistigen Bereich benachteiligt« sieht, da bei diesen »primitiven Kulturen« Dämonen und Geister zwischen Außenwelt und Mensch agieren, die sich »kompliziert und unvorhersehbar« verhalten. Diese Sichtweise wird hier nicht geteilt – eine Bewertung von unterschiedlichen Lebenswelten bzw. deren Komplexitätsgrad wird nicht vorgenommen. Zumal sich heute, viele Jahrzehnte später, ohnehin die Frage stellt, ob sich das von ihr bewunderte rationale Denken bzw. die hoch entwickelte Ökonomie wirklich als überlegene Strategien darstellen – insbesondere angesichts der Tatsache, dass die sogenannte »moderne« oder »industrialisierte« Gesellschaft ihre eigene Lebensgrundlage zerstört. Auch der Aussage, dass »wir unserer Umwelt einfacher und direkter begegnen«, kann gerade in diesem Essay nicht zugestimmt werden – schließlich wird hier der menschliche Zwang thematisiert (und infrage gestellt), dass Menschen ihren Bezug zur Welt offenbar am liebsten indirekt halten – nämlich über Gruppen oder zumindest über das Modell der Zugehörigkeit. Ob da nicht auch ›komplizierte Dämonen und Geister‹ eine Rolle spielen – beispielsweise die Medien, die Werbung, der Kapitalismus mit seinem Selbstoptimierungs- und Konsumzwang –, sei dahingestellt. Spätestens hier brechen wir diese Überlegungen ab, da die Übertragung von diesen uns fremden Begriffen und Konzepten auf uns vertrautere Lebenswelten letztlich keinen nennenswerten Erkenntnisgewinn verspricht.

Problemlos ließe sich die hier geäußerte kritische Sichtweise auf Mary Douglas weiterführen und auch auf ihre späteren theoretischen Ansätze ausweiten, die auf der Grid-Group-Theorie basieren. Mit diesen Werken gab sie ihren oben kritisierten Fokus auf ›die Anderen‹ in gewisser Weise auf, da sie ihre gesammelten Erkenntnisse auch auf sogenannte »moderne« Gesellschaften anwandte – erstmals so geschehen, in einer ersten Ausarbeitung dieses Modells, im bereits erwähnten Werk »Natural Symbols« von 1970. Mit der Grid-Group-Theorie entwickelte Douglas ein Raster mit zwei Achsen – »Klassifikationsgitter« (grid) und »Gruppe bzw. Gruppendruck« (group) –, das es erlaubt, Gesellschaften in Hinblick auf diese beiden Parameter zu klassifizieren. In den ersten Ausführungen dieser Theorie differenziert sie dabei zwischen »vier unterschiedlichen Typen von Weltauffassung«, die sich jeweils in den beiden Faktoren »Ausbildung von Klassifikationssystemen« und »Gruppendruck« unterscheiden: Der erste Typ mit »starkem Klassifikationsgitter und Gruppendruck« halte eine Welt mit kosmischen Strafen für gerecht: »Leiden und Schmerzen sind entweder die gerechten Strafen, die den einzelnen für von ihm selbst begangene Missetaten treffen, oder sie werden auf dem Wege seiner Art kosmischer Buchführung verrechnet«. (Douglas 1970/1981: 191) Den zweiten Typ nennt Douglas die »Weltauffassung der Kleingruppe«, in der »die Welt zwischen den gegeneinander kämpfenden Kräften des Guten und des Bösen aufgespalten« ist: »Die Menschheit zerfällt in Gruppenangehörige und Fremde« (ebd.: 192). Beim dritten Typ findet sich der »Wettbewerb der Führerpersönlichkeiten mit ihrer Erfolgs-Weltauffassung, ihrem Synkretismus und dem Vertrauen auf die Wirksamkeit ihrer Privatmagie, die das Sozialsystem des starken Klassifikationsgitters beherrschen« (ebd.: 193). Der vierte Typ stellt die »Alternativversion der Gesellschaft mit starkem Klassifikationsgitter« dar. In ihr gibt es »unpersönliche Regeln« und eine für die Menschen sehr anstrengende »Abfolge von Zustandsphasen«, in denen jeweils unterschiedliche Führerpersönlichkeiten nacheinander die Hoffnung schüren, reale Besserungen herbeiführen zu können (in modernen Gesellschaften zum Beispiel in Bezug auf die Konjunktur). Diese Führer steigen zwangsläufig irgendwann wieder ab, beispielsweise altersbedingt, was am Ende in solchen Gesellschaften zur »ständig präsenten Idee des Millenniums, des goldenen Zeitalters« führt (ebd.: 194f.). In ihren späteren Ausführungen benennt Douglas vier grundlegende Haltungen, »Fatalismus«, »Individualismus«, »Hierarchie« und »Egalitarismus«, denen sie jeweils einen Platz im beschriebenen Schema zuordnet: Jeder der Begriffe sitzt in einem Quadranten des Feldes, das sich zwischen den beiden Achsen (niedriges bis hohes Klassifikationsschema und niedriger bis hoher Gruppendruck) aufspannt. Sie wendet dieses Schema in ihren »späteren« Werken auf eine Vielzahl von Gebieten an, insbesondere auf die Risikobewertung von Gesellschaften[10]. Trotz späterer Flexibilisierung und weiterer Ausdifferenzierung des Schemas muss es als früher Beitrag zu einer kulturalistischen Sichtweise, und damit also zur Überbetonung von starren kulturellen Konzepten bzw. zur Überbetonung von Kultur an sich, betrachtet werden – eine Perspektive, die (siehe oben) zur Vertiefung von Stereotypen und damit von Trennlinien führen kann. Auch in den Essays von Zygmunt Bauman – und damit um einiges später – kommt dem Begriff der Kultur als ordnendem Moment eine zentrale Stellung zu. In ihnen steht Kultur »für die Art, wie Menschen die Welt sehen und über die Welt denken. Sie befähigt die Menschen, aus einem nahezu unendlichen Möglichkeitsraum eine soziale Ordnung zu konstruieren« (Kron und Reddig 2011: 452 zu den Essays von Bauman).

Unabhängig davon, welche Haltung man gegenüber dem Kulturbegriff bzw. dem Douglas'schen Ansatz vertritt, und unbenommen der Tatsache, dass in den folgenden Jahrzehnten viele weitere Wissenschaftler*innen für die Gesellschafts- und Organisationsanalyse auf ihn zurückgegriffen haben: Er dürfte angesichts der Globalisierungsdynamiken und der zunehmenden gesellschaftlichen Fragmentierung an Bedeutung und Validität verloren haben und weiterhin verlieren. Ich denke, dass sich Ansätze der kulturellen

Hybridisierung und der Transnationalität als wesentlich passendere Konzepte für eine Analyse der heutigen Gesellschaft anbieten, vor allem mit Blick auf die Dimensionen Mobilität, Raumvorstellungen und Identität.[11] Darüber hinaus kann das Douglas'sche Modell auch den komplexen und vielschichtigen Beziehungen zwischen Individuum und Gruppe in unserer Gesellschaft nicht gerecht werden.

Warum greift dieser Essay, trotz einer grundsätzlich kritischen Einschätzung des Douglas'schen Werks, letztlich doch darauf zurück, vor allem auf das ›mittlere‹? Die Antwortet lautet: Weil die Erkenntnisse von Mary Douglas bezüglich der Rein-Unrein-Dichotomie und der damit verbundenen Symboliken eine sehr grundlegende Sichtweise auf soziale Ordnungen ermöglichen und quasi so etwas wie ein basales – möglicherweise auch universales – Prinzip herausarbeiten. So betrachtet sie selbst die von ihr herausgearbeitete Analogie zwischen Organismus und sozialem System beispielsweise als ein »natürliches Symbolsystem« (1970/1981: 2). Darüber hinaus legt sie in ihren frühen und mittleren Arbeiten, in fast archäologisch anmutender Manier, Schicht für Schicht das grundlegende Bedürfnis des Menschen nach Weltverbundenheit frei, insbesondere auch dessen verzweifelte Versuche einer kosmischen Verortung – ein Aspekt, den ich weiter unten ausführlich aufgreife. Ich meine, dass die von Douglas auf soziale Ordnungen bezogenen Rein-Unrein-Schemata ein großes Potenzial zum Verständnis von Identifikationsprozessen bergen, das noch nicht ausgeschöpft wurde. Diese grundlegende Betrachtungsweise des Menschen, die ihre Wurzel in der Beobachtung von sehr unterschiedlichen Lebenswelten hat, diese sehr direkte Art der Deutung des Menschen in seiner Weltverzweiflung ist auf dem akademischen, sprich intellektualisierenden Weg, den Gesellschaftsanalysen jedweder Art genommen haben, in den meisten Fällen schlicht verloren gegangen.

Es wird im Folgenden also weiter mit grundlegenden Aussagen von Mary Douglas gearbeitet, aber davon abgesehen, ihre Beschreibungen aus den Feldforschungen zu zitieren oder exotisierende Beiträge zu Bestrafung von Inzest, Ehebruch oder andere scheinbar magische bzw. rituelle Handlungen, die mit Tabubrüchen in Zusammenhang stehen, wiederzugeben. Eine Beschäftigung mit ›dem Fremden‹ soll dergestalt weitgehend vermieden werden.

Hier noch einmal der Kern von Douglas theoretischer Sichtweise – und zwar in dessen früher Ausprägung, nicht in seiner späteren, weiter abstrahierten und akademisierten Form der Grid-Group-Theorie: Im Mittelpunkt von Douglas' Werken steht der Aspekt der Kontrolle. Sie bezieht sich auf das Bild des menschlichen Körpers, um Gesellschaft zu beschreiben und setzt die Kontrolle menschlicher Exkremente gleich mit der Kontrolle des Unreinen, des Bösen in der Gesellschaft. Diese Kontrollmechanismen wiederum seien entscheidend für die soziale Ordnung.

Douglas sieht die Verunreinigungsvorstellungen in Gesellschaften auf zwei verschiedenen Ebenen angesiedelt, »auf der einen werden sie als Mittel zu einem Zweck, auf der anderen als Ausdrucksmittel eingesetzt«. Was meint sie damit? Zu der zweckorientierten Ebene zählt sie die Funktion, dass Menschen Verunreinigungsvorstellungen nutzen, um gegenseitig auf ihr Verhalten einzuwirken. »Der Glaube verstärkt den sozialen Druck«, denn, so schreibt sie, bei der Übertretung von gesellschaftlichen Regeln drohe Gefahr; dieser Mechanismus schütze die »ideale gesellschaftliche Ordnung« (1966/1988: 13). »Es handelt sich«, so Douglas »um eine nachdrückliche Form gegenseitiger Ermahnung. Die Naturgewalten werden herangezogen, um den Moralkodex zu sanktionieren: diese Krankheit soll durch Ehebruch, jene durch Inzest hervorgerufen werden; ein bestimmtes Unwetter soll die Folge politischer Illoyalität sein, ein anderes die Folge von Gottlosigkeit.« Douglas zeigt in diesem Zusammenhang die Vorstellung einer »Ansteckungsgefahr« auf, die »moralische Werte und soziale Vorschriften« legitimiere (ebd.: 14). Hier evoziert sie die Vorstellung von Körperlichkeit in ihren Ausführungen, die sie erst später in ihrem Werk explizit ausführt, wenn sie schreibt: »Der Körper liefert ein Modell, das für jedes abgegrenzte System herangezogen werden kann. Seine Begrenzungen können für alle möglichen Begrenzungen stehen, die bedroht oder unsicher sind. Der Körper ist eine komplexe Struktur. Die Funktionen seiner verschiedenen Teile und ihre Beziehungen zueinander bieten anderen komplexen Strukturen eine Fülle von Symbolmöglichkeiten.« (ebd.: 152)

Ihren theoretischen Ansatz trägt Douglas noch weiter und beschreibt eine zweite Ebene von Verunreinigungsvorstellungen: »Diese Ebene, auf der Verunreinigungsvorstellungen und soziales Leben miteinander verbunden sind, ist die interessantere. Ich bin der Auffassung, dass manche Formen der Verunreinigung als Analogien benutzt werden, die eine allgemeine Sicht der sozialen Ordnung zum Ausdruck bringen sollen. [...] Bei vielen dieser Vorstellungen erscheint es mir sinnvoller, sie als Symbole der Beziehung zwischen verschiedenen Teilen der Gesellschaft zu interpretieren, als Konstrukte, die die hierarchische oder symmetrische Ordnung des umfassenden sozialen Systems widerspiegeln.« (ebd.: 14)

Springen wir in die Mitte von Douglas »Reinheit und Gefährdung« und finden dort diese Auflistung von »vier Arten der sozialen Verunreinigung«: »Erstens die Gefahr, die die äußeren Begrenzungen bedroht; zweitens die Gefahr, die durch das Überschreiten innerer Trennlinien des Systems ausgelöst wird; drittens die Gefahr, die die Randbereiche der Trennlinien umgibt. Die vierte Gefahr kommt aus dem inneren Widerspruch, der entsteht, wenn einige der Grundpostulate von anderen Grundpostulaten infrage gestellt werden, sodass sich das System an bestimmten Punkten selbst zu bekämpfen scheint«. (ebd.: 162)

All dies macht gemäß Douglas eine Gesellschaft erst zu einer solchen – die Trennlinien, die Kontrolle ermöglichen, schaffen zugleich Bedeutung. Die »Idee einer Gesellschaft« sei eben »eine Vorstellung mit großer Wirkungskraft. Sie kann von sich aus Menschen kontrollieren oder zum Handeln anregen« (Douglas 1966/1988: 151). Damit Trennlinien sowie Kontrollmechanismen diese Wirkungskraft entfalten, müssen sie mit Symbolen belegt sein, denn es seien diese »nicht-verbalen Symbole, die die Basis von Bedeutungsstrukturen bilden, durch die der einzelne in die Lage versetzt wird, zu anderen in feste Beziehungen zu treten und die für sein Leben fundamentalen Zwecksetzungen zu finden« (Douglas 1970/1981: 74f.). Mit dieser Auffassung wird der Einfluss von Émile Durkheims Ansatz eines funktionalen Symbolismus auf Douglas' Werk deutlich. Selbst die »ganz private Erfahrung«, so die Autorin, könne nur durch »symbolische Grenzziehungen« organisiert werden, »weil jeder Lernprozess und jede Wahrnehmung von Akten des Unterscheidens und Klassifizierens abhängig ist« (ebd.: 75). Symbole im Douglas'schen Sinne wären demnach Anzeiger von Ordnungsstrukturen, die sich entlang von Rein-Unrein-Vorstellungen gestalten.

Douglas führt als weitere Form gesellschaftlicher Kommunikation das Ritual an. Rituale, so Douglas, seien »Darstellungen sozialer Beziehungen« und dadurch, dass sie diese sichtbar machen, »ermöglichen sie es den Menschen, ihre eigene Gesellschaft zu erkennen« (1966/1988: 169). Die gesellschaftliche und wissenschaftliche Sichtweise auf Rituale sei sehr divers und durch ihren empfundenen Bezug zu einem spirituellen Kontext sehr umstritten, weswegen Douglas von einer allgemeinen »Abwendung vom Ritual« spricht und diese problematisiert (vgl. hierzu Douglas 1970/1981: 11ff.). Auf all das wird an dieser Stelle nicht weiter eingegangen. Wenn der Begriff des ›Rituals‹ hier verwendet wird, dann nicht in Bezug zu dessen spiritueller Auslegung, sondern aus der Perspektive einer möglichen sozialen Funktion von »institutionalisierten Zeichen« und »verdichtete[n] Symbole[n]«. (ebd.: 20)

Mein Haus, mein Auto, mein Pool, meine Ordnung

Es lassen sich viele Argumente vorstellen, warum man diese theoretischen Überlegungen von Mary Douglas auf sich beruhen lassen könnte, da diese Ansätze in unserer heutigen säkularen, aufgeklärten Gesellschaft nicht mehr relevant seien: Es gäbe doch ein funktionierendes Rechtssystem, das Verstöße gegen die geltende Ordnung bestraft; kosmische Strafen seien nicht mehr ›notwendig‹ bzw. kein Bestandteil des Weltbildes mehr. Außerdem könnte man dagegenhalten, dass, so Douglas, »die durch den ökonomischen Austausch organisierte Industriegesellschaft nicht auf die Art von Symbolen angewiesen ist, die bei der Aktivierung von Gruppensolidarität in kleineren Gruppen unentbehrlich ist« (1970/1981: 75). Rituale und Reinheitsvorstellungen haben ›die Anderen‹ oder hatten ›die Menschen damals‹, so könnte man fortfahren. Heute gibt es das bei uns nicht mehr, weder gibt es besondere symbolische Reinheitsrituale nach Inzest, Ehebruch oder nach sexuellen Handlungen. Glaube mit starker moralischer Komponente ist kaum mehr vorhanden, zumindest nicht mehr in Bezug auf die christlichen Glaubensgemeinschaften, deren Mitgliederschwund für sich spricht. Aberglaube tritt nur noch vereinzelt in Erscheinung, so zum Beispiel, wenn Menschen es vermeiden, in den Rauhnächten ›zwischen den Jahren‹ Wäsche zu waschen oder gar weiße Wäsche draußen aufzuhängen, um die wilden Reiter nicht anzulocken, einen gefundenen Cent mit gutem Gefühl und Aussicht auf Glück einstecken oder es vermeiden, Salz zu verschwenden, um den Wohlstand zu wahren oder herbeizurufen. Menschen spielen mit dem Aberglauben an Fassnacht, wenn sie die Sozialordnung auf den Kopf stellen und die bösen Geister verjagen, aber immer im Wissen, dass sie das ja nicht ›in echt‹ tun. Vor allem Rheinländer*innen tun es, um überbordenden Spaß zu haben und Alkohol zu konsumieren – in einem Ausmaß, das sonst in dieser Art vielleicht nicht vor anderen und ihnen selber legitimiert wäre. Die Regeln für die Rauhnächte hält der eine oder die andere lieber ein, um auf der sicheren Seite zu sein – schließlich weiß man ja nie. Wenn wir uns die Hände waschen, dann tun wir das wissenschaftlich fundiert begründet, um in der Winterszeit Viren, aktuell insbesondere die Coronaviren, davon abzuhalten, einen Infekt zu übertragen oder zu vermeiden, dass sich Kinder nach dem Draußenspielen und anschließendem Essen Würmchen einfangen. Die ›rituelle Handlung‹ des Händedesinfizierens nach ärztlichen Behandlungen oder Eingriffen oder schlicht nach Krankenhausbesuchen ist wissenschaftlich unbedingt gefordert, jeder weiß inzwischen um die resistenten Krankenhauskeime und hält sie lieber von seinen Mitmenschen in Klinik und privatem Heim fern. Auch die Entwicklung des Mikroskops hat dem Hokuspokus ein Ende gesetzt: Wenn wir Bakterien und Viren mit eigenen Augen sehen wollen, dann können wir das heute.

Im Zeitalter der Mobilität braucht es auch keine moralkonformen Regeln der Exogamie mehr. Junge Menschen paaren sich weit außerhalb ihres alltäglichen Radiusses – Datingplattformen wie beispielsweise Tinder und soziale Medien erleichtern dies und die Zugangsbeschränkung von Universitäten erzwingt Mobilität im jungen Erwachsenenalter und trägt so auch dazu bei, dass die Rituale von Jahrmärkten bzw. Freimärkten in diesem Sinne überflüssig geworden sind. Gut funktionierende europäische und internationale Austauschprogramme sorgen in nicht zu unterschätzender Weise für ›Exogamie‹ im internationalen Maßstab. Auch Ehebruch oder Ehescheidung haben an sich keine gravierenden Konsequenzen für die Funktionalität der Gemeinschaft mehr – vielleicht gilt hier sogar das Gegenteil, folgt man Eva Illouz' Ansatz des »skopischen Kapitalismus«. Dieser basiere in vielerlei Hinsicht darauf, dass sich »sexuelle Akteure in einer Marktsituation« begegnen (2019: 203). Diesbezügliche Moralvorstellungen, wenn es diese noch gäbe, hätten sich demnach stark verschoben. Die Klärung von Streitigkeiten im Falle von Trennungen findet privat statt bzw. wurden im Fall der Scheidung gesetzliche Regelwerke geschaffen, heißt: Das Rechtssystem klärt das. Im Fall von Ehebruch, sukzessiven oder parallelen Partnerschaften gibt es längst neue Konzepte, zum Beispiel ein ›Framing‹ mit modernen Lebensmodellen wie ›Patchwork‹ oder ›Polyamorität‹. Vor allem in den urbanen Zentren spielen diesbezügliche gesellschaftliche Tabus kaum noch eine Rolle, insbesondere die Scheidung genießt fast volle gesellschaftliche Legitimation – eine Errungenschaft der Emanzipation, der Individualisierung der Gesellschaft mit ihrer Betonung der Selbstverwirklichung und – würde man Illouz (2019) einbeziehen –, eben auch eine Folge des Kapitalismus. Frauen werden während ihrer Menstruation längst nicht mehr aus der Gesellschaft ausgeschlossen, weil sie als unrein gelten – erstens ist der biologische Kontext bekannt und zweitens wäre das ein volkswirtschaftlich gravierendes Problem. Schmerzen werden insbesondere am Arbeitsplatz mit Tabletten weggeschluckt, die Blutung selber mit inzwischen technisch hoch entwickelten Hygieneartikeln gesellschaftlich unsichtbar und für Frauen komfortabel aufgefangen. Dass aktuell mit der Bewegung des »free bleeding« und der Einführung nachhaltigerer Hygieneartikel ein Trend hin zu einem insgesamt offeneren Umgang mit der weiblichen Menstruation zu verzeichnen ist, ist eine spannende Entwicklung, die ein in der Menschheitsgeschichte und in vielen Kulturen noch immer verdrängtes und stigmatisiertes Phänomen selbstbewusster in das individuelle weibliche und das gesellschaftliche Leben integriert.

Eine Übertragung von Douglas' Thesen scheint angesichts unserer aufgeklärten Lebens- und Denkweise also auf den ersten Blick absurd. In modernen Gesellschaften spielen Reinheits- bzw. Unreinheitsvorstellungen keine Rolle mehr, so könnte das Argument lauten. Und richtig, natürlich ist unsere demokratische Gesellschaft, unser Denken geprägt durch die Aufklärung, die Werte der Französischen Revolution, wir haben die Vernunft, die Wissenschaft in die Mitte unserer Gesellschaft geholt. Und das ist sicher die wichtigste Errungenschaft, darauf basieren die demokratischen Grundwerte unserer heutigen Verfassung – und die gilt es, nach innen wie nach außen zu verteidigen.

Und dennoch: Man kann die Douglas'schen Erkenntnisse als grundlegende menschliche Strategien des »In-der-Welt-seins« betrachten – wobei ich mich im Weiteren nicht auf Heidegger beziehe, sondern auf die

Schriften des Religionswissenschaftlers Mircea Eliade, für den »das *Heilige* und das *Profane* zwei Weisen des In-der-Welt-Seins bilden« (1957: 10, Hervorh. im Original). Dieser schreibt über die religiösen Vorstellungen des Menschen: »Der Mensch der traditionsgebundenen Gesellschaften ist freilich ein *homo religiosus*, aber sein Verhalten fügt sich dem Rahmen des allgemeinen menschlichen Verhaltens ein und ist deshalb auch Gegenstand der philosophischen Anthropologie, der Phänomenologie und der Psychologie«. Und schließlich ist nicht jede soziale Ordnung in sogenannten ›traditionellen‹ Gesellschaften eine religiös bestimmte, auch Douglas betont, dass »es auch in manchen Stammeskulturen keine Rituale gibt« (1981: 75).

Wenn wir Mary Douglas folgen, reden wir hier also über die Idee von *grundlegenden* menschlichen Verortungsstrategien. Diese Sichtweise unterscheidet sich in ihrer Wurzel stark von der Bauman'schen, nach der es die Spaltung in Ordnung und Chaos ist, die eine Existenz zu einer modernen macht (2016: 14), allerdings im Sinne einer bewusst wahrgenommenen Alternative zwischen diesen beiden Polen. Vormoderne Menschen hätten zwar eine Ordnung angestrebt, sie waren gegenüber des »Entwerfens« nicht »gleichgültig«, aber es fehlte eine Reflexion darüber (vgl. ebd.: 13f. mit Bezug auf Hobbes).

Bevor wir in mögliche Verbindungen von Ordnung und gesellschaftlicher Struktur einsteigen, sei vorab angemerkt: Lesenden, die an dieser Stelle noch immer glauben, dass das Prinzip der Ordnung keiner besonderen Aufmerksamkeit bedürfe bzw. dass ihm im Blick auf unsere Gesellschaft keine deutende Kraft zukomme, wird empfohlen, einen Zeitschriftenladen zu besuchen. Wie zentral das Prinzip der Ordnung in unserem alltäglichen Leben ist, zeigt quasi jede Wohn- und Lifestylezeitschrift: »10 Schritte zur Ordnung: Aufräumen tut gut, fällt aber nicht jedem leicht. Wie man es schafft, sich von Altlasten zu befreien und Raum für Neues zu gewinnen«, so das Titelthema in der *Schöner-Wohnen*-Ausgabe des Januar 2021. Darin: »Es muss nicht alles picobello sein: Ein Gespräch mit Ordnungsexpertin Nadine Meyer über ›Wenn-dann-da-Schubladen‹ und ›Kammern des Schreckens‹ – und die Frage, welche Dinge wir in unserem Leben behalten wollen und welche wir besser loslassen«; und zu guter Letzt, im selben Magazin, ein Kernproblem des Winters 2020/21: »Wie hält man Ordnung im

Homeoffice?« Der Artikel startet »in aller Kürze« damit, dass das Aufräumen und Gestalten des Homeoffice bedeutet, »sich selbst und seine Arbeit wertzuschätzen«. Aufräumen und Ordnung, das ist spätestens jetzt klar, lässt sich keineswegs auf das Sortieren von Dingen reduzieren, um diese gut finden zu können, sondern es geht hier um nichts weniger als um unser Leben und unser Ich! Es ist Wellness (»tut gut«), es bringt Leichtigkeit (durch »Loslassen«) und bahnt so den Weg zwischen Erinnerungen und der Gestaltung der Zukunft (»Raum für Neues gewinnen«). Es hat sogar mit unserer Selbstliebe zu tun! In der *Flow*, Ausgabe Nummer 54, wird empfohlen, gerade jetzt in der Pandemie – zu puzzeln. Nicht etwa, weil dies angesichts des Lockdowns ein guter Zeitvertreib sei, nein, Puzzeln, so die Meinung eines Experten, gebe »uns außerdem das Gefühl, Ordnung schaffen zu können, wo keine ist« (*Flow* 54: 46). Alleine das Gefühl, Ordnung geschaffen zu haben, verspricht uns also, einen Glücksmoment erleben zu können. Nicht umsonst beschreibt sich die Zeitschrift in ihrem Untertitel schließlich auch als die »ohne Eile, über kleines Glück und das einfache Leben«. Diese Auflistung ließe sich endlos weiterführen. Es gibt einen regelrechten Ordnungshype – und dieser wird in seiner Repräsentation eng verbunden mit Emotionalität, mit persönlichem Glück und sogar einem gelungenen Leben.

Ordnungsvorstellungen sind – und das kann als grundlegende Erkenntnis aus Douglas' Studien gewonnen werden – eine kraftvolle Dimension gesellschaftlichen und individuellen Lebens. Wenn Eva Illouz feststellt, dass es ein »neues Verständnis von Sexualmoral« gibt, das von der »dichten Normativität befreit« ist (2019: 96) und durch eine »dünne, prozedurale Normativität ersetzt« wurde (hier wie im Folgenden ebd.: 97), lässt sich dies auf weitere gesellschaftliche Bereiche anwenden, wenn nicht gar als Merkmal gesellschaftlichen Zusammenlebens in den westlichen Gesellschaften ansehen. Während sich die »dichte Normativität« gemäß Illouz auf »kulturelle Kosmologien, kollektive große Erzählungen wie die der Erbsünde oder ursprünglichen Reinheit« bezieht, die klare, »eindeutige Konzeptionen vom Guten und Bösen, Moralischen und Unmoralischen beinhalten«, gibt eine »dünne, prozedurale Moral [...] den Individuen das Recht, über den moralischen Gehalt ihrer Vorlieben selbst zu entscheiden«. Als Beispiel legt Illouz dar, wie sich das »Gravitationszentrum dieser Kämpfe« um Sexualität von »Fragen der Reinheit oder der Sünde« hin zur zentralen »Frage der Zustimmung« verlagert hat, die die Themen Vergewaltigung, Abtreibung, Pornografie, sexuelle Belästigung oder Teenager-Schwangerschaften umfasst.

Sind wir also ein aufgeklärtes Völkchen ohne irrationale Unreinheitsvorstellungen, mit einem Ordnungssystem, das auf rationalen Säulen errichtet ist, ohne Symbole oder Rituale? Nun, das würde wohl niemand durchweg bejahen. Denn jeder kann Letztere beobachten und kennt sie genau auch von sich selbst, den Nachbar*innen, Bekannten, aus dem Verwandten- und Freundeskreis oder einfach aus den Beobachtungen Fremder – die sinnfreien, unlogischen, irrationalen und widersprüchlichen Ordnungen, die im Kleinen anfangen und sich im Großen wiederfinden: Bücher nach Farben sortieren; Bilder gerade rücken; Schuhe in Reih und Glied aufstellen; Kinderspielsachen aus dem Wohnzimmer entfernen oder zumindest in einem Korb oder Schrank unsichtbar verstecken; einen Gartenzaun vor das Grundstück setzen, sei er auch nur kniehoch; das Gänseblümchen zwischen den Platten im Gehweg entfernen, an dem man sich draußen auf dem Feld eben noch erfreut hatte; sich über Kindergeschrei beschweren oder über den Lärm der nahe gelegenen Sportanlage, aber »Ein Herz für Kinder« aufs Auto kleben; eine Spende für Somalia überweisen, aber dem Obdachlosen vor dem Supermarkt keinen Blick schenken; das Kind von den osteuropäischen Straßenmusiker*innen zurückzerren, bevor es sich in ein Gespräch vertieft, nachdem es diesen vorher einen Euro geben durfte; sich bei vollen Umkleidekabinen nicht offen im Kaufhaus umziehen, obwohl man sich kürzlich im Schwimmbad vor viel mehr Menschen entblößt hat; im Urlaub das Essen in Trattorias genießen und zu Hause gegen vollgestellte Gehwege klagen; romantisch unter den Wäscheleinen über engen spanischen Gassen flanieren, aber im eigenen Haus die Nachbarn darum bitten, keine Wäscheständer im gemeinsamen Flur aufzustellen; vor der Wohnung die Schuhe ausziehen, aber das neue Fahrrad über das Sofa hängen; lieber mit erdigen Wanderschuhen ein Restaurant betreten, als sie auszuziehen und in Socken einzutreten; eine Krawatte für die Abteilungssitzung anziehen und für den Besuch der Studierendengruppe wieder ausziehen; inhaltsleere

Grußworte am Beginn von Veranstaltungen aneinanderreihen,; im Bundestag debattieren, obwohl es bereits einen Beschluss gibt; das Kind im weit entfernt gelegenen Gymnasium anmelden, obwohl es eine Gesamtschule nebenan gibt; gegen ein Übergangswohnheim für Geflüchtete im eigenen Stadtteil protestieren, obwohl es dort viel Platz und eine gute Infrastruktur gibt. Diese willkürlich gewählten Beispiele zeigen die Dichte an irrationalen Ordnungsvorstellungen, Symboliken und auch Ritualen. Die dahinter liegenden äußeren wie auch inneren Trennlinien der Sozialordnung bzw. -beziehungen sind unschwer erkennbar.

In einer Gesellschaft wie der unsrigen, in der das »Klassifikationsgitter« (Douglas) nicht sehr stark ausgeprägt ist, das heißt wenig formal vorgegebene Regeln und Gruppendefinitionen für das Zusammenleben existieren, spielt die Schaffung von internen Trennlinien eine wichtige Rolle. Dass diese Hand in Hand gehen mit der Geschmackssoziologie von Bourdieu, zeigen die vielen Un-Logiken unseres Identitätsverhaltens: die Wagenfeldleuchte gut sichtbar auf das Fensterbrett stellen, obwohl man dort kein Licht braucht; Bücher gut sichtbar ins Regal stellen, die man nie gelesen hat; Vegetarier sein, aber Lederschuhe tragen; regelmäßig ins Theater oder die Oper gehen, obwohl man sich dort zutiefst langweilt; das neue weiße Hochbett aus Massivholz im Angebot Lasse nennen und nicht Mohamed, obwohl dieser in einigen hiesigen Regionen zu den häufigsten Namen gehört – im Jahr 2019 war er in Bremen sogar der meistvergebene Name. Es wäre ein Leichtes, diese Liste mit konsumbezogenen Entscheidungen aufzufüllen, mit welchen sich die geschmacklichen Trennlinien aufzeigen ließen, über die Menschen eine bestimmte soziale Position besetzen möchten und/oder sich nach außen sichtbar als einer Gruppe zugehörig repräsentieren. Oder eben durch bestimmte Markeneigenschaften ein bestimmtes Bild und damit eine spezifische Identifikation ›triggern‹ möchten.

Sehr gut identifizierbar ist auch das, was Douglas als »innere Widersprüchen« beschreibt und eng mit der moralischen Komponente verbunden ist: seine Kinder in deren Engagement für Fridays for Future unterstützen und gleichzeitig den nächsten Flug für den Familienurlaub buchen; Grün wählen und mit dem alten VW-Bus durch die Stadt fahren; sich für sozialdemokratische Werte einsetzen und einträgliche Verträge mit Despoten beschließen; sich gegen die Aufnahme und Integration von Menschen aus anderen Herkunftsländern aussprechen, aber seine Eltern durch diese pflegen lassen; sich für Menschen- und Grundrechte einsetzen, sich aber Kolleg*innen und anderen Menschen gegenüber unfreundlich und arrogant verhalten; Frauen die Tür aufhalten, die Speisekarte reichen, in den Mantel helfen, ihnen aber weniger Gehalt als den männlichen Mitarbeitern zahlen; internationale Mobilität für die eigenen Kinder befördern, aber sie Minderjährigen aus afrikanischen Ländern untersagen. Es lässt sich eine Vielzahl solcher Beispiele finden und die Widersprüchlichkeit kommt in ihnen deutlich zum Vorschein. Kein Segment, keine Gruppe, kein Mitglied unserer Gesellschaft ist von diesen Widersprüchlichkeiten ausgenommen – mit dem Finger auf andere zu zeigen, ist sinnlos. Der Grund solcher inneren Widersprüche sind symbiotische Beziehungen zu bestimmten Bildern, denen wir entsprechen möchten, um eine Gruppenidentität zu gewinnen oder aufrechtzuerhalten. Umso stärker die Identifikation und moralische Komponente, desto größer die Widersprüche und die Trennlinien, die sie verursachen. »Die Sehnsucht nach eindeutigen Trennlinien und klaren Begriffen gehört zu unserem menschlichen Sein. Wenn wir sie dann haben, müssen wir uns entweder der Tatsache stellen, dass ihnen einige Realitäten entgleiten, oder uns aber gegen die Unzulänglichkeiten der Begriffe blind machen.« (Douglas 1966/1988: 210f.) Die genannten Widersprüche entstehen gerade durch das Bedürfnis bzw. die Suche nach Reinheit. In ihrem Streben danach versuchten Menschen, so Douglas, »die Erfahrung in logische, widerspruchsfreie Kategorien zu zwingen« (ebd.: 211). Umso »strikter« die »Reinheitsstruktur« sich gestaltete, so Douglas weiter, desto eher tauchten die Widersprüche auf und führten am Ende gar zu »Heuchelei« (ebd.: 212).

Hygienevorschriften en vogue – die Covid-19-Pandemie und die soziale Ordnung

Im November des Corona-Jahres 2020 entschied sich der Bremer Senat, die Infektionszahlen nach Stadtteilen zur Veröffentlichung freizugeben. Die Karte zeigte eindrucksvoll die ungleiche Verteilung der Infektionen innerhalb des ohnehin stark von der Pandemie betroffenen Stadtgebiets: In sogenannten ›benachteiligten‹ Stadtgebieten gab es eine vielfach höhere Infektionsdichte als in den ›besser gestellten‹ Teilen der Stadt. Die grafische Aufarbeitung der Verbreitung des Virus in der Stadt hätte ohne entsprechende Überschrift auch eine Abbildung der Miet- und Immobilienpreise oder Einkommensverhältnisse wiedergeben können. Die Grafik entfachte unter den Abgeordneten der Bremischen Bürgerschaft eine heftige Diskussion um mögliche Ursachen – die sich in dieser Art auch in anderen Gremien an anderen Orten Deutschlands hätte entwickeln können oder vermutlich in ähnlicher Weise entwickelt hat: Während ein Abgeordneter der CDU – nach eigenen Angaben aus einem der stark betroffenen Gebiete stammend – davon sprach, dass dies nicht mit mangelnder Information zusammenhänge, sondern vielmehr mit dem unterschiedlichen Verhalten von Menschen anderer »Kulturkreise«, rangen Expert*innen um Erklärungen, die sich um soziale Variablen wie enge Behausungen, Arbeitsplätze ohne Homeoffice-Möglichkeit und damit einhergehender starker Nutzung öffentlicher Verkehrsmittel drehten. Eine Abgeordnete der Grünen befasste sich mit der Rhetorik des Kollegen aus der CDU und warf diesem vor dem Hintergrund seiner Sprachwahl »völkisches Denken« vor. Nicht nur die Grafik, sondern insbesondere auch der um die Abbildung herum entstandene Diskurs spiegelte scharf konturiert die gesellschaftlichen Trennlinien wider, die in diesem Fall rund um die Fähigkeiten und Möglichkeiten des Einhaltens von Hygieneregeln gezogen wurden. Dementsprechend bestand er aus den gewohnten Schuldzuweisungen gruppenzugehöriger Menschen an andere gruppenzugehörige Menschen.

Solche Diskurse, Debatten und Diskussionen sind qua ihrer Natur dazu angelegt, sich zu verfangen, zu verhakeln und auszuufern, vor allem aber auch zirkulär und redundant zu verlaufen. Wir sind allesamt gefangen in dieser Art von Diskurs, denn wir agieren eben qua unserer gruppenbezogenen Identitäten, die unsere Sichtweisen und Argumentationsmuster bestimmen. So leisten wir, ohne es zu wollen – und oftmals sogar gerade, um es vermeiden zu wollen –, unseren Beitrag zur Festigung von Rollen in einem bestehenden System, werden jedoch eines niemals erreichen: die Komplexität der Realität beschreiben und eine Lösung finden. Und schon gar nicht: die inneren Trennlinien der Stadt reduzieren. Im Gegenteil: Jedes Mit-dem-Finger-Zeigen trägt indes zur Vertiefung gesellschaftlicher Gräben bei. Die Komplexität liegt hierin: Es gibt keine Ursachen, die allein »migrantischer« Natur sind (was auch immer das sein sollte angesichts urbaner Vielfalt in einer globalisierten Welt), es gibt aber auch keine Ursachen, die allein »sozialer« Natur sind. Natürlich gibt es Ursachen, die im Verhalten von Menschen liegen, und dieses Verhalten findet eben statt vor dem Hintergrund ihrer Gewohnheiten wie auch ihrer Lebensumstände. Jedoch ist es angesichts der Komplexität und der engen Verwobenheit verschiedener Faktoren nicht möglich und niemals zielführend, diese einzeln, vereinfachend und kontextlos identifizieren zu wollen. Schon gar nicht sind sie nachzuvollziehen, indem man über ›den Anderen‹ spricht – dessen Lebenswelten und dessen soziale Umstände – unter Ausklammerung ›des Eigenen‹. Die erwähnte Grafik sollte deswegen betrachtet werden als das Abbild einer unserer Stadt, unserer Gesellschaft zugrunde liegenden Gesamtordnung, die ihren Ausgangspunkt darin hat, dass Menschen sich einer Gruppe zugehörig fühlen möchten oder müssen, die möglichst homogen ist. Sie ist somit insbesondere auch Ausdruck unserer aktuell sehr begrenzten menschlichen Identifikationsfähigkeiten.

Ausgehend von der machtvollsten Gruppe – nennen wir diese hier einmal platt und konstruiert: das ›weiße Bürgertum‹ – hat dieses tiefe Zugehörigkeitsbedürfnis zu einer entsprechenden Ordnung von Stadtteilen geführt. Es ist die Ordnung, die wir alle legitimieren und mittragen, durch Symbolsysteme, Riten, nonverbale Kommunikation und entsprechende Entscheidungen (Wohnort-, Schulauswahl etc.). Diesen individuellen Entscheidungen liegen öffentliche, administrative Entscheidungen zugrunde, die die Blaupause der Linien vorgeben, die eine Stadt durchziehen und die wiederum die Marken setzen für die Zuteilung von Ressourcen jeglicher Art. Beispiele hierfür können die Ausweisung von Bauland oder das nicht ausreichend mit geförderten Wohnungen geplante Neubaugebiet sein. Diese Linien beeinflussen am Ende eben auch unsere ›mental map‹, also unsere eigene mentale Vorstellung von der Stadt, in der wir leben, und somit unsere individuellen Entscheidungen. Mit jeder öffentlichen und individuellen Entscheidung wird ein in sich geschlossenes zirkuläres System immer wieder neu gestärkt. Alle Versuche der öffentlichen Hand, gegen diese Gräben zu wirken – die gibt es ja durchaus –, eben durch den Versuch, Projekte in benachteiligten Stadtteilen anzustoßen, Kinderbaugeld an den Erwerb von Immobilien in bestimmten Stadtteilen zu binden oder gemischte Siedlungen zu befördern, um nur einige Beispiele zu nennen, scheinen nur wenig Wirkung zu entfalten. Dass sich soziale, stadtteilbezogene soziale Markierungen entwickelt haben, die vermeintlich mit Linienverläufen zusammenfallen, die als ›kulturell‹ bezeichnet werden, liegt in gesellschaftlich tief verankerten und sehr subtil vorhandenen Wahrnehmungsmustern und Verortungsbedürfnissen, die stärker wirken als einzelne Maßnahmen und die besser verstanden werden müssen. Als eine solche tief sitzende und wirkende Kraft untersuche ich hier Rein-Unrein-Vorstellungen. Insofern kann die erwähnte Karte durchaus auch als Marker für gesellschaftlichen und strukturellen Rassismus betrachtet werden. Der Gegenstand der öffentlichen Diskussion, also die Frage, ob in einigen Stadtteilen Hygieneregeln besser eingehalten werden oder schlechter, zeigt, wie gut Hygiene an sich dazu dient, soziale Ordnungen zu manifestieren und zu festigen. Die Auffassung bzw. Diskussion darüber, dass Menschen in ›ärmeren‹ oder – wie es politisch korrekter auch heißt – ›benachteiligten‹ Stadtteilen solche Regeln nicht verstehen und umsetzen können, berührt eine hochdiskriminierende Auseinandersetzung. Sie besagt implizit, dass Menschen ›anderer‹ Lebenswelten über keine diesbezüglichen Kompetenzen in Bezug auf ihr Gesundheitshandeln im Alltag verfügen. Eine solche Sichtweise habe ich an anderer Stelle ausführlich dargestellt und anhand von Beispielen widerlegt und beleuchtet (Eichler 2008). Zu denken, dass Flugblätter in vielen Sprachen das Problem lösen, wie in diesem Zusammenhang oft gefordert, ist schon fast zynisch, liegt dem doch die Auffassung zugrunde, dass in diesem Stadtgebiet hauptsächlich Menschen leben, die von Informationen abgeschnitten seien. In essentialisierender Manier davon auszugehen, dass diese sich nicht auch über das Weltgeschehen informieren, nicht über Strategien der Informationsaneignung verfügen (vielleicht aber andere, möglicherweise sogar transnationale) und auch über keine die Muttersprache hinausgehende Sprachkompetenz, dokumentiert eine sehr begrenzte Perspektive. Flugblätter in vielen Sprachen zu verteilen wird nicht schaden bzw. kann dies durchaus (im gesamten Stadtgebiet) sinnvoll sein, löst das Problem allein aber auch nicht, denn die Informationen ändern nichts an der bestehenden Ordnung. Diese bleibt bestehen, solange sie von den Vetreter*innen der machtvollen Gruppen ständig durch individuelle Alltags– sowie systemrelevante administrative und politische Entscheidungen reproduziert wird – und solange wir die inneren Triebfedern unserer Identifikationsmuster nicht verstehen.

Die grafische Karte der Infektionsverbreitung in der Stadt ist indes nicht nur Ausdruck der sozialen Ordnung. Durch ihre Veröffentlichung ist nicht auszuschließen, dass sie womöglich auch direkt auf das (Hygiene-)Verhalten von Menschen wirkt: So mahnt die Grafik, dass bei Übertretung von Stadtteilgrenzen Gefahr droht: zum Beispiel beim Besuch einer Schule oder bei der Nutzung öffentlicher Nahverkehrsmittel in einem anderen Stadtteil, bei Verabredungen mit Kindern, die dort wohnhaft sind, beim Besuch von dortigen Geschäften. Da es dies zu vermeiden gilt, wird das Verhalten konkret beeinflusst bzw. werden vorherige Entscheidungen (Schulwahl, Wohnort etc.) bestätigt und legitimiert. Die Covid-19-Pandemie liefert so ein Modell für ein längst überkommen geglaubtes Weltbild: Das Übertreten von gesellschaftlich determinierten Trennlinien wird nach Douglas vermieden, um die »ideale gesellschaftliche Ordnung« zu schützen. Und viel verheerender: Einige Menschen rufen unwissentlich den Aspekt der moralisierenden »gegenseitigen Ermahnung« auf (Douglas 1966/1988: 14), wenn sie assoziieren, dass Infektionen die Strafe für ›falsches Verhalten‹ seien. Wenn dieses Verhalten zusätzlich, wie beispielsweise an der obigen Debatte gezeigt, mit der sogenannten ›Kultur‹, ›Religion‹ oder Ähnlichem verknüpft wird, wird gesellschaftliche Heterogenität dann eben als Gefahr für die soziale Ordnung konstruiert.

In diesem Sinne ist es nur eine Teilwahrheit, wenn Vertreter*innen einer (mehrheitlich homogenen) politischen Elite davon sprechen, dass die Corona-Pandemie die soziale Ungleichheit verschärfe. Dies ist wahr, aber eben nur ein kleiner Ausschnitt der Wirklichkeit, denn die Pandemie hat vor allem auch die Ungleichheit unserer gemeinsam getragenen Ordnung aufgezeigt. Als hätte sie die sonst wenig sichtbaren, aber grundlegenden Trennlinien eingefärbt. Diese Situation veranschaulicht in aller Deutlichkeit, dass nur eine langfristige Änderung von Identifikationsprozessen eine tiefe Veränderung der städtischen Gesellschaftsstrukturen bewirken könnte.

Die Douglas'sche Triade aus Hygieneregeln, sozialer Kontrolle und gesellschaftlicher Ordnung wurde in der Covid-19-Pandemie darüber hinaus noch von einer ganz anderen – und sehr erstaunlichen – Seite aus in Anspruch genommen: So funktionalisierte die sogenannte ›Querdenker-Bewegung‹ die Hygieneregeln, um der ›politischen Elite‹ vorzuwerfen, dieselben zur Unterdrückung der demokratischen Rechtsordnung zu nutzen. Dabei sind diese Ordnungsmechanismen auf Grundlage von Rein-Unrein-Vorstellungen, von denen hier die Rede ist, keinesfalls als bewusste Handlungsstrategien vorzustellen, die politisches, gesellschaftliches oder individuelles Handeln explizit steuern würden. Vielmehr kann man davon ausgehen, dass es sich dabei um in unserer Wahrnehmung integrierte, unbewusste Dimensionen handelt, die diese strukturieren, weswegen sie erst Schicht für Schicht bewusst gemacht werden müssen. Die ›Querdenker-Bewegung‹ setzt sich aus Menschen zusammen, die auch Vertreter*innen alternativer Heilmethoden, Esoteriker und nicht zuletzt auch das rechte Spektrum umfassen. Dies ist vielleicht der erstaunlichste Befund im Kontext der Pandemie: dass sich die Regierung, die sich um eine naturwissenschaftlich begründete, sehr gründliche und faktenbasierte Informationspolitik bemüht und hierzu mit Expert*innen zusammenarbeitet – was andere Regierungen durchaus ablehnen –, mit diesem ›Bumerang‹ aus der Bevölkerung auseinandersetzen musste. Diese (unbewusste) argumentative Aneignung der Douglas'schen Triade vonseiten der Coronamaßnahmen-Gegener*innen ist jedoch nur auf den ersten Blick erstaunlich, denn sie erscheint durchaus einleuchtend, wenn man einen Schritt vom Anspruch faktenbasierten Denkens zurücktritt. Der Virus hat die ohnehin zunehmende Komplexität der Welt noch sichtbarer gemacht. Das transparente und wissenschaftlich begründete Vorgehen der Regierung hat offengelegt, dass es in diesem Fall keine fertigen und einfachen Antworten gibt. Menschen, die sich nach einer einheitlichen Weltanschauung sehnen, möglicherweise vor dem Hintergrund persönlicher, sozialer oder ökonomischer Unsicherheiten, lehnten eine solche naturwissenschaftlich basierte Vorgehensweise ab, so Jenny Willner 2020 in einem Interview mit dem Magazin *Jetzt.de*. Dies sei insbesondere dann der Fall, wenn es eine Nähe zu Verschwörungstheorien gäbe, die – so Willner – gerade in Deutschland oftmals mit dem Befürworten von alternativen Heilmethoden einherginge. Dass es eine »Überschneidung von Antisemitismus, Rassismus und Esoterik schon Jahrzehnte vor dem Nationalsozialismus« gab, die sich bereits in der Weltanschauungsliteratur und beispielsweise in der Lebensreform-Bewegung äußerte, sei bis heute durch Alternativmedizin, Teile der Reformpädagogik und der Ökologiebewegung unzureichend aufgearbeitet. Problematisch sei, so Willner, die Verbindung von »›Natur‹ mit der Hoffnung auf Erlösung«, die den Aspekt ausblende, dass der Mensch ein »soziales Wesen« sei.

Ein ähnliches Potenzial für gefährliche Gratwanderungen bietet auch der später in diesem Essay noch ausführlicher behandelte Begriff der Heiligkeit. Für den umstrittenen rumänischen Religionsphilosophen Mircea Eliade ist aus Sicht religiöser Menschen die Natur »immer von religiöser Bedeutung erfüllt« (1957: 68) und auch für moderne Menschen sei das »Erlebnis einer radikal desakralisierten Natur [...] eine neue Entdeckung und überdies nur einer Minorität der modernen Gesellschaft zugänglich« (ebd.: 89). Dennoch – so Eliade – seien auch »moderne« Menschen für den »Zauber der Natur« empfänglich, wobei es sich hierbei um ein nur schwer erklärbares Gefühl handele, das als »Erinnerung an ein abgesunkenes religiöses Erlebnis zu erkennen sei«. Eliade, dessen Haltung zu Faschismus und Antisemitismus vor seinem Tod nie aufgeklärt wurde, sah sich mit der Kritik konfrontiert, dass er seine eigenen religiösen Gefühle aus seinen Forschungen nicht ausgeklammert habe (Gottwald 2007: 4). Auseinandersetzungen mit diesem Autor sind nicht nur mit Blick auf seine politische Vergangenheit wichtig, sondern auch weil sie auf eine noch nicht ausreichend untersuchte Verbindung zwischen Religion und Faschismus hinweisen (Gottwald 2007: 3 mit Bezug auf Stiehler 2003). Zur eigenen Religiosität Eliades finden sich in Reschikas Einführung zu dessen Werk und Leben (1997) keine expliziten Informationen, jedoch wird in dieser Zusammenstellung seines wissenschaftlichen und literarischen Schaffens deutlich, wie stark Letzteres durch okkulte Beschreibungen geprägt ist, die letztlich auf eigene Erfahrungen zurückgeführt werden: »Die Welt des Magischen und Okkulten bricht in die wohlvertraute Lebenswirklichkeit der Personen ein; Übernatürliches und Alltägliches vermischen sich auf unheimlich, aufregende Weise«, schreibt Reschika beispielsweise über den Roman »Lumina ce se stinge« (übersetzt: Das verlöschende Licht)[12], der Anfang der dreißiger Jahre während seines Indienaufenthaltes enstand (Reschicka 1997: 138). Dieses Themenfeld kann hier nicht angemessen behandelt werden, aber ich möchte doch eines festhalten: Es ist frappierend, wie einfach Zugehörigkeiten gestiftet werden können, die über die Identifikation mit den Vorstellungen von Natur, Freiheit, Reinheit operieren – wie auch immer diese im Einzelnen von den Gruppierungen für sich beansprucht werden. Dass sich hier möglicherweise menschliche Bedürfnisse nach einer ›sakralen‹ Dimension bzw. einer Weltverortung zeigen, werde ich weiter unten noch einmal ausführlicher aufnehmen.

Zur Zeit der Abfassung dieses Essays dient die sich rund um die Corona-Proteste entwickelte Identifikation als anschauliches Beispiel für die Verbindung der oben genannten Aspekte. Sie bildet einen Gegenpol zur naturwissenschaftlichen Auslegung, die in diesem Fall allerdings nicht alleine von der wissenschaftlichen Akademie, sondern insbesondere von der politischen Elite repräsentiert wird, die ihrerseits für die Gestaltung und Wahrung der sozialen Ordnung steht. Die jeweils behauptete Überlegenheit lässt die Trennlinien immer deutlicher hervortreten. Auch hier gilt: Beide Pole sind Teil der sozialen Ordnung – je stärker die jeweilige Identifikation, desto größer die Gräben. Was die sogenannte Querdenker-Bewegung ebenso zeigt wie andere populistische Bewegungen, die durch einfache Erklärungsmuster geprägt sind sowie durch die Nähe zu Verschwörungstheorien: Es ist die Sehnsucht nach einfachen und einheitlichen Weltbildern, eine Ablehnung von Komplexität, die als Chaos wahrgenommen wird und die eine Selbstverortung schwierig gestaltet. Um eine Folgerung dieses Essays hier vorweg zu nehmen: Erhalten grundlegende menschliche Verortungsbedürfnisse des Menschen keinen Raum in der Gesellschaft, können sie leicht für vielfältige andere Zwecke vereinnahmt werden.

Welche Ordnung überhaupt?

Wir können bis hierher festhalten, dass Identifikationsprozesse auf eine Selbstlegitimierung bzw. eine Selbstverortung abzielen, die vor dem Hintergrund einer gedachten Ordnung stattfindet, die sich ihrerseits von zugrunde liegenden Rein-Unrein-Vorstellungen nährt. Ich möchte hier noch einmal genauer betrachten, was man sich unter dieser Ordnung, einer ›sozialen Ordnung‹, eigentlich vorzustellen hat. Dass eine Sozialordnung immer auch ein Machtgefüge darstellt, hat schon Bauman ausgeführt, der »die Macht zu trennen, zu klassifizieren und zuzuteilen – im Denken, in der Praxis des Denkens und im Denken der Praxis« – als »[m]oderne Meisterschaft« bezeichnet hat (2016: 23) und der Kultur eine ordnende Kraft zuschreibt, da »Menschen mittels Kultur Macht ausüben können« (Kron und Reddig 2011: 455). Eine einheitliche Beschreibung *der* sozialen Ordnung kann es in einer postmodernen Gesellschaft mit ihren unterschiedlichen Sichtweisen und Interpretationsmöglichkeiten freilich nicht geben. Doch auch eine schwer greifbare soziale Ordnung bedeutet keineswegs, dass es in ihr keine Machtverhältnisse gebe. So spricht Bauman von einer »Verschleierung von Herrschaftsverhältnissen« in der postmodernen Gesellschaft (ebd.: 463), aus der die Moderne außerdem keineswegs vollkommen verschwunden sei: »Sie lebt als der Druck unerfüllter Hoffnungen und Interessen, die sich zu selbstreproduzierenden Institutionen verhärtet haben« (Bauman 2016: 386).

Wir leben auf einem Planeten, der eine Menge Chaos aufweist und um sich herum ein Universum, das den wichtigsten aller Gründe für die existierende menschliche Verwirrung und Beunruhigung darstellt. Es ist allzu naheliegend, dass sich Menschen einen abgegrenzten Ort konstruieren müssen, mit ihrer Wohnung, ihrem Haus, Stadtteil, Arbeitsplatz, ihrer Straße, Schule, Region, ihrem Nationalstaat, einem Staatenbund, einem Kontinent. Noch einmal zu Bauman – er schreibt: »Die Moderne rühmt sich der *Fragmentierung* der Welt als ihrer bedeutendsten Leistung. Fragmentierung ist die primäre Quelle ihrer Stärke. Die Welt, die in eine Fülle von Problemen auseinanderfällt, ist eine handhabbare Welt« (ebd.: 20, Hervorh. im Original). Die genannten Konstruktionen sind nicht zuletzt räumlich, aber sie reichen in ihrer Räumlichkeit nicht aus, um eine individuelle, persönliche bzw. innere Zuordnung zu abzusichern. Dass Menschen sich nicht nur räumlich, sondern auch in Bezug auf andere Dimensionen in eine Ordnung begeben, scheint auf einem Grundbedürfnis zu beruhen und diese Ordnung, die wir unserem »In-der-Welt-sein« (Eliade) geben, richtet sich nach Moralvorstellungen und Ethiken aus.

Wenn sich unter der »dichten Normativität« früherer Gesellschaften gesellschaftliche Funktionalität aus religiösen Vorschriften herleiten ließ, scheint sich die »dünne, prozedurale Normativität« des Hier und Heute auf die Funktionalität einer Gesellschaftsordnung zu beziehen, die eng mit dem System der Marktwirtschaft verbunden ist (Illouz 2019: 96f.). Diese Funktionalität basiert nicht auf gelingenden Ehen, Familiensystemen und nicht unbedingt primär auf dem Zusammenhalt von Gemeinschaft. Das System zieht seine Funktionalität hingegen aus dem Prinzip der Leistung, dem damit eng verbundenen Wettbewerbsprinzip sowie der maximalen Verfügbarkeit von Arbeitskräften. Rufen wir uns hierzu noch einmal die Ausführungen von Eva Illouz zum skopischen Kapitalismus in Erinnerung. Wäre es also denkbar, dass unsere Gesellschaft primär und vordergründig auf demokratischen und rechtsstaatlichen Moralvorstellungen basiert, dass ihr aber in zweiter Hinsicht subtile Reinheits- und Unreinheitsvorstellungen zugrunde liegen, die der Funktionalität des kapitalistischen Systems dienlich sind? Der Text wird sich hier nicht festlegen. Unabhängig davon, ob man diese Frage bejaht oder verneint: Es soll deutlich werden, dass Reinheits- und Unreinheitsvorstellungen auch in unseren modernen Gesellschaften eine Rolle spielen und insbesondere eine Funktionalität für die gesellschaftliche Ordnung besitzen. Dies ermöglicht ein umfassenderes Verständnis des Reinheitsbegriffs und zeigt dessen Potenzial für die Gesellschaftsanalyse. Ein solches umfassendes Verständnis verhindert dann auch reduktionistische Auslegungen, die Reinheits- und Unreinheitsvorstellungen nur noch am Werk sehen im Motiv des ›reinen Bluts‹ oder der Vorstellung ›reiner Ursprungsgesellschaften‹, oder wenn es darum geht, die Logik völkischen, nationalistischen Gedankenguts oder – wie Carolin Emcke ergänzt – die terroristische Motivation nachzuvollziehen.

Bei einer die gesamte Gesellschaft umfassenden Anwendung wird schnell klar, dass wir alle diesen Differenzierungsmechanismen unterliegen und sie unserem Einrichten im Kosmos dienen. Die Rein-Unrein-Dichotomie erhält gerade in Bezug auf den Nationalstaat neuen Aufschwung, das ist bekannt. Ebenso, dass politische Diskurse, die sich kultureller Heterogenität widmen, marktwirtschaftliche Argumentationen bedienen. Die Frage, wie viel und welche Art von Zuwanderung unser Land, unsere Nation ökonomisch vertragen kann (oder auch braucht, wenn es beispielsweise um Fachkräfte geht) oder eben nicht, steht im Vordergrund. Eine möglichst homogene Nation wird hierbei im Subtext als Garant einer erfolgreichen Marktwirtschaft kommuniziert. Ein Paradigma, an dem sich das individuelle Verhalten orientiert: So bezweifeln beispielsweise Eltern aus dem sogenannten ›mittleren und gehobenen Bürgertum‹, dass sich Kinder, die an einer Stadtteilschule in einem heterogenen Umfeld lernen, später genauso gut auf dem Arbeitsmarkt behaupten wie solche, die das Gymnasium mit einer homogeneren Klientel besuchen. Wenn dann noch ausgerechnet das Gymnasium gewählt wird, in dem Latein oder Altgriechisch – Grundpfeiler einer Idee von einer reinen, in sich geschlossenen europäischen Hochkultur – gelehrt wird, ist das Bild komplett: Diese Schule wird als bessere Vorbereitung für ein Leben in unserem wirtschaftlichen System gesehen als ein schulisches Umfeld, in dem eine Vermischung mit vielen anderen, auch außereuropäischen Sprachen stattfindet. Die gesellschaftlich weit verbreitete Abwehr und Abwertung von zugewanderten Menschen bezieht sich dementsprechend auf ihre (mutmaßlich nicht vorhandene) Verwertbarkeit für den Arbeitsmarkt, oftmals subtil verbunden mit der Unterstellung, dass diese dort gar nicht integriert werden wollen (»die sollen doch erst mal was leisten«, »sie beziehen Geld, ohne etwas zu leisten«, »sie bekommen sogar mehr Unterstützung als wir«, »wie viel Anstrengung wird das brauchen, um sie zu integrieren«, »sie profitieren von dem, was wir aufgebaut haben«). Es gäbe unzählige weitere Beispiele, die zeigen, wie sich individuelles Verhalten an diesem Rein-Unrein-Paradigma orientiert, ob wir es wollen oder nicht, reflektieren oder nicht, wahrhaben wollen oder nicht.

»Ich glaube, dass die soziale Umwelt, wie sie sich die Menschen vorstellen, von Trennlinien durchzogen ist, die anerkannt werden müssen und die andere Menschen in solche einteilen, mit denen man verbunden ist, und solche, von denen man getrennt ist. Einige dieser Trennlinien sind durch harte physische Sanktionen geschützt«, so Douglas (1966/1988: 182). Dieser Satz ist bezogen auf die inneren wie äußeren Trennlinien von Nationalstaaten immer noch von hoher Relevanz. Ob nun eine funktionierende Marktwirtschaft, sozialer Frieden und Stabilität oder auch die internationale Wettbewerbsfähigkeit als wichtigste Säule einer Sozialordnung betrachtet wird, ist eine Frage des eigenen Standpunktes. Unabhängig davon, welchen Aspekt man hervorheben möchte, muss man fragen, inwiefern sich die postulierten Zusammenhänge faktisch belegen lassen. Man muss immer in Betracht ziehen, dass es sich bei den eigenen Annahmen ›nur‹ um eine abstrakte (und für unterstützenswert gehaltene) Idee handelt, der von einer gesellschaftlichen Apparatur, angetrieben von Subtexten und stillen Diskursen in Schulen, Medien, Behörden, zu einer allgemein akzeptierten Selbstverständlichkeit verholfen wurde und die auch den privaten Bereich prägen. So fragt Emcke: »Warum eine homogene Kultur oder Nation für einen modernen Staat *grundsätzlich* besser sein sollte als eine heterogene, wird selten begründet. Dabei könnte durchaus interessant sein, ob eine religiös einheitliche Gesellschaft erfolgreicher wirtschaftet, ob eine kulturell einheitliche Gesellschaft ökologische Krisen leichter bewältigt, ob sie weniger soziale Ungerechtigkeiten zwischen ihren Angehörigen produziert, ob sie sich als politisch stabilere Ordnung erweist oder ob sich die Mitglieder auch nur wechselseitig mehr respektieren – die Argumente dafür wären ja wichtig.« (Emcke 2016: 126f.) Statt Argumenten würde jedoch eine »tautologische Begründung« herangezogen – im Sinne von: »Eine homogene Nation sei besser, weil sie homogen sei.« (ebd.) Hier sei erwähnt, dass sich bei Bauman die Frage nach einer weitergehenden Funktionalität von Homogenität gar nicht stellt, da ihm zufolge der Nationalstaat *per se* für

Gleichförmigkeit steht: »Nationalstaaten fördern den ›Nativismus‹, die Bevorzugung der Einheimischen vor den Einwanderern, und verstehen unter ihren Untertanen ›die Einheimischen‹. Sie unterstützen und fördern die ethnische, religiöse, sprachliche und kulturelle Homogenität.« (Bauman 2016: 95) Aus seiner Sicht wären Nationalstaaten als Instrument der Moderne zu betrachten – als »Bühne für den modernen Krieg gegen Ambivalenz, die mit Chaos und Mangel in Verbindung identifiziert wird« (ebd.: 25).

Doch noch einmal zurück zu Emckes Einwand einer »tautologischen Begründung«, die gesellschaftlich offenbar sehr gut legitimiert ist. Dass Sprache ein Mittel zur Machtausübung ist, wissen wir spätestens seit Foucault. Dass sie ein strukturierendes Moment darstellt, erklärt auch Bauman, der diese Funktion der Klassifizierung und Strukturierung näher beschreibt: »Sprache strebt danach, die Ordnung aufrechtzuerhalten und Zufall und Kontingenz zu leugnen oder zu unterdrücken.« (Bauman 2016: 8f.) Auch die Verwendung körperbezogener Termini zur Beschreibung von Staatlichkeit strukturiert, so betrachtet, unsere Wahrnehmung, da sie die Verknüpfung von Staatlichkeit und Körperlichkeit transportiert und befördert. Denn ein Körper hat definierte Außengrenzen, muss aktiv und ständig vor dem Eindringen eines Zuviel von Viren und Bakterien geschützt werden – nur um seine Funktionalität an sich zu gewährleisten. Die Anwendung von Körpervorstellungen auf Gesellschaften und deren Funktionen erscheint in Douglas' Werk überaus schlüssig und funktional, insbesondere was die Beschreibung von Randbereichen und die Wirkung von Grenzüberschreitungen angeht (siehe Douglas 1988: 151ff.). Durch die Covid-19-Pandemie hat sie eine unverhoffte und unsägliche Renaissance erlebt, die symbolträchtig in der Schließung der innereuropäischen Grenzen gipfelte. Douglas stellt sehr verschiedenartige Körpervorstellungen fest, die im Blick auf Gesellschaftssysteme zur Anwendung kommen: Es finden sich Bezüge auf den Körper als »Kommunikationsorgan«, der für eine »Zentralisierung gesellschaftlicher Kontrollen« steht; es gibt Anwendungen, die den Körper als »wesentlicher Träger der Lebenskraft« mit einer hohen Verwundbarkeit in den Mittelpunkt rücken, was in der Anwendung auf Gesellschaftssysteme zu starker sozialer Kontrolle motiviert; und es gibt die Vorstellung vom Körper als System, dessen Abfallprodukte als »praktisch« wahrgenommen werden, wobei es keine »Kontroversen über Geist und Materie« gibt, der Körper »ein Stück gleichgültige Materie« und Leben »etwas rein Geistiges« ist (1970/1981: 8).

Die Anwendung von Körperlichkeit ist bis heute allgegenwärtig, wenn es um eine bildhafte Beschreibung von staatlich verfassten Gesellschaften geht: Wir sprechen von Verfassungsorganen, von Staatsoberhäuptern, von Körperschaften des öffentlichen Rechts, von Gebietskörperschaften, vom Rechtskörper, dem Bundestag als Herzstück der Demokratie, den langen Armen und dem Auge des Gesetzes, dem Ehrenamt im Sinne des Rückgrats der Gesellschaft.

Auch den Randbereichen dieses Staatskörpers wird – ganz im Sinne von Douglas' Ausführungen – besondere Aufmerksamkeit zuteil: Entsprechend einer Außenhaut werden Grenzen errichtet und geschützt und Eindringlinge in langwierigen Verfahren streng kontrolliert. Diese gelangen durch die schicken, großen und flachen Bildschirme in Bestå-Wohnwänden in geordnete Reihenhäuser in Form von erschöpften, verstaubten Flüchtlingen mit ausgetretenen Schuhen und zerfetzten Plastiktüten und erklimmen die Stacheldrahtzäune, die Europa vorgeblich nicht hat, um in unser schönes, aufgeräumtes Inneres zu treten. Die, die eingedrungen sind, müssen schnell in das System einsortiert werden – in den Arbeits- und den Wohnungsmarkt, wenn sie denn überhaupt die lange aufenthaltsrechtliche Prüfung überstehen. Dann ist da noch die Schweinepest, die – wen überrascht es – aus Richtung Osten zu uns dringt, und, ach ja, die Wildschweine selbst auch – hohe Zäune schützen hier verlässlich.

Diese zugespitzte Darstellung zeigt, wie stark die Anwendung des Körperbildes auf nationalstaatlich verfasste Gemeinschaften in uns verankert ist. Das Außen ist hochriskant. Es besteht nach Douglas, wie bereits erwähnt, eine ständige Gefahr und »Verletzlichkeit«, die von den Randbereichen ausgeht, die die Trennlinien umgeben (1955/1988: 162). Denn: »Jede Vorstellungsstruktur ist an ihren Rändern verletzlich. Wie zu erwarten, sind die Körperöffnungen Symbole für besonders verletzliche Stellen. Das, was aus ihnen austritt, ist marginale Materie der offenkundigsten Art. Speichel, Blut, Milch, Urin, Stuhl oder Tränen haben durch ihr Hervortreten bereits die Begrenzungen des Körpers überschritten [...]. Es ist falsch, die Randzonen des Körpers losgelöst von allen anderen Randzonen zu behandeln. Es gibt keinen Grund, der Einstellung des Individuums zu seinen körperlichen und emotionalen Erfahrungen irgendeinen Vorrang vor seinen kulturellen und sozialen Erfahrungen einzuräumen.« (ebd.: 160) Als Beleg für ihre These führt sie Rituale aus allen Teilen der Welt an, in welchen den körperlichen Randzonen und/oder deren Ausscheidungen eine besondere Kraft zugeschrieben wird, je nachdem welche »besonderen Risiken und Probleme« vorliegen bzw. »welche Situation der Körper gerade wiedergeben soll.« (ebd.: 160f.)

Emcke sieht in einer »Biologisierung der politischen Sprache (und damit auch der politischen Phantasie)« die Gefahr einer Verbindung mit »Vorstellungen von Hygiene, die aus dem Kontext der medizinischen Versorgung des menschlichen Körpers übertragen werden auf eine Gesellschaft: So wird kulturelle oder religiöse Vielfalt betrachtet, als gefährde sie die nationale Gesundheit eines homogenen Volkskörpers.« (2016: 121)

Dass die Vorstellung eines Staatssystems als eines in sich geschlossenen Körpers große Risiken birgt, ist offensichtlich und es braucht nicht viel, um die Konsequenzen dieser Vorstellungen weiterzudenken. Ein Blick auf die deutsche Geschichte genügt. Auch der Versuch, dieses Bild des Staatskörpers positiv zu wenden, in dem Sinne, dass »Eindringlinge« durch eine Aktivierung von Antikörpern als das Immunsystem stärkend betrachtet werden, sollte nicht überstrapaziert werden. Schließlich wird damit immer noch die Konnotation von Gesellschaft als *closed shop*, als in sich geschlossenem und schützenswertem System gefördert. Und Menschen, die sich der Gesellschaft anschließen wollen, werden aus dieser Perspektive immer noch als eigentlich unerwünschte Eindringlinge verstanden, die bestenfalls in einem bestimmten Maße gesundheitsfördernd wirken, weil sie die Antikörperbildung anregen. Was dieses Bild bedeutet bzw. was dieses Bild an fremdenfeindlichen Aktivitäten zudem legitimieren kann, liegt auf der Hand. Man kann es auch so sagen: Solcherart implizit zugrunde liegende Vorstellungen sind schlicht zu einfach. Und Einfachheit ist eine gefährliche Illusion.

Wie Menschen den Kosmos beziehen

Warum unternehmen Menschen derartig aufwendige Anstrengungen, um solche komplexen Vorstellungssysteme zu konstruieren? Warum wurden und werden viele dieser Vorstellungssysteme und Bilder nicht hinterfragt, warum unterstehen sie offensichtlich nicht der sonst so omnipräsenten menschlichen Entwicklungsdynamik? Man denke bloß an die Evolution, die Entwicklung der Zivilisation, die Industrialisierung der Gesellschaft, die Individualisierung, die Emanzipation der Frau, die Entdeckung des Penicillins, die bemannte Raumfahrt, die Digitalisierung, die Entwicklung der Nanotechnologie – eine unendlich fortsetzbare Liste von unfassbaren Entwicklungslinien der Menschheit. Im Gegensatz zu diesen mannigfaltigen Errungenschaften scheint die dominante Strategie, wie Menschen ›den Kosmos beziehen‹, um nah an Eliades Bild weltgründender religiöser Menschen zu bleiben, ihren einigermaßen statischen Ausgangspunkt im Ziehen von Grenzen zu finden.

In Zusammenhang mit dieser menschlichen Strategie der Selbstverortung in vorgestellten abgegrenzten Räumen möchte ich einen Gedanken des bereits erwähnten Religionsphilosophen Mircea Eliade aufgreifen – aber eine kritische Distanzierung zu diesem Autor voranstellen. Eliades faschistische und antisemitische Überzeugungen zeigten sich drastisch daran, dass er sich der »Eisernen Garde«[13], anschloss – im damaligen Königreich Rumänien eine bedeutende faschistische Bewegung. Dass er seit Ende der dreißiger Jahre eine dezidiert antidemokratische Haltung annahm, wird auch auf den Einfluss des Philosophieprofessors Nae Ionescus zurückgeführt. Eliade arbeitete als Assistent des Bukarester Professors, der als »Vordenker des rumänischen Faschismus« gilt und als Unterstützer der Eisernen Garde. In einem Artikel der

Vremea, dem Zentralorgan der Garde, im Januar 1938 bekennt sich Eliade offen zu seiner Mitgliedschaft (Reschika 1997: 188f.). Eliade (1907–1986) war tätig als Kulturattaché, als Diplomat in Lissabon, blieb bis 1945 Sympathisant Hitler-Deutschlands (Gottwald 2007: 2), lehrte in Paris und Chicago und hat sich vor seinem Tod niemals »öffentlich mit den Schattenseiten seiner Vergangenheit auseinandergesetzt« (ebd.: 3). Dass auch seine Arbeiten zu Religiosität und Spiritualität in diesem Kontext gesehen werden müssen, insbesondere auch in Hinblick auf rechtes, völkisches Denken, macht es nicht gerade einfach, seine religionswissenschaftlichen Ansätze aufzugreifen, die zudem als nicht empirisch belegt gelten. So kann man seine Äußerungen über den Menschen in der Moderne durchaus auch als Einladung zu einer Rückkehr zu mythischen Religionen verstehen: In seinen Augen unterscheiden sich moderne Menschen nur auf den ersten Blick von den Mitgliedern archaischer bzw. religiöser Gesellschaften, weil »der profane Mensch [...], ob er es will oder nicht, immer noch Spuren vom Verhalten des religiösen Menschen [bewahrt], nur sind diese Spuren ihrer religiösen Bedeutung entkleidet. Was er auch tut, er ist ein Erbe.« (Eliade 1957: 120) Wenn ich Eliades Überlegungen hier dennoch aufgreife, dann nicht um einer im Menschen unwiederbringlich angelegten archaischen Religiosität das Wort zu reden, sondern um mich einzig auf seine Erkenntnisse zu mythischen Raumvorstellungen zu beziehen. Ich würde an dieser Stelle Herwig Gottwald (2007: 4) recht geben, dass »[g]rundlegend bis heute [...] seine Beschreibungen und Interpretationen mythischer Raum- und Zeitvorstellungen [sind]« und diesen in Religionswissenschaft und Mythosforschung auch heute noch eine Bedeutung zukommt und dass sie insofern schwerlich zu übergehen sind. Hier soll dieser Aspekt von Eliades philosophischen Ausführungen dazu dienen, eine abstraktere Dimension menschlicher Verortungsbedürfnisse begreifbar zu machen.

Religiosität, wie sie in diesem Forschungsfeld verstanden wird, hat etwas damit zu tun, wie Menschen ihre Verortung im Kosmos begreifen und wie sie den Raum als solchen strukturieren. Dass auch die Dichotomie von Rein versus Unrein nach Douglas eine religiöse Dimension besitzt, wurde bereits dargestellt. Douglas interpretiert sie als Widerspiegelung religiöser Vorstellungen und untersucht ihre Auswirkungen via Moral und Ethik auf das gesellschaftliche Handeln. Gemäß Eliade findet Religiosität ihren Ausdruck auch in der Schaffung von Struktur in Raum und Zeit. Er unterscheidet zwischen profanen und heiligen Menschen und sieht den zentralen Unterschied in ihrer räumlichen Wahrnehmung: »Für den religiösen Menschen ist der Raum *nicht homogen.* Er weist Brüche und Risse auf; er enthält Teile, die von den übrigen qualitativ verschieden sind. [...] Es gibt also einen heiligen, d. h. ›kraftgeladenen‹, bedeutungsvollen Raum, und es gibt andere Raumbezirke, die nicht heilig und folglich ohne Struktur und Festigkeit, in einem Wort ›amorph‹, sind.« (Eliade 1957: 13) In diesem Sinne weist auch, wie schon erwähnt, Douglas darauf hin, dass die Wurzel des Wortes »Heiligkeit« »trennen« bedeutet (Douglas 1966/1988: 69). Diese so beschriebene »religiöse Erfahrung« eines nicht-homogenen Raums setzt Eliade mit einer »Weltgründung« gleich, denn »[e]rst dieser im Raum entstandene Bruch ermöglicht eine Weltbildung, denn erst er schafft den ›festen Punkt‹, die Mittelachse, von der jede künftige Orientierung ausgeht.« (Eliade 1957: 13) Dem profanen Menschen, als Gegensatz dazu, erscheint der Raum »homogen und neutral«, ohne einen »Bruch zwischen qualitativ verschiedenen Teilen« (ebd.: 14). Konstruieren Menschen heilige Räume, seien sie also »weltschöpferisch« tätig (ebd.), denn sie »kosmisieren unbekannte Gebiete« (ebd.: 20). Eliade begreift das »Sich in einem Gebiet niederlassen« als eine »Weihung« desselben: »Wer einen Raum ordnet, wiederholt exemplarisch das Werk der Götter.« (ebd.) Der Autor sieht ein Charakteristikum von traditionsgebundenen Gesellschaften darin, dass diese einen Gegensatz zwischen dem von ihnen bewohnten Gebiet, also »unserer ›Welt‹« und der »›anderen Welt‹« schaffen – einem »fremden, chaotischen Raum, in dem Gespenster, Dämonen und ›Fremde‹ hausen« (ebd.: 18). »Der Schrecken vor dem ›Chaos‹, das seine bewohnte Welt umgibt, und der Schrecken vor dem Nichts stehen in enger Beziehung zueinander.« (ebd.: 38f.) Vor diesem Hintergrund entfaltet sich der Wunsch des Menschen, *»in einem Kosmos zu leben, der rein und heilig ist, so wie er es im Anfang war, als er aus den Händen des Schöpfers hervorging.«* (ebd.: 39, Hervorh. im Original). ›Unsere Welt‹ befindet sich im Zentrum, es ist ein Kosmos und jeder Angriff von außen droht, diese in ein ›Chaos‹ zu verwandeln (ebd.: 29). Eliade merkt an, dass »sogar heute noch dieselben Bilder zur Bezeichnung der Gefahren verwendet [werden], die einer Kultur drohen.« (ebd.: 29f.) Als

Beispiele nennt er die Begriffe »Chaos«, »Auflösung«, »Finsternis« – all dies würde dafür sorgen, dass ›unsere Welt‹ im Niedergang begriffen ist. »Alle diese Wendungen bezeichnen die Vernichtung einer Ordnung, eines Kosmos, einer organischen Struktur und das Zurücktauchen in einen flüssigen, amorphen, chaotischen Zustand.« (ebd.: 30)

Es braucht nicht viel Mühe, um diese und ähnliche Begriffe vor allem in der medialen Präsentation unserer ›Außenwelt‹ auch heute noch wiederzufinden – man denke an die »Flüchtlings*welle*«, die »Hunger*krise*«, die Klima- und die Wirtschaftskrise, das Merkel'sche »*Unheil*« in Bezug auf die Covid-19-Pandemie, die »*Fragilität*« des Nahen Ostens und den »*Chaos*-Brexit«.

Gemäß Eliade gibt es ein Verlangen des religiösen Menschen der vormodernen Gesellschaften nach dem ›Sein‹, für ihn »ist das *Heilige* soviel wie Kraft und *Realität* schlechthin. Das Heilige ist gesättigt an Sein. Heilige Kraft bedeutet Realität, Ewigkeit und Wirkungskraft in einem.« (ebd.: 9, Hervorh. i, Original) »[E]in *Leben im Heiligen* zu führen, ist das Verlangen, in der objektiven Realität zu leben, nicht in der endlosen Relativität subjektiver Erlebnisse gefangen zu bleiben« (ebd.: 17, Hervorhebung im Original). Douglas führt das Heiligkeitskonzept zurück auf den Zustand des »Getrenntseins« und die sich daraus ergebende Vorstellung »vom Heiligen als etwas Ganzem und Vollkommenem« (Douglas 1966/1988: 70). Es fällt nicht schwer, von diesem Gedanken ausgehend eine Parallele zu dem zu ziehen, was in Bezug auf Identitätsentwicklung als Ich-Kohärenz bezeichnet werden kann. Mit diesem Begriff wird hier die empfundene Übereinstimmung zwischen Selbst- und (gesellschaftlicher) Fremdwahrnehmung beschrieben. Ich-Kohärenz trägt dazu bei, Zusammenhänge herstellen zu können, so dass die Lebenssituation und Herausforderungen gut bewältigt werden können, um Antonovskys Definition von Kohärenzgefühl als einer »globale[r] Orientierung« hier einzubeziehen (1987: 19).[14]

Wir gelangen hier in gewisser Weise wieder zurück zu dem, was ich am Eingang dieses Essays formuliert habe: dass es sich bei dem ständigen Differenzieren und Abgrenzen scheinbar um ein Grundbedürfnis, mindestens um ein sehr tief sitzendes Bedürfnis, handelt. In seinem Streben nach Heiligkeit »gründet« der Mensch »die Welt«, weil das Heilige »Grenzen absteckt und so eine Weltordnung errichtet«(vgl. Eliade 1957: 18). Eliade begreift dies als eine Universalie im menschlichen Handeln, wenn er schreibt: »Zur Erläuterung der vom religiösen Menschen erfahrenen Inhomogenität des Raums ließe sich jede beliebige Religion heranziehen.« (ebd.: 15)

Die faszinierte und energische Schreibweise des hier zitierten Grundlagenwerks »Das Heilige und das Profane« zeugt davon, dass Eliade die menschliche Weltgründung mittels der Konstruktion abgetrennter, reiner bzw. homogener Räume abseits des Chaos als etwas höchst Erstrebenswertes ansieht. Die zunehmende Desakralisierung der modernen Welt gefährdet nach Eliade die Möglichkeit, das Heilige auf dieselbe Weise erfahren zu können, wie das die »vormodernen Gesellschaften« konnten, für die »das Heilige soviel wie Kraft und letztlich Realität schlechthin« bedeutete und noch viel mehr, nämlich »Realität, Wirkungskraft und Ewigkeit« (ebd.: 9). Es ist genau diese starke Sprache in Verbindung mit einer höchst rückschrittlichen und modernisierungskritischen Sichtweise, wovon ich mich hier klar distanziere. Sie kann durch ihre Fokussierung auf Reinheit und Naturnähe leicht zum Einfallstor für eine Vereinnahmung durch nationalistische Ansätze und rechtes Gedankengut, für jedwede trennende und diskriminierende Logik also, werden.

Ich möchte diese ›Logik‹, soweit dieser Begriff hier überhaupt angemessen erscheint, aufschlüsseln und sie gleichzeitig als eine gefährliche Illusion durchbrechen helfen. Zynischerweise gewinnen Eliades Raumvorstellungen durch dessen eigene Biografie an Plausibilität. Er selber zeigt durch seine wissenschaftliche Obsession mit dem Thema Heiligkeit, seine eigene Religiosität und politische Haltung, die durch Nationalismus, Antisemitismus und faschistisches Denken geprägt war, wie sich diese Konzepte, die auf Trennung, Unterscheidung, Homogenität und Ordnung basieren, auf das scheinbare menschliche Grundbedürfnis einer kosmischen »Weltgründung« beziehen lassen. Wenn die Kosmisierung des Menschen dessen Sein an sich zum Ziel hat, lässt sich mühelos und nahtlos an die obigen Ausführungen zum Identitätsbegriff anschließen. Bei ihnen ging es darum, dass Identität unser Selbst rettet, eine Nichtidentität dem Tod gleichkäme – und hier lässt sich auch noch einmal an das Zitat von Schiffauer erinnern, dass das Ziehen von Grenzen, »die Antwort auf die Urangst des Selbstverlusts« darstellt (Schiffauer 2006: 103).

Wenn die eingangs formulierte These, dass Nationalstaaten als Bezugsrahmen für das individuelle Handeln weiter an Bedeutung verlieren werden, stimmig ist, dann wäre gleichzeitig davon auszugehen, dass der Mensch immer mehr einer ihm unbekannten globalen Strukturlosigkeit ausgesetzt ist. Schließlich sind es auch die Nationalstaaten, durch die in der Moderne die chaotische Welt in Fragmente unterteilt wurde, um diese »handhabbarer« für den Menschen zu machen (vgl. Bauman 2016: 20) – aus Angst vor ebendiesem Chaos. Und nun verwischen diese identitätsstiftenden Unterteilungen – wir selber verwischen sie –, und wie das Nichts, das sich in Michael Endes »Die unendliche Geschichte« unaufhaltsam ausbreitet, so breitet sich durch die Globalisierung ein unübersichtlicher, grenzenloser Raum vor uns aus. Er zieht uns an, wir wollen ihn so sehr, aber wir haben Angst, dass er uns vernichtet – unser Selbst, unsere Identitäten! »Er [der Protagonist, Atréju, Anm. der Autorin] schlug um sich, er kämpfte und strampelte, aber seine Glieder gehorchten nicht ihm, sondern jenem unwiderstehlichen Sog.« (Ende 1979/2016: 171) Für Menschen, die im Rahmen eines Nationalstaats sozialisiert wurden, fühlt sich dies beängstigend an.[15] Schließlich war er es, der nach dem Zusammenbruch der göttlichen Weltordnung einen Orientierungsrahmen bot, die »perfekte Ordnung, die in der Moderne angestrebt wurde« (Kron und Reddig 2011: 456 zu Bauman). Gestaltet und weiterentwickelt wurde diese durch »Verwalter und Wissenschaftler« mit »ihren souverän und sauber eingezäunten Funktionen und Feldern des Expertenwissens« (Bauman 2016: 20). Die »Fragmentierung« in der Moderne, so Bauman, sei »die primäre Quelle ihrer Stärke«. Nach ihm werden Nationalstaaten durch ihre Förderung von »Gleichförmigkeit« zu einer »Religion der Freundschaft«, indem sie »den Sinn für eine gemeinsame Mission, ein gemeinsames Schicksal, eine gemeinsame Bestimmung [predigen]«; der Nationalstaat ist die Kirche, die die künftige Herde zwingt, den Kult zu praktizieren.« (ebd.: 95f., Hervorh. im Original) Der Nationalstaat als ›heiliger Raum‹ also? Diese Vorstellung ist ein kurzes Gedankenspiel wert, zumal, wenn man sie vor dem Hintergrund der von Eliade postulierten Entsprechung von Haus, Körper, Kosmos betrachtet (1957: 101ff.)[16] und auch die Praxis einbezieht, den Nationalstaat als Körper zu versinnbildlichen. Denken wir an die Hymnen, Flaggen, Ursprungs- und Heldengeschichten und insbesondere auch an die zwang- und in der Historie auch wahnhaften Vorstellungen von einer rein(blütig)en Nation – hier wird das Konzept der Nationalstaats-Heiligkeit greifbar. Vor diesem Hintergrund ist es plausibel, dass sich die Profanität der Globalisierung als Chaos, als Nichts, als die das Selbst auffressende »Kontingenz« anfühlen kann, die Bauman auch als »Grundlosigkeit des Seins« bezeichnet hat (2016: 25) – zu diesem Begriff unten mehr.

Diesbezügliche Ängste kommen von ›rechts‹ ebenso wie von ›links‹, so zum Beispiel, wenn eine globale Homogenisierung der Kultur durch die ›McDonalidisierung‹ der Welt, die in urbanen Zentren weltweit beobachtbare Angleichung der Konsumkultur durch weltweit tätige Handelsketten oder eine Angleichung von Mode- und Einrichtungsstilen beklagt wird. Diese Ängste beherrschen insbesondere Menschen, die einen sehr starren und abgeschlossenen Begriff von Kultur haben und sich über kulturelle, zum Teil sehr feine, Unterschiede (ganz im Sinne Bourdieus) identifizieren bzw. diese bewusst nutzen, um sich abzugrenzen. Sie finden sich auch in einflussreichen Positionen in Politik, Bildung, Kultur, Wirtschaft und Medien, treiben dort durch den ständigen Bezug auf (eigen- oder fremdbezogene) Gruppenpräsentationen zum Teil Spaltungsprozesse und -diskurse voran und tragen damit weiter zur Perpetuierung dieser Ängste bei, oftmals ohne sich dessen bewusst zu sein. Diese Ängste finden sich in allen gesellschaftlichen Bereichen und Schichten – wenn auch in verschiedener Form, Ausprägung und Ausdrucksweise. Sprich: Es gibt an dieser Stelle keinen Grund für gegenseitige Schuldzuweisungen. Die Angst vor einer Beschädigung der europäischen Hochkultur durch wahrgenommene de-intellektualisierende Einflüsse aus anderen Weltregionen steht der Angst vor dem Eindringen von Menschen aus ebendiesen Regionen in Hinblick auf die darin liegende Abschottungstendenz letztlich in nichts nach.

Neben dieser Angst vor ›kulturellem Verlust‹ bzw. – nennen wir es korrekterweise vor dem Hintergrund des Beschriebenen: – ›Verlust einer kulturellen Reinheit‹ stellt die Globalisierung mit der Unübersichtlichkeit, die sie begleitet, ein erhebliches Bedrohungsszenario dar. Dieses wird Tag für Tag, Stunde für Stunde, sogar Minute für Minute durch die Sozialen Medien und Nachrichtenagenturen, zum Teil im Livestream, um uns herum aufgebaut. Es gewinnt sein bedrohliches Potenzial durch seine Strukturlosigkeit in Kombination mit der menschlichen Unfähigkeit, dieses in Bezug zu sich selber zu begrenzen oder es in Kategorien zu ordnen, die ein klares Urteil von ›Gut‹ oder ›Böse‹ zulassen. In Hongkong gehen die Menschen auf die Straße, um für Unabhängigkeit zu protestieren, man sieht vermummte Menschen, die brutal von staatlichen Kräften angegangen werden. In der chinesischen Provinz Hubei bricht ein Virus aus, das erst Europa und wenig später die gesamte Welt bedroht, man sieht Menschen mit Atemschutzmasken und Geisterstädte – erst dort, bald auch hier. Gleichzeitig frisst sich die neue Seidenstraße durch Asien, in atemberaubendem Tempo werden technisch anspruchsvolle Straßen und Brücken gebaut, in Afrika sorgt chinesischer Einfluss für neue ökonomische Chancen, bikulturelle Paare und Familien und neue hybride kulturelle Formen. Abends gehen wir ›zum Chinesen‹ essen, der Restaurantinhaber ist in unserem Stadtteil groß geworden, wir kaufen für die Kinder einen Lernroboter made in China, damit sie auch digital gebildet und nicht von ›den Chinesen‹ abgehängt werden, die uns schließlich schon auf dem Feld ›unserer‹ europäischen klassischen Musik den Rang abgelaufen haben und, ach ja, die handgemachten Weidekörbe für die Pflanzen dürfen auf keinen Fall fehlen, so auch ein Chinaschrank, die werden komischerweise in den Zeitschriften für skandinavisches Wohndesign präsentiert. Beobachtet werden müssen die Kurse der ETFs, die aufgrund der Proteste in Hongkong und auch wegen des Virus zu sinken drohen und unser Erspartes mit nach unten reißen werden. Die Medienberichterstattung bringt Bilder von Schlangen und anderen Wildtieren von einem chinesischen Wochenmarkt, wie kann man so etwas essen, fragen wir uns, und dazu Hunde, aber später treffen wir uns mit einer Freizeitgruppe zum Tai-Chi im Stadtpark und suchen bei immerwährender Migräne Hilfe bei der Traditionellen Chinesischen Medizin, die uns einen ganzheitlicheren Ansatz verspricht als die hiesige Schulmedizin mit ihren kalten Apparaten. Viel eindrücklicher als am Beispiel der engen Verflechtungen von der gesellschaftlichen und individuellen Wahrnehmung von China und chinesischen Traditionen lässt sich das Chaos an gleichzeitig wirkenden und widersprüchlichen Eindrücken nicht darstellen. Klare Abgrenzungen und Wertungen sind nicht möglich, weder ist China nur nah noch nur fern, noch gut oder böse, noch gefährlich oder freundlich, noch unverständlich oder faszinierend. In unseren gesellschaftlichen Resonanzräumen ist China all das zusammen und auf das Engste mit uns verflochten, mit unserem alltäglichen Konsum- und Medienhandeln.

Dieses Chaos ließe sich gleichzeitig in Bezug auf viele andere Regionen replizieren – im Blick auf Länder des afrikanischen Kontinents ebenso wie bei den Beziehungen zur USA, unserer Rezeption Russlands oder der Türkei. Die mannigfaltigen transnationalen Beziehungen, die erst durch die Kolonialisierung, andere politische Umbrüche und Migrationsbewegungen entstanden sind, heute durch die Globalisierung geschaffen und durch unser alltägliches individuelles Handeln tagtäglich gefüttert und somit gestärkt, potenziert, aber auch verändert werden, sorgen dafür, dass sich ein undurchdringlicher Raum ohne klare Struktur um uns herum ausbreitet. Globalisierung ist so betrachtet das Gegenteil der Schaffung heiliger Räume im oben ausgeführten Sinne: Sie müsste demnach als eine Profanierung des Raums bezeichnet werden, als eine unkontrollierbare, grenzüberschreitende Ausbreitung von Amorphizität.

Eliades Ausführungen lassen schlussfolgern, dass moderne Menschen diesem amorphen Raum ohne eine vitale Beziehung zum Kosmischen begegnen. So schreibt er: »[F]ür die modernen, nicht religiösen Menschen ist der Kosmos undurchsichtig, unbewegt und stumm geworden. Er bringt keine Botschaft, er enthält keine ›Chiffre‹.« (Eliade 1957: 104) Bauman verwendet den Begriff der »Kontingenz«, um die Welt zu beschreiben, wie sie »ohne künstliche Ordnung« wäre, eine Ordnung, die durch das Ziehen von Grenzen, das Treffen von Unterscheidungen und so hergestellte Regelmäßigkeiten geschaffen wird (Kron und Reddig 2011: 453). Kontingenz, so Bauman, bezeichnet damit das Gegenteil einer »ordentlichen Welt«, »in der man ›weiterweiß‹ (oder, was auf das gleiche hinausläuft, in der man herauszufinden vermag – und zwar *mit Sicherheit* –, wie es weitergeht[)], in der man die Wahrscheinlichkeit eines Ereignisses berechnen und diese Wahrscheinlichkeit erhöhen oder verringern kann; eine Welt, in der die Beziehungen zwischen bestimmten Situationen und den Folgen bestimmter Handlungen im großen und ganzen konstant bleiben, so daß man sich auf vergangene Erfolge als Anleitungen für zukünftige verlassen kann.« (Bauman 2016: 8f., Hervorh. im Original) Bauman belegt den Menschen in seiner Tätigkeit des fragmentierend-unterscheidenden Handelns mit der Metapher des »Gärtners« (Kron und Reddig 2011: 452) und bezeichnet dementsprechend insbesondere den modernen Staat als »gärtnernden Staat« (Bauman 2016:

u. a. 23, 397). In diesem Sinne stünden »›gärtnerische Programme‹ wie Kommunismus oder Nationalsozialismus *nicht* im Gegensatz zur Moderne, sondern drücken nur den Wunsch nach einer besonderen Ordnung aus« (Kron und Reddig 2006: 459, Hervorh. im Original). Dieses »Gärtnern« durch nationale Instanzen zog sich mit der Postmoderne zurück, was das ›Problem‹ der Ambivalenz in der Postmoderne in das Private drängte (ebd.: 285): Privatisierung und Deregulierung folgten und da die gesellschaftlichen Institutionen keine einheitlichen sozialen und moralischen Standards mehr vorgaben, ging die Verantwortung für eine soziale Ordnung auf den Einzelnen über, so Kron und Reddigs Zusammenfassung verschiedener Schriften Baumans (Kron und Reddig 2006: 460). Bauman verbleibt mit der Metapher des Gärtnerns in einer, im wahrsten Sinne des Wortes, sehr geerdeten Sichtweise.

Hier soll die Perspektive indes weiter gefasst werden. Daher die Frage: Wie beziehen Menschen heute den Kosmos? Könnte man aus den hier dargestellten Überlegungen zu einer »Weltgründung« durch die Schaffung abgetrennter, homogener Räume also darauf schließen, dass sie es durch die Konstruktion von kleinen übersichtlichen Universen, von Gruppen bzw. Zugehörigkeiten tun? Und dass ebendas nun nicht mehr funktionieren kann? Erinnern wir uns an das Zitat von Douglas: »Die Sehnsucht nach eindeutigen Trennlinien und klaren Begriffen gehört zu unserem menschlichen Sein.« (1966/1985: 210/211) In der Fortführung ihres Gedankens greift Mary Douglas an dieser Stelle der Globalisierung in gewisser Weise vor: »Wenn wir sie [die eindeutigen Trennlinien und klaren Begriffe, Anm. der Autorin] dann haben, müssen wir uns entweder der Tatsache stellen, dass ihnen einige Realitäten entgleiten, oder uns aber gegen die Unzulänglichkeiten der Begriffe blind machen.« (ebd.)

Die simple Gleichsetzung von Gruppen mit heiligen Räumen bzw. die Betrachtung von Gruppen als Surrogat für heilige Räume wäre sicherlich genauso kontrovers zu diskutieren wie die Betrachtung des Nationalstaats als sakralem Ersatz. Jedoch kommen wir auf der Suche nach einem besseren Verständnis der innigen Liebe zu zugehörigkeitsbezogenen Identifikationen nicht umhin, das dahinterliegende Bedürfnis nach einer – nennen wir es – abstrakten Dimension anzuschauen. Was hat es mit den Gruppen nun eigentlich auf sich?

Von der Bären- und Fischegruppe über Gryffindor und Ravenclaw zu Baratheon und Lennister – die alte, uralte Leier und ihre neuen Mythen

»Es gibt kein richtiges Leben im falschen.«

Theodor W. Adorno, »Minima Moralia« (1951)

Beginnen wir damit: Man hat uns nie eine Chance gegeben! Eine Chance, innerlich zu wachsen und, um es in lyrischen Bildern zu fassen, in dieser Welt Wurzeln zu schlagen wie ein Baum und frei zu fliegen wie ein Vogel – ohne der Enge von Gruppen ausgesetzt zu sein. Und hierbei ist nicht die Enge gemeint, die sich aus der physischen Struktur oder psychischen Mentalität einer Gruppe ergibt, sondern die Enge, die sich daraus ergibt, dass sich unsere Identitätsentwicklung von Beginn an möglichst auf Gruppen beziehen sollte – eine schmale Routenführung entlang trennender Leitplanken. Es waren Gruppen, die unsere Verortung und unsere Selbstwahrnehmung zu einem großen Teil geprägt haben bzw. prägen. Diese gruppenorientierte Identitätssozialisation nährt unser inneres Bedürfnis nach Zugehörigkeit. Wir wurden in Kitas gebracht, in Schulklassen verfrachtet, in AGs, Jugend- und Musikgruppen, Sportgruppen, Jugendfreizeiten, wir studierten in Fachbereichen und engagierten uns in Fachschaften. Heute arbeiten wir in Abteilungen, Teams und gehen wieder in eine (natürlich sorgfältig ausgewählte) Kita, dieses Mal als Eltern, und vertreten Letztere oder aber unseren Stadtteil, unsere Partei, NGO oder Initiative, vielleicht in Foren und Beiräten oder einfach, indem wir einen passenden Button oder Sticker tragen oder uns immer wieder darauf beziehen (zum performativen Aspekt von Gruppenzugehörigkeit später mehr). Wenn all das nicht genügt und wir uns immer noch unzureichend (verortet) fühlen, zählen wir uns (darüber hinaus oder ersatzweise) noch zur Gruppe der Vegetarier*innen, der Apple-Nutzer*innen, der Natur- oder Opernliebhaber*innen, der Achtsamen, der ›Working Mums‹, der Alleinerziehenden, der Intellektuellen und Toleranten, der Künstlerischen, der Belesenen, der Gamer*innen, Aktivist*innen, Incels. Egal wie – es fühlt sich gut an, irgendwo dazuzugehören. Diesen realen Zugehörigkeiten, die unsere Außenwelt strukturieren bzw. ordnen, haben wir Einlass geboten in unser tiefstes Inneres, unsere Selbstüberzeugung, unsere eigene Repräsentation, in unsere eigene Wahrnehmung von unserem Selbst und von ›den Anderen‹. Begleitet wurde und wird unsere Sozialisation von allerhand ›Trainingsmaterial‹ in Form von fiktiven Zugehörigkeiten, die uns durch Geschichten, Bücher und heute auch über Streamingdienste attraktiv verpackt ein Leben lang zur Verfügung gestellt werden und uns mit Spannung und Action versorgen, damit wir dranbleiben – Zughörigkeit als Droge mit maximalem Suchtfaktor. Unsere Kinder machen Tests, die ihnen sagen, ob sie mehr Gryffindor oder Ravenclaw sind und kaufen passende Shirts, Pyjamas oder Socken, auf dass die Kassen klingeln – im Sinne einer gut gedeihenden Identitätsindustrie. Dazu tragen wir auch bei, wenn wir von der Sicherheit des Sofas aus durch Westeros streifen, wenn der Winter naht, und lassen uns ein auf die Grabenkämpfe, die Allianzen und Koalitionen, die Grenzen und Trennlinien, in die wir uns versenken in ständiger Suche nach Verortung, die uns zu der einen oder anderen Seite verschlägt. Ja, das sind unsere modernen Mythen, die, wie Eliade es sagt, die »Mythenerzählung in der archaischen Gesellschaft und die mündlich überlieferte Dichtung« ersetzt, aber sie bietet dem modernen Menschen nicht nur die Möglichkeit, »aus der Zeit herauszutreten« (1957: 121), sondern sie übernimmt darüber hinaus die Funktion eines Trainings zur ständigen Einübung gruppenbezogener Identifikationsprozesse.

Geben wir das an dieser Stelle einfach zu: Wir können dieses Grundgefühl, diese Grundausstattung unserer individuellen Kosmologie nicht mehr ändern. Es wurde uns auferlegt und vom ersten Moment unseres Lebens an gefördert, nein, wir wurden darin gedrillt – es stand im Vordergrund unserer gesamten Sozialisation: Fühle dich zugehörig! Und noch viel mehr: Es ist wichtig, sich zugehörig fühlen zu *können*! Denn diese Kompetenz, so der affirmative Wortlaut, wird dich gut durch das Leben tragen und einen Beitrag zur Gesellschaft leisten. Wir werden immer Unterscheidungen vornehmen, die Entwicklung des Gehirns und unserer Persönlichkeit basiert nun einmal in großen Teilen darauf. Jedoch: Warum – und hier sei ein Seitenblick auf die Psychologie geboten – scheinen alle gesellschaftlichen Kräfte darin geeint, die Selbstverständlichkeit von gruppenbezogener Identifikation zu erhöhen? In zahlreichen empirischen Studien hat Turner seit Mitte der 1980er Jahre herausgefunden, dass Gruppenzugehörigkeit dann an Bedeutung gewinnt, wenn die entsprechende Kategorie zur Verfügung steht und es einen passenden situativen Kontext gibt (z. B. Turner 1987), also »funktional« ist (vgl. hierzu auch Oakes, Turner, Haslam 1991: 142). Da Gruppen die Basis unserer gesellschaftlichen Organisation darstellen und diesbezügliche Sozialisationsprozesse stark ge- und befördert werden, kann davon ausgegangen werden, dass sich ein gesamtgesellschaftliches Umfeld mit einer extrem hohen Wertschätzung für die gruppenbezogene »Selbstkategorisierung« entwickelt hat. Die »Selbstkategorisierung« eines Menschen bestimmt sich gemäß Henri Tajfel und Victor Turner aus der gesellschaftlichen Position eines Menschen, die wiederum in dessen »Selbst« mit bestimmten Werten und Gefühlen verbunden wird, die Menschen mit einer »sozialen Identität« ausstatten (Turner und Reynolds 2012: 3). Ingroup-Outgroup-Prozesse, bewegen sich hierbei, so Turner, auf einem Kontinuum (ebd.: 4): In seiner Selbstkategorisierungstheorie identifiziert er drei Ebenen: eine interpersonale Ebene, auf der sich ein Individuum als einzigartig von anderen abgrenzt, eine intergruppale Ebene, auf der es sich als Mitglied einer Gruppe definiert in Kontrast zu einer anderen relevanten »outgroup«, und eine übergeordnete Ebene, auf der sich ein Individuum als menschliches Wesen in Abgrenzung zu anderen Lebensformen betrachtet. Natürlich stellen Menschen ständig Vergleiche her, es geht nun hier an dieser Stelle aber im Kern darum, zu hinterfragen, welchen Bezug Vergleiche nehmen: Verknüpft man das bis hierhin Beschriebene miteinander, scheint es, dass Individuen anhand von Merkmalen unterschiedene, vorgestellte Gruppe kreieren und diese Unterscheidung im Sinne einer Innen- und Außenrepräsentation verwenden, quasi als ständige introspektive Suchbewegung hin zu einem ›Wir‹ im Garcia'schen Sinne. Das dahinter liegende Ziel ist ebendiese Kreation eines ›Wir‹, das dem Individuum eine adäquate, eine angenehme oder – sagen wir – für die Repräsentation vorteilhafte Außen- und Innenrepräsentation des Selbst verspricht. Erstaunlich hierbei ist, dass

Individuen durch den Bezug auf Gruppenmerkmale, zumindest vorübergehend, durch eine solche »Selbst-Stereotypisierung« die eigene Depersonalisierung in Kauf nehmen (Turner und Reynolds 2012: 4) – womit wir wieder beim Spannungsfeld zwischen Kollektivierung und Individualität angekommen wären. Und auch selbsternannte Individualist*innen, die, so Garcia, »vor allem im 20. Jahrhundert [...] versucht [haben], sich auf negative Weise zu definieren, um so den Fallen des ›Wir‹ zu entgehen und ihre Ehre daranzusetzen, sich nicht an irgendeiner Äußerung des Herdentriebs zu beteiligen, weil sie jede Beschränkung des Selbst auf eine kollektive Kategorie mit Misstrauen ansehen«, können sich dem »Wir« nicht entziehen (2018: 56f.). Denn, so Garcia weiter: »›Wir‹ ist eine derart anpassungsfähige soziale Form, dass sie sich sowohl auf jene, die sie akzeptieren, als auch auf jene, die sie ablehnen, anwenden lässt«, und er bezieht sich hierbei als Beispiel auf die »Wir-Individualisten«, die sich am Ende des 20. Jahrhunderts über digitale soziale Netzwerke vereinen (ebd.: 58f.).

Menschen sind richtiggehend Meister*innen in der Kreation und im Zelebrieren von Wir-Zugehörigkeiten: Kinder werden zufällig einer Schulklasse zugeordnet, aber schon bald ist die Zugehörigkeit nicht mehr gleichgültig, sondern die (eigentlich fremdbestimmte) Zuordnung wird internalisiert und in die eigene Identität integriert. Die Kinder beginnen zu betonen, dass sie in die ›A‹ oder in die ›C‹, aber keinesfalls in die ›B‹ gehen, denn dort sind alle ›komisch‹ oder gar ›doof‹, wir studieren nicht in netter Harmonie oder gar interdisziplinär neben anderen Studiengängen, sondern wir lernen uns bald von anderen Fachbereichen abzugrenzen – sprachlich, methodisch genauso wie modisch, und repräsentieren das durch unser Outfit, aber auch räumlich durch Stammplätze in der Mensa und durch die Locations, die wir abends besuchen. Wir wohnen nicht einfach in einem Stadtteil, sondern wir werden nicht müde zu betonen, wo dessen Vorteile liegen und warum dieser eigentlich der beste in der Stadt ist. Und wenn wir umziehen müssen – sei es in ein anderes Land oder nur in eine andere Region –, wenn wir einfach anders aussehen oder sprechen oder etwas passiert, was uns anders macht, dann kann das mit Leid einhergehen. Insbesondere Kinder erfahren dieses Leid durch Anpassungsdruck in ihrer Schulzeit, sei es durch Häme, Ausschluss, Schadenfreude, das Feiern von Ausgrenzung:

»Wer immer auch einmal in einer Schule war, kennt die dunklen Seiten von Gruppen«, schreibt Antons (2009: 324) – ein überzeugter Gruppenmensch, dazu im folgenden Kapitel mehr. Es ist nicht nachvollziehbar, es entbehrt jedes Verständnisses, dass dieses Prinzip der Zugehörigkeit als fester Bestandteil unserer institutionellen Verfasstheit in den letzten Jahrzehnten nicht wirklich ernsthaft hinterfragt wurde – nicht einmal hier in Deutschland mit seinem Nährboden für Ausgrenzung, Hass und Boshaftigkeit.

Das Problem, das hier gezeichnet werden soll, ist indes nicht die gesellschaftliche Organisation in gruppenhaften Einheiten bzw. Strukturen an sich. Diese hat ja unbestritten ihre praktischen Seiten und ist für eine demokratisch verfasste Gesellschaft ein unverzichtbares Element. Das Problem beginnt dort, wo wir Gruppen als eine vom ›Rest‹ abgetrennte homogene Einheit imaginieren. Eine solche muss immer eine Illusion bleiben, denn egal, welches Merkmal einer Gruppensortierung oder einem subjektiv empfundenen Gruppengefühl zugrunde liegt, und unabhängig davon, wie stark oder auffallend dieses Merkmal gesellschaftlich auch sein mag – das Gefühl der homogenen Einheit ist und bleibt eine Imagination: Menschen sind und bleiben individuell, jede und jeder für sich! Es gibt keine homogenen Gruppen, egal, wie wir diese zu fassen versuchen. Dies ist eine der größten Illusionen der Menschheit mit gravierenden Auswirkungen. Das innere Bedürfnis nach Homogenität kann mit einer mangelnden »Ambuigitätstoleranz« in Zusammenhang gebracht werden, ein Begriff der Psychoanalytikerin und Psychologin Else Frenkel-Brunswik. Dies deutet in eine inhaltlich ähnliche Richtung wie das von Bauman beschriebene Streben nach der Abschaffung von Ambivalenz. Ob eine solche Ambiguitätsintoleranz aus evolutionären Gründen im Menschen angelegt ist oder nicht, vermag letztlich niemand zu beantworten. Das ist an dieser Stelle aber auch nicht ausschlaggebend, da mein Essay auf die zweifellos vorhandene Entwicklungsfähigkeit des Menschen setzt. Das Problem, das die Überbetonung von Gruppenzugehörigkeiten mit sich bringt, wird dadurch verschärft, dass Menschen zu diesen Illusionen homogener Gruppen eine tiefe symbiotische Beziehung entwickeln. Um es an dieser Stelle ganz deutlich zu machen: Natürlich ist es harmlos, sich in der Schule mit der ›A‹ zu identifizieren, mit der ›Fischegruppe‹ oder mit bestimmten Essgewohnheiten. Es ist auch nicht wirklich schädlich, Fan eines bestimmten Fußballvereins zu sein, solange Leib und Leben anderer Fans nicht bedroht werden (was ja bekannterweise nicht immer gewährleistet ist). Natürlich sind die Auswirkungen drastischer, wenn man sich oder besonders auch andere mit einer bestimmten Nationalität, mit äußeren Merkmalen oder mit einer radikalen Gruppe identifiziert. Obwohl es immer Spiegel des bestehenden Machtsystems ist und das Potenzial für radikalisierende Tendenzen in sich trägt, erhält das Prinzip der Zugehörigkeit grundsätzlich und ständig eine gesellschaftliche Top-Bewertung. Seine zerstörerische Kraft erwächst insbesondere aus der Höherbewertung der eigenen Zugehörigkeit und der damit einhergehenden Intoleranz oder der (Selbst-)Abwertung von Menschen, die keinen Zugang zu – angesehenen, privilegierten – Zugehörigkeiten erhalten oder Zugehörigkeiten nicht empfinden können. Hieraus kann sich dann das verheerende Gefühl von Zugehörigkeit zur Gruppe der Nicht-Zugehörigen entwickeln. Das Streben nach Zugehörigkeit ist ein bislang ungebremst ausgelebter Drang des menschlichen Seins – es ist die Sehnsucht nach unserer mentalen Höhle, einem abgetrennten, geordneten Raum für unser Selbst: Sind wir in unserer Identitätsentwicklung etwa noch Höhlenmenschen?

Forschende Groupies

Kommen wir noch einmal auf die gesellschaftliche Organisation in gruppenhaften Strukturen zurück, denen hier unterstellt wird, unsere Identitätsentwicklung in engster Verbindung mit Zughörigkeit von Kindesbeinen an zu trainieren. Hier scheint es sich um ein zentrales Instrument, eine universale Methode zu handeln. Es ist erstaunlich, wie wenig Nachdenken, Reflektieren und Stirnrunzeln allgemein damit verbunden sind.

Natürlich haben sich Wissenschaftler*innen immer wieder mit diesem Thema befasst und tun dies nach wie vor. Die Frage ist allerdings, wie sie das tun und aus welchem Blickwinkel: So setzen sich Wissenschaftler*innen außer mit den Dynamiken innerhalb und zwischen Gruppen unter anderem sehr emsig mit dem Begriff der ›Gruppe‹ auseinander und Praktiker*innen beschäftigen sich intensiv mit der Optimierung von Gruppenprozessen (das trifft insbesondere auf die 1980er Jahre zu). Beispielhaft kann in diesem Zusammenhang der im Jahr 2009 erschienene, ganze 531 Seiten umfassende Wälzer mit dem Titel »Alles über Gruppen« genannt werden, der eine Tour durch die praxisorientierte Gruppenforschung bietet. Im mittleren Teil des Buches beschäftigen sich verschiedene Autor*innen mit der Gruppe als »Instrument, Hilfsmittel und Methode« unter anderem zur Erziehung, Bildung, Beratung und nur in einem gerade mal 22-seitigen »Exkurs« auch mit der »dunklen Seite von Gruppen«. Dem Autor dieses Exkurses, Klaus Antons, gleichzeitig Mitherausgeber des Bandes, fällt es erkennbar sehr schwer, diesen Einschub zu verfassen – sein persönliches Leiden ist regelrecht greifbar, wenn er schreibt: »Über die ›dunkle Seite‹ von Gruppen und der Gruppendynamik zu schreiben ist eine Herausforderung für jemanden wie mich, der einen Gutteil seiner Arbeitszeit damit verbringt, anderen Menschen beizubringen, wie sie mit Gruppen und Teams gekonnter umgehen können und zu dessen beruflicher Identität es gehört, anderen die *konstruktive* Seite der Gruppendynamik nahezubringen.« (Antons 2015: 324, Hervorh. im Original) Im Folgenden führt er die »dunkle Seite« aus und spannt den Bogen über die »weniger edle, glänzende und beleuchtete Seite des Phänomens« (ebd.: 329) ausgehend vom Milgram-Experiment. Wir erinnern uns an die Experimente, bei welchen die Versuchspersonen unter verschiedenen Versuchsanordnungen angeblichen »Schülern« bei Fehlern Stromschläge versetzen sollten. Des Weiteren thematisiert er Konformitätsdruck, Unterwerfung und Gehorsam, Gruppenspaltungen, Außenseitertum und mehr. Als eine der ersten Untersuchungen zu diesen dunklen Seiten nennt Antons Sbandis Werk »Gruppenpsychologie. Einführung in die Wirklichkeit der Gruppendynamik aus sozialpsychologischer Sicht«[17] aus dem Jahr 1973, drückt seinen »großen Respekt« für eine so kritische und damit in dieser Zeit mutige Sichtweise aus, mildert diesen aber sogleich, indem er anmerkt, dass die dort zitierten Studien »unter dem präsenten Einfluss des gerade überwundenen Naziregimes und mitten in der McCarthy-Ära standen.« (ebd.: 326, 327) Nun ja – jede Forschung zu Gruppen sollte wohl unter dem Einfluss des überwundenen Naziregimes geschehen, das – Stand: heute – ja gerade mal vor rund 75 Jahren in die Knie ging. Immerhin bedrohen antisemitische und rassistische Überzeugungen auch heute noch das Leben von Menschen, einschließlich dasjenige demokratisch gewählter Politiker*innen. Dass nach dem Zweiten Weltkrieg möglicherweise verpasst wurde, die »dunkle Seite« von Gruppen solide im Forschungsblick zu halten, findet keine Erwähnung. Antons schreibt, dass sich die Erkenntnisse aus der Forschung zu Kleingruppen und Teams zwar »in der Tat […] auch in größeren sozialen Zusammenhängen« anwenden ließen, da »Makrosoziologie aber nicht [sein] Thema« sei, beließe er es bei »gelegentlichen Hinweisen« (ebd.: 325). Es soll hier nicht der Autor angeprangert werden, vielmehr dient er (Verzeihung hierfür, Herr Antons) bzw. das Lehrbuch als Paradebeispiel, Tenor und Perspektive zu illustrieren, die weite Teile der gruppenbezogenen Forschungen geprägt haben: Vor dem Hintergrund der Dienstbarmachung von Gruppen gibt es einen gewissen

Bias, der zur Ausblendung negativer Aspekte und deswegen zu einem unausgewogenen Gesamteindruck führt. Einzig Helmut Schelsky, der von Engelmeier et al. (2019/2020) in ihrer sehr aktuellen Zusammenfassung der Forschungsperspektiven einleitend zitiert wird, hat sich demnach schon in den 1970er Jahren über die Ausmaße der Gruppenforschung als »einer sich immer unkritischer verbreitenden Geistesbewegung« ereifert – in einer Zeit, in der die Gruppenforschung eine »immense Attraktion« auf andere ausübte (Engelmeier et al. 2019/2020: 3).[18]

Womöglich begründet sich diese positive Grundhaltung darin, dass »die ›Gruppe‹ oft zu einem probaten Mittel gegen die angeblich atomisierenden Tendenzen der modernen Gesellschaft erklärt oder aber zum sichtbaren Ausdruck der Überlegenheit einer demokratischen gegenüber einer totalitären Ordnung stilisiert« wird (Etzemüller 2019/2020: 24) – wobei Letztere eher mit dem Begriff der ›Masse‹ in Verbindung gebracht würde bzw. nach Foucault kategorisierbar »im Regime der *Souveränität,* also jenem Konzept politischer Herrschaft, das auf der absoluten Macht eines Herrschers beruht. Massen werden geführt« (ebd: 24f., Hervorh. im Original). Etzemüller weist mit dieser etwas zugespitzten Zusammenfassung der Forschungstradition darauf hin, dass die Begriffe Masse und Gruppe nie adäquat analysiert wurden, sondern eher als »Mittel zur wertenden Deutung der jeweiligen Gegenwart« zu betrachten sind. Trotzdem: Muss man nicht bestätigen, dass insbesondere über Gruppen organisierte Zugehörigkeiten die Funktionsfähigkeit einer modernen, demokratisch verfassten Gesellschaft und eines marktwirtschaftlich orientierten Systems sichern? Ja, auf gewisse Weise scheint dieser Gedankengang plausibel. Zum einen, weil das Gruppenkonzept in Verbindung mit der »Entwicklung moderner, arbeitsteiliger Industriegesellschaften« gesehen werden kann, (Engelmeier et al. 2019/2020: 4 mit Bezug zu Schäfers[19]) und zum anderen, weil es gemäß dem kapitalistischen Prinzip einer gut funktionierenden Identitätsindustrie durchaus dienlich zu sein scheint. Gruppenforschung sei »keine Erfindung der Achtundsechziger« (ebd.), sondern erlebte laut Etzemüller seit Mitte des 20. Jahrhunderts einen »beeindruckenden Aufschwung« (2019/2020: 22). Fuhse vertritt sogar die Position, dass der Gruppenbegriff bereits seit dem frühen 20. Jahrhundert ein »Kernkonzept der Soziologie« sei (2006: 245), jedoch verzeichnet er gerade in dieser Disziplin seit den 1970ern eine Abnahme der Bedeutung der Gruppe auf theoretischer Ebene, jedoch nicht in Deutschland und nicht in allen Disziplinen, zum Beispiel nicht in der Sozialpsychologie (ebd.: 251). Gemäß Engelmeier et al. (2019/2020: 5) erfolgte die Beschäftigung mit dem Gruppenkonzept über die Grenzen von Forschungsdisziplinen und Nationen hinweg und war dadurch auch mit einem gewissen Universalitätsanspruch ausgestattet (ebd.: 16) und stets begleitet von quantitativen Abgrenzungsbemühungen, die dazu dienen sollten, »große« von sogenannten »Kleingruppen« abzugrenzen (ebd.: 5f.). So beziehen sich Engelmeier et al. auf die von Schelsky als »Kleingruppe« definierte Formation, der besondere Potenziale und Wirkungen zugeschrieben wurden wie »erkenntnisfördernde, bewusstseinsbildende, identitätsstiftende oder verhaltensändernde Wirkungen« (ebd.: 5) und »verdichtete Kommunikation, soziale Nähe, erhöhte Produktivität und Problemlösungskompetenz, starke Gruppensolidarität und intensives Wir-Gefühl oder funktionierende Selbststeuerung« (ebd.: 6). Fehlten diese Wirkungen, seien die Gruppen »eben zu groß«, so die gängige Auffassung (ebd.), ohne dass Quantitäten in Bezug auf ›große‹ oder ›kleine‹ Gruppen in der Gruppenforschung jemals allgemeingültig festgelegt wurden. Generell stellen Gruppen aber den »goldenen Mittelweg« zwischen Masse und Individuum dar (Etzemüller 2019/2020: 25 mit Bezug auf Simmel), mit dem »doppelten Versprechen, dass sich Gruppen dazu eigneten, Differenz gleichermaßen freizusetzen wie einzuhegen« (Engelmeier et al. 2019/2020: 16), weshalb sich gerade liberale und westliche bzw. sich in diesem Sinne öffnende Gesellschaften auf den Weg zur Erforschung von Gruppen machten (ebd.).

Vor dem Hintergrund eines solchen Diskurses, der die hohe Systemrelevanz von Gruppen, ihre Funktionalität für das Individuum bzw. die starke Wirkung von Gruppen auf dasselbe herausstellt, wird klar, dass sich das Konzept fast unhinterfragt in unsere gesellschaftliche Organisation, in unsere Sozialisation und damit quasi in unsere Gene eingraviert hat. »Die Gruppe überformte und formatierte effektive Beschulungsformen und produktive Arbeitsteams, schlagkräftige Kampfverbände und therapeutische Praxen.« (ebd.: 7) Dass beide Dimensionen – also die normativ-funktionale und die individuell-menschliche – in der Behandlung des Gruppenkonzepts miteinander verschmelzen, ist damit einfach nachvollziehbar: Wenn Gruppen eine das System tragende Säule darstellen, ist es wichtig, dass Menschen sich mit ihnen verbinden und sich im besten Falle mit ihnen identifizieren. So könnte man den Zusammenhang verkürzt und vereinfacht darstellen – ohne ihn theoretisch oder praktisch unterstützen zu wollen. Spannend ist es an dieser Stelle, sich die zentrale Beobachtung von Eva Illouz in ihrem Essay »Warum Liebe endet« (2019: 334) noch einmal vor Augen zu führen. Sie besagt, dass das kapitalistische System verantwortlich sei für die »Verflüchtigung von Beziehungen« und den »Zusammenbruch stabiler Verbundenheit«. Diese Aussagen bezieht sie auf individuelle zwischenmenschliche Beziehungen, insbesondere die heterosexuelle Liebesbeziehung. Die »eingebaute Illoyalität« zwischen Individuen, die sie vermutet (ebd.: 335), bzw. die Individualität oder gefühlte Einzigartigkeit, die »Dynamik der Subjektivierung durch die Kultivierung eines Geschmacks« (ebd.: 304), sichere den Erfolg des freien Marktes, so die These. Die Verbundenheit in Gruppen – und seien es die bereits erwähnten ›vorgestellten‹ – wäre dann der Riemen, der die Funktionsfähigkeit der Gesellschaft inmitten dieser gefühlten oder vorgestellten Individualität (die nach Garcia nie eine wirkliche sein kann) sichert.

Deutlich geworden ist, dass die Beforschung von Gruppen vor dem Hintergrund ihrer Funktionalität und im Kontext des entsprechenden Zeitgeistes betrachtet werden muss. Ein ›Bashing‹ von Autor*innen und Texten, wie zu Beginn des Kapitels selber vorgeführt, ist also wenig sinnvoll und natürlich nur wenig konstruktiv, wie auch Etzemüller anmerkt. Stattdessen solle man vielmehr »prüfen, wie und von wem das Sprechen über Gruppen heute beeinflusst wird« (2019/2020: 41). Vor dem Hintergrund des jeweiligen zeitbedingten Bias muss dann konsequenterweise »die Frage nach den Absichten, die sich mit dem Einsatz des Konzepts verbanden«, gestellt werden, so Engelmeier et al. (2019/2020: 7), und die Autor*innen führen als Beispiele »gesteigerte Selbsterfahrung, radikale Gesellschaftskritik, politische Aufklärung oder effizientere Produktivität« an sowie kooperative Praktiken, Adaptions- und Integrationsfähigkeit in Lern- und Arbeitsgruppen und Selbst- und Fremdwahrnehmung in Begegnungsgruppen (ebd.: 7f.).

Wie ungeschickt, dass trotz all dieser Forscherei, so zweckorientiert sie auch sein mag, der Gruppenbegriff an sich am Ende von Vagheit geprägt bleibt (ebd.: 7) und er gemäß Fuhse »zu ungenau, zu diffus für eine rigorose theoretische Fassung und empirische Identifizierbarkeit« ist (2006: 252). Dass Fuhse trotz dieser festgestellten Ungenauigkeit einen weiteren Begriff, nämlich den des Netzwerks einführt, um ihn mit diesem unbestimmten Gruppenbegriff in Beziehung zu setzen, erscheint vor diesem Hintergrund geradezu waghalsig. Noch waghalsiger muss es einem vorkommen, dass trotz der ungenauen Begriffsbestimmungen, Gruppen in der Soziologie nach Schäfers als »Normalfall der Vergemeinschaftung und Vergesellschaftung« gehandelt werden (zitiert nach Engelmeier et al. 2019/2020: 4) oder gemäß Engelmeier et al. als »folgenreichste Formatierung des Sozialen« (2019/2020: 6). Ist die Gruppe also die unnahbare Fremde mit unwiderstehlicher Anziehungskraft und verheerender Auswirkung auf unser gesellschaftliches und individuelles Leben?

Einig ist man sich in der Annäherung an den Gruppenbegriff offenbar, dass »Gruppenphänomene […] in variablem Maße über eine klare Außengrenze [verfügen]« (Fuhse 2006: 254 und Etzemüller 2019/2020: 43) und damit einhergehend »deutliche Außenbeziehungen« entwickeln (Etzemüller 2019/2020: 43). Fuhse sieht in seiner theoretischen Auswertung ein Merkmal in »kollektiven Handlungsfähigkeiten« auf der Basis gemeinsamer Normen und Werte die sich »im Zeitverlauf – etwa im Konflikt mit anderen Gruppen« verändern können (Fuhse 2006: 253, 254). Ob das Innere von Gruppen mit seinen »relativ dicht verknüpften Beziehungsstrukturen« (ebd.: 250) eher hierarchisch oder eher nicht hierarchisch organisiert ist, bleibt unklar und je Autor*in Ansichtssache oder muss vermutlich in Bezug auf die Funktionalität einer Gruppe betrachtet werden. In irgendeiner Weise wird wohl aber ein Zusammenhang mit »interner Arbeitsteilung« (ebd.: 254) und der »Ausdifferenzierung von Rollen« (Etzemüller 2019/2020: 23) gesehen. Dass für Gruppen gemeinsame Symbole und Kommunikationsstrukturen eine Rolle spielen (vgl. Fuhse 2006: 249f.), erklärt sich auch dem Laien von selbst und erfordert an dieser Stelle keine nähere Beschäftigung mit dem symbolischen Interaktionismus. Die Auffassung, dass Gruppen im Inneren generell kooperativ sind (ebd.: 250), wäre in meinen Augen allerdings zu hinterfragen: Interne Gruppenprozesse, Interaktionen zwischen Individuum und Gruppe sowie zwischen Gruppen sind komplex und lassen auch gruppeninterne Konflikte zutage treten. Diese Dynamiken sind Gegenstand unzähliger Untersuchungen in der soziologischen bzw. (sozial-)psychologischen Forschung. Dazu gehören zum Beispiel Muzafer Sherifs Studien in den 1950er und 1960er Jahren, in denen er seine ›Theorie des realistischen Gruppenkonflikts‹ entwickelte, ihm folgte Henri Tajfel in den 1970er und 1980er Jahren mit seiner ›Theorie der sozialen Identität‹.

Beschäftigt man sich eingehender mit der Forschung zu Gruppen, wird klar, dass eine konkrete Fassung des Begriffs nicht möglich ist. Die konkret erfahrbare gesellschaftliche Macht des Konzepts und seine analytische Erfassung scheinen zwei vollkommen verschiedene Dinge zu sein. Den Erfolg von Gruppen in unserem gesellschaftlichen Leben rein pragmatisch mit ihrer Effizienz oder mit systemrelevanten Faktoren wie marktwirtschaftlicher Verwertbarkeit zu erklären, wäre zu kurz gegriffen, da sie den Wert von Gruppen für das konkrete Individuum aus dem Blick verlieren – es bleibt unklar, warum Individuen ihre Identität so gerne über Zugehörigkeiten beziehen. Unabhängig davon, ob man sich der wissenschaftlichen Untersuchung oder der praktischen Anwendung (und Analyse) von Gruppen zuwendet: Es gibt viele Forschungstraditionen und darunter jede Menge widersprüchliche Standpunkte. Und natürlich ist auch dieser Bereich selbst nicht frei von typischem Gruppen- und Abgrenzungsverhalten zwischen unterschiedlichen Denkschulen, akademischen Disziplinen – oder auch zwischen theoretischer und praktischer Forschung (vgl. z. B. Edding 2009: 75).

Verstehen wir überhaupt, welche Kraft uns in unserer Beziehung zu Gruppen steuert? Oder ist dies eben Teil unserer »mentalen Infrastruktur«, wie Welzer meint, wenn er über die Unmöglichkeit schreibt, über Bildung das Verhalten von Menschen nachhaltiger zu machen. Das – so sagt er – sei unmöglich, »weil wir uns in einer Geschichte befinden, die uns in den Begriffen von Fortschritt, Wettbewerb und Wachstum erzählt.« (2013: 65f.) Sind wir zudem – oder vielleicht sogar in Verbindung damit – in einer Geschichte, die uns in den Konzepten von Gruppen erzählt? Was können wir dann tun, ist die Frage, denn »[b]evor wir etwas gegen diese Geschichte einwenden können, sind wir immer schon Teil von ihr.« (ebd.: 66)

Gruppen – manchmal praktisch, meistens psycho

Fast alle der vorangehend dargestellten Ansätze aus der Gruppenforschung versuchen, ihr Phänomen aus einer möglichst objektiven Außenansicht zu schildern. Es fehlt ihnen eine Berücksichtigung subjektiver Aspekte, eine Betrachtungsweise, die das Warum im Sinne einer individuellen Motivation erklärt. Deutlich geworden ist zwar, dass Gruppen eine Funktionalität in Bezug auf das gesellschaftliche System zugeschrieben wird, insbesondere in Hinblick auf die demokratische Gesellschaftsform und die kapitalistische Wirtschaftsweise. Unscharf bleibt jedoch die Beantwortung der Frage, wieso Individuen sich an Gruppen binden, wo der Mehrwert hier konkret liegt. Schon Tajfel stellte durch seine Studien fest, dass eine Gruppenmitgliedschaft nicht immer einen spürbaren positiven Effekt für das Individuum mit sich bringt. Am Ende des mit John Turner gemeinsam verfassten Textes »An Integrated Theory of Intergroup Conflict« (1979) stellen die Autoren die Frage nach dem Mehrwert von Gruppen für sich selbst und ihre Mitglieder. Es klingt fast verwunderlich angesichts der gewonnenen Erkenntnisse, wenn die Autoren als Zusammenfassung ihrer Studien feststellen: »[D]ifferentiations of all kinds are made between groups by their members although, on the face of it, there are no ›reasons‹ for these differentiations to occur.« (ebd.: 47) Will heißen: Die vorgenommenen Differenzierungen in Gruppen sind erst einmal sinnlos und die Autoren folgern sogar noch, dass gesteigerte »intergroup differentiations directly *decreased* the ›objective‹ rewards that could otherwise have been gained by the in-group, or even directly by the individual.« (ebd., Hervorh. im Original) Das will weiter heißen: Differenzierung zwischen Gruppen ist nicht nur sinnfrei, kann den

Gewinn sogar verkleinern für die eigene Gruppe und die ihr zugeordneten Individuen. Diese Erkenntnis stammt aus sogenannten Minimalgruppen-Experimenten, das heißt aus der Untersuchung von Gruppen, die für diesen Zweck zufällig und ad hoc nach einem willkürlichen Merkmal gebildet wurden. Ihre Mitglieder verhielten sich eher so, dass nicht die Gruppe den größten Vorteil erlangte, sondern dass der Unterschied zu anderen Gruppen am größten war. Das scheint erstaunlich, erklärt sich aber aus dem Blickwinkel, der die soziale Identität in den Vordergrund rückt. ›Mehrwert‹ bzw. ›Gewinn‹ bezieht sich in Tajfels Studien auf den sozialen Kontext, das heißt auf Aspekte des sozialen Vergleichs, im Sinne einer Mobilität im sozialen Gefüge, zum Beispiel durch einen Aufstieg oder höhere gesellschaftliche Anerkennung. Dennoch ist die Erklärung durch die hier genannten Aspekte letztlich nicht ausreichend. Schließlich nähren sich Identitäten nicht nur von gesellschaftlichem Prestige, denn Individuen schließen sich auch Gruppen an, die nicht unbedingt bzw. nicht unmittelbar eine Verbesserung des sozialen Status versprechen, denken wir an kreative Gruppen, soziale, ehrenamtliche Gruppen, Selbsthilfegruppen oder radikale Gruppierungen, die sich gegen die soziale Ordnung stellen. Ein mittelbarer Effekt für den Status wäre natürlich auch bei diesen Gruppen nicht ausgeschlossen und zusätzlich gilt natürlich, dass der soziale Status immer auch subjektiv, je nach Lebenslage und -kontext bewertet wird – insbesondere angesichts postmoderner Strukturen, die durch eine Auflösung traditioneller sozialer Merkmale gekennzeichnet sind. Tajfels Erkenntnisse zeigen eher in eine Richtung, die die Abgrenzung als Selbstzweck markieren. Wenn es nun aber nicht um die Maximierung von Gewinn geht, sondern um maximierte Abgrenzung an sich, liegt die Vermutung nicht weit, dass zusammen mit der Abgrenzung von In- und Outgroup auch Konflikte zwischen diesen Gruppen generiert werden. Diese wiederum scheinen sich verstärkend auf die Identifikation mit der Ingroup auszuwirken: »Thus, the real conflicts of group interest not only create antagonistic intergroup relations but also heighten identification with, and positive attachment to, the in-group«, fasst Tajfel mit Bezug auf weitere Studien zusammen (1979: 33) – welch verheerender Kreislauf, welch verhängnisvolle Dynamik und alles andere als eine neue Erkenntnis, denn jeder Mensch kennt diese Dynamik verstärkter

Gruppenidentität und des Gruppenzusammenhalts durch Abgrenzungskonflikte. Es ist nicht notwendig, die dahinter liegenden psychischen und soziokulturellen Techniken der Entpersonalisierung von Outgroup-Mitgliedern und der Konstruktion von Vorurteilen und die damit einhergehenden Diskriminierungen auszuführen. All diese Prozesse sind bekannt, oft untersucht, zitiert und – im Grunde – verstanden. Und apropos ›verhängnisvoll‹: Man kann hier noch einmal an Stuart Halls »verhängnisvolles Dreieck« der Kategorien ›Rasse‹, Ethnie und Nation erinnern.

Gruppen füttern das Gefühl von Zugehörigkeit, Zugehörigkeit füttert Identität, Identität füttert Abgrenzungen, Abgrenzung füttert Vorurteile, Vorurteile füttern Konflikte und Diskriminierung. Was eine Nahrungskette!

Wo liegt denn nun also der Gewinn von Gruppenzugehörigkeiten? Werden Kriege geführt, weil sie einen höheren Gewinn versprechen (Land, Ressourcen, Macht) – obwohl dieser vorgestellte Gewinn lediglich eine Illusion ist? Weil es im Grunde nur um die Maximierung des Abstands zu einer konstruierten Outgroup geht, die individuellen Gruppenmitglieder ohne den (Verteilungs-)Konflikt am Ende jedoch einen viel höheren Gewinn hätten? Langfristig gilt dies uneingeschränkt – ein Blick auf den verheerenden Zustand der Welt zeigt dies eindrücklich. Die Kolonialisierung, die Kämpfe der Großmächte, die Stellvertreterkonflikte, die Ausbeutung und Unterdrückung von ›Outgroups‹ haben in weiten Teilen der Erde das menschliche Leben unerträglich gemacht. Es ergibt keinen ersichtlichen Sinn, dass wir uns in Nationen, in Rassen oder Ethnien, in Männlein, Weiblein, Nord, Süd, Ost, West einteilen. Es wäre schlicht und ergreifend besser und im Sinne gleich verteilter Gewinnchancen – individuell und global –, wenn wir all das nicht täten und schon immer nicht getan hätten. Scheinbar maximierter individueller (oder nationaler) Gewinn (zum Beispiel Wohlstand) ist – das wissen wir heute – nur bedingt und insbesondere kurzfristig wahrnehmbar. Auch das nur, wenn man anderweitige Verluste bzw. negative Auswirkungen sehr großer Dimension wie Klimawandel und global ungleich verteilte Lebenschancen, die wiederum Flüchtlingsströme verursachen, abnehmende psychische Gesundheit, Mangel an frei verfügbarer Zeit, ungesunde soziale und familiäre Bindungen und vieles mehr ausblendet. Stellen Identifikationsprozesse, die sich in stark ausgeprägter Weise auf Gruppen beziehen, eine Gefahr für die Zukunftsfähigkeit des Planeten dar? Das mag radikal formuliert und zugespitzt klingen, aber dennoch: Ja! Wir sollten uns für die Möglichkeit öffnen, dass das tatsächlich so ist, und bis zum Ende durchdenken, welche Konsequenzen sich daraus ergäben. Und auch welches Potenzial für Veränderung dieser Kerngedanke bieten könnte.

Die Gruppe – ein undefinierbares, unfassbares Gebilde – dominiert die individuelle Identität, das menschliche Zusammenleben, die globale Politik. Und ist womöglich die größte Illusion seit Menschengedenken, die aufrechterhalten wird, weil sie gesellschaftlich praktisch und äußerst funktional ist und sich für das Individuum dabei auch noch wunderbar anfühlt – weich und warm und bequem, ein Wattebausch für unser Ego (wenn es denn gut läuft).

Wenn Gruppen nicht objektiv zu beschreiben sind und das Bedürfnis einer Zugehörigkeit nicht ausschließlich durch subjektiven Zugewinn und Funktionalität zu erklären, fehlt möglicherweise ein weiterer Baustein, um sich diesem Phänomen anzunähern. Nach Mummendey (1984: 9) spielt in Tajfels Definitionsansatz zur Gruppe – neben den genannten sozialen Dimensionen – in erster Linie der Aspekt der Selbstkategorisierung eine zentrale Rolle, über den sich dann in zweiter Linie die Verbindung zum sozialen Status ergibt. Diese Selbstkategorisierung – also die eigene Zuschreibung zu einer Gruppe – bringt sich nach Mummendey auf drei Ebenen zur Geltung: als kognitives Wissen über die eigene Gruppenzugehörigkeit, als evaluative Komponente, sprich die Bewertung dieser Zugehörigkeit als vorteilhaft oder nachteilig, sowie als emotionale Verbundenheit. So betrachtet wird schnell deutlich, dass Gruppen eine »psychologische Realität« darstellen (ebd.: 10). Das heißt auch: Gruppen müssen unbedingt in ihrer Subjektivität verstanden werden. Es gilt darum, – im besten ethnologischen Sinne – eine emische Sichtweise zu entwickeln, die die eigene Wahrnehmung bzw. die eigene Weltverortung mit der Gruppe in Verbindung bringt.

Weiter oben habe ich die Frage aufgeworfen, ob wir in Bezug auf unsere Identifikationsprozesse vielleicht noch Höhlenmenschen seien. Wenn wir also Spezialist*innen für diese Form des Daseins sind: Versuchen wir doch einmal, uns Gruppen als höhlenartige Gebilde vorzustellen. Stellen wir uns vor, dass wir losziehen, um diese zu erkunden und zu verstehen. Wir wandern also durch das Gebirge und entdecken einen Höhleneingang. Wir nähern uns aus verschiedenen Richtungen, fertigen Skizzen an und gehen zur nächsten Höhle. Auch dort betrachten wir den Eingang, erkunden das Gestein, die Form des Eingangs, die Lage. Wir fliegen darüber und machen Fotografien vom Umfeld. Wir verstehen, dass Höhlen sehr unterschiedlich sein können, dass jede Höhle einzigartig ist, aus jeweils einer anderen Zusammensetzung von Gestein besteht, in einer anderen Landschaftsformation liegt, anders aussieht. Wir versuchen, zu verstehen und verstehen auch schon jede Menge, zumal uns Forscher*innen mit vielen Informationen und Studien versorgen. Und dennoch: So richtig erschließen sich Höhlen uns immer noch nicht, auch wenn ihre Faszination uns nicht loslässt. Wie magisch ziehen sie uns an. Also begleiten wir Höhlenforscher*innen und trauen uns, in die Höhlen einzutreten, sie zu durchklettern, mit dem Boot zu durchfahren, sie kriechend oder schwimmend zu durchqueren. Wir sehen, dass das Gestein innen oftmals eine andere Zusammensetzung hat als außen, wir entdecken andere Gesteinsformationen – weiche, kantige und Tropfgestein. Manchmal glitzern die Mineralien, meist ist es dunkel, manchmal fällt Licht hinein, es ist ruhig und leise, irgendwo gluckert vielleicht Wasser, entspringt eine Quelle oder es gibt Geräusche, die nicht einzuordnen sind. Wir begegnen Fledermäusen und vielen anderen Tieren, die hier ihre Ruhestätte oder ihren Brutplatz haben. Wir verstehen, dass die Höhlen eine enge Verbindung zum umliegenden Gebirge, der sie umgebenden Landschaft haben und vor allem zur Geschichte des Planeten. So verstehen wir, dass jede Höhle nur im Kontext des Ganzen verstanden werden kann und sich nur erschließen kann, wenn sie auch von innen erkundet wird. Wir können uns auch mit dem Begriff der Höhle beschäftigen, mit der Geschichte und den Ansätzen der Höhlenforschung oder mit der Metaphorik von Höhlen in der Literatur oder ihrer medialen Repräsentation. All dies ist möglich und je ein wichtiges Mosaikstück im Ganzen. Aber: Ein Mosaikteil wird uns immer fehlen, wenn wir uns selbst aus der Betrachtung herausnehmen – als Menschheit mit unserer Beziehung zu Höhlen und als individueller Mensch, mit dem etwas beim Betreten der Höhle geschieht.

So könnten wir beim Höhlenmenschen anfangen, dem Schutz vor Wind und Wetter, dem Abgrenzen des ›Eigenen‹, dem Beginn der ›Wohnung‹

und der damit verbundenen Entscheidung, wer einen berechtigten Zugang zu dieser hat und wer nicht. Wir könnten uns daran erinnern, wie es war, wenn wir als Kinder Höhlen aus Sofas, Stühlen, Tischen und jeder Menge Decken und Kissen gebaut haben – die Geborgenheit und die heimliche Freude, dass die Eltern dort nicht hineingelangen konnten – ein Platz nur für die Kinder, für einen selbst und die engsten Freunde, dann die aus der Küche stibitzten Leckereien, die dort versteckt wurden, das Gekicher und Frohlocken. Die Erinnerung an den ersten Besuch einer Tropfsteinhöhle, die Faszination, die Ungläubigkeit angesichts der märchenhaften Formationen, ein Wunderland, von dem man bis zu diesem Zeitpunkt annahm, es würde nur in Büchern existieren. Wir erinnern die Fahrt mit einem Boot durch die Höhle einer schroffen Felsenküste, das Klettern in eine wilde Höhle in den Alpen, das gruselig-erdrückende Gefühl der Enge, der Gefahr, der Unvorhersehbarkeit, die sich mit der Dunkelheit vor einem breit machte. Man erinnert sich an den Schutz, den eine Höhle bei einem plötzlich ausbrechenden Unwetter der Wandergruppe bot, wenn man sich dort hineinquetschte, allesamt eng beieinander, die Regenjacken als Schutzwand aufgehängt, von dieser angenommenen Sicherheit aus mit Keksen in der Hand und Füßen in feuchten Socken das schwarze Unwetter im Gebirge beobachtete, wie es vorüberzog. Egal, was man in Verbindung mit Höhlen erinnert, die Erinnerung wird immer eine besondere sein, eine intensive. Jede Höhle, der wir in unserem Leben begegnet sind, wird etwas in unserem Inneren ausgelöst haben, wir verbinden sie gleichzeitig mit Dunkelheit und mit Glitzern, mit Schutz und Gefahr, schrecklichen Unfällen in Bergwerken und heroischen Entdeckungen, mit wahren Abenteuern und wunderbaren Märchen, mit berechnender Wissenschaft und unberechenbarer Unwissenheit, mit Bergen und mit Meer, mit Damals und Jetzt.

Eins wird uns allemal klar, wenn wir uns länger mit Höhlen beschäftigen: Es gibt einen Unterschied zwischen dem analytischen und sachkundigen Verstehen und einem umfassenden Begreifen, das uns und unsere Wahrnehmung und Emotionalität miteinbezieht. Wenn wir Gruppen weniger in ihrer Objektivität zu begreifen versuchen, sondern von ihrem Inneren ausgehen, können wir sie vielleicht immer noch nicht abschließend definieren, aber vielleicht können wir ihren Bedeutungsgehalt und die damit verbundenen individuellen und gesellschaftlichen interaktiven Dynamiken, die sie ausmachen, besser verstehen. Und wir können uns besser von dem klassifikatorischen Begriffswirrwarr in den Ansätzen der Gruppenforschung lösen, die – so wichtig sie als Mosaikteile sein mögen – letztendlich wenig zielführend für das Begreifen von Gruppen sind, vielleicht sogar eher den Blick auf das grundmenschliche und universale subjektive Bedürfnis, das sich in Gruppen verkörpert, verstellen können. Stattdessen möchte ich mithilfe der oben im Essay aufgeführten Ansätze zu Identitätsvorstellungen, Rein-Unrein-Dichotomien und zu dem menschlichen Bedürfnis nach der Strukturierung von Räumen eine Verknüpfung wagen.

My Group is My Castle, My Holy Grail – von der Gruppe zum imaginären Raum

Was wir aus dem bislang Beschriebenen erahnen: Wir brauchen Gruppen, um in der Welt leben zu können. Wir machen uns die Welt durch sie bewohnbar, sie sind die Rettung unseres Selbst. In freier Assoziation zu dem bisher eher akademisch-orientiert Präsentierten, könnte man sagen: Sie sind unsere Höhle – sie bieten rudimentären Schutz vor dem ›Draußen‹, jedoch auch viele unentdeckte Seiten und zudem mehr Dunkelheit als Licht. Die Gruppe ist Teil des Resonanzraums, der unsere Identität begründet, stützt und nährt. Er bringt uns in Energie und in Schwingung, denn er spielt uns das zurück, was wir von uns selbst sehen und hören wollen. Das Gefühl der Zugehörigkeit vermittelt uns, dass wir da sein dürfen, und manchmal auch erst, dass wir überhaupt lebendig sind. Gruppen sind so mittlerweile auch unsere seelische Wohnung, denn durch sie verorten wir uns in der unfassbaren Weite unseres Planeten, zwischen den scheinbar unendlich vielen Menschen und vor allem unendlich vielen Möglichkeiten des Lebens auf der Erde. In und mit Gruppen haben wir es uns schön gemacht, dekoriert und geordnet. Sie stellen damit das Zentrum unserer gesellschaftlichen und individuellen Ordnung dar, zumindest *ein* Zentrum *einer* Ordnung, die wir schaffen, damit wir uns in diesem unverständlichen Hier und Jetzt zu Hause fühlen können. Und dieses Zentrum an sich *muss* geordnet sein, damit es für uns funktioniert. Es ist der Raum, den wir direkt um uns herum schaffen, mit uns in Verbindung bringen und über den wir mit der Welt in Verbindung treten. Mit viel Aufwand führen wir in und für diesen Raum Sortierungen durch, die das Außen nach innen spiegeln und das Innen nach außen. Es ist eine ordnende Dynamik im ureigensten Douglas'schen Sinne, die uns tagein, tagaus begleitet – ein Leben lang. Und manchmal sind Gruppen auch unsere Burg, sie können unsere Welt zu einer uns schützenden und erhabenen Umgebung machen, die uns das Gefühl verleiht, dass wir etwas Besonderes, Wertvolles sind und auf keinen Fall gleich. Sie sind von dieser Warte aus auch unser Tempel – mal mehr, mal weniger –, je nachdem, wie erhaben das Gefühl ist, das sie uns verleihen, und wie stark sie zu unserem Mittelpunkt werden und wir uns über sie im Kosmos verorten. Für viele Menschen ist die Gruppe eine großartige Bühne, auf der sie ihre sorgfältig konstruierten Identitäten tanzen lassen. Über allem steht jedoch das: Gruppen sind eine Vereinfachung der Welt und mit die größte Illusion, der wir uns hingeben.

Wenn all das so zu betrachten wäre – und mit den oben zusammengetragenen Ausführungen habe ich versucht, das nachvollziehbar zu machen –, dann greifen auch die folgenden Aspekte: Die Betrachtung von Gruppen als sozialer Einheit, die es von außen zu analysieren gilt, macht vor diesem Hintergrund wenig Sinn. Eine Gruppe ist weniger als ›Objekt‹ zu betrachten denn als ›Handlung‹. Ziel der Handlung ist die Erschaffung eines Raums. Dieses Erschaffen ist kein objektiv fassbares, kein messbares und nur schwer nachvollziehbares Phänomen, es ist im besten Sinne prozesshaft, sehr dynamisch und auf das Engste mit der Wahrnehmung des Selbst und der individuellen Selbst(be)gründung in Verbindung zu sehen. Ausbuchstabiert könnte man sagen: Individuen begründen ihr Dasein und ihr Sosein durch den Bezug zu einem als ›Gruppe‹ bezeichneten Rahmen. Es ist also ein zentraler Teil ihrer (Selbst-)Legitimation und damit eine Grundsäule der Verortung in dieser Welt. Im Schaffensprozess spielen gesellschaftlich etablierte kollektive Kategorien (Geschlecht, Nationalität, Religion, Bildungsstand etc.) sowie individuell-lebensweltliche (Herkunft, Wohnort, eigene Netzwerke, Beruf etc.) und persönlichkeitsbezogene Faktoren (Interessen, Talente, Geschmack etc.) gleichermaßen eine Rolle – eine Gemengelage aus Interdependenzen, Verknüpfungen, Selbst- und Fremdzuschreibungen und Interpretationen, die es in so vielen Varianten gibt, wie Menschen existieren. In diesem Sinne ist ›Gruppe‹ also kein fester Zustand bzw. keine feste Struktur. Man kann sie zwar als eine soziale Struktur betrachten und als solche unter verschiedenen Gesichtspunkten analysieren, wenn man das unbedingt möchte, aber diese Betrachtung wird letzten Endes immer sinnentleert bleiben. Sinn – betrachtet als Relevanz für das individuelle und kollektive Handeln – ergibt sich nur aus der Betrachtung der dahinter liegenden prozesshaften Schaffensdynamiken, durch die sich ein Individuum über eine Gruppe oder mehrere Gruppen in die Welt einfügt, sich in ihr verortet. Ob eine Gruppe hierbei klein oder groß ist, sich analog, digital oder gar nicht trifft, eine Nachbarschaft oder Nation ist, flexibel im Sinne eines Netzwerks, durch ein bestimmtes Merkmal oder durch feste Mitgliedschaft definiert ist, ist hierbei völlig unerheblich. Denn egal, wie sich das Außen darstellt – im Inneren geht es dem individuellen Streben im Kern um die Schaffung einer Zugehörigkeit, die gleichzeitig eine Begrenzung darstellen muss, damit sie als Ordnungssystem funktioniert und die Identität speisen kann. Deswegen ist es auch unerheblich, ob sich eine Gruppe als physische, faktisch erkennbare Gruppe manifestiert oder nur ein Produkt der Vorstellung ist. Eine ›vorgestellte Gruppe‹ schafft die Zugehörigkeit zu einer bestimmten ›Art von Mensch‹, die sich über ein oder mehrere Merkmale herstellt, zum Beispiel über Essgewohnheiten, Stilfragen, Musikgeschmäcker, politische Haltungen etc. Ob ein Geschmack einfach einen Geschmack darstellt, eine Meinung einfach eine Meinung ist, eine politische Haltung eben nur das und nichts anderes oder eben doch auch eine Zugehörigkeit anzeigt, liegt im repräsentativen – oder nennen wir es performativen – Umgang damit: Wird die Meinung, der Geschmack, die Stilentscheidung dann geäußert, wenn es einen entsprechenden Anlass dafür gibt (das Gespräch kommt darauf, man befindet sich in einer politischen Diskussionsrunde, shoppt gemeinsam), oder wird sie ständig geäußert bzw. performt? Wird das Gespräch auf ein bestimmtes Merkmal gelenkt, sobald das irgendwie möglich ist? Werden Buttons und Kleiderstücke in entsprechender politischer Färbung getragen? Werden bestimmte Marken sichtbar gemacht, Logos, Aufdrucke präsentiert? Der performative Anteil von Handlungen gibt Aufschluss darüber, ob das ausgedrückte Merkmal eines ist, über das ein Individuum eine Zugehörigkeit zu einem ›Wir‹ definiert. Solcherart vorgestellte Gruppen treffen sich nicht physisch, sie sind nicht mal unbedingt real vernetzt oder in irgendeiner Art ein sichtbares soziales Gefüge. Aber in der menschlichen Vorstellung wirken solche

Imaginationen als Gruppe, da sie dem Selbst Zugehörigkeit und Legitimation verleihen können – und darüber hinaus das Bedürfnis nach Verortung in einem vom weltlichen Chaos abgetrennten Raum stillen, der durch das eine hervorgehobene Merkmal Homogenität verspricht. Bauman spricht in Bezug zur Postmoderne von »Neo-Stämmen« als »Vehikel (und imaginären Ablagerungen) individueller Selbstdefinition« (2016: 356)[20]. Er betrachtet das Zeitalter der Postmoderne als »Zeitalter der Kontingenz *für sich,* der selbstbewußten Kontingenz, auch das Zeitalter der Gemeinschaft [...]: der Lust auf Gemeinschaft, der Suche nach Gemeinschaft, der Erfindung der Gemeinschaft, der Imaginierung der Gemeinschaft.« (ebd.: 352, Hervorh. im Original)

Wie mächtig imaginierte Gruppen sein können, wissen wir schon aus der Geschichte weit vor der Postmoderne, denn die Deklaration einer Gruppe über das Merkmal ›Rasse‹ gehört auch dazu. Sie ist imaginativ in zweifacher Hinsicht: zum einen, weil es diese soziale Einheit als sichtbare ›Gruppe‹ per ›klassischer‹ Definition nicht gibt, und zum anderen, weil das ordnende Merkmal jeder Grundlage einer empirischen Definition entbehrt und somit eine »unbegründete Kategorie« ist (Garcia 2018: 199). Dennoch hatte und hat diese Imagination größten und verheerenden Einfluss auf die menschliche Geschichte und unsere heutige Welt (vgl. ebd.). Benedict Anderson hat sich intensiv mit der Nation als einer »imaginäre[n] Gemeinschaft« beschäftigt – imaginär, weil sich niemals alle ihre Mitglieder jemals kennen werden (1998: 14f.). Diesen Gedanken weiterführend drängt sich an dieser Stelle die Frage auf, ob die ›Gruppe‹ nicht *immer* eine vorgestellte bzw. imaginäre Formation ist. Natürlich ist eine Schulklasse physisch und sichtbar vorhanden und man kann sie ›Gruppe‹ nennen. Soweit so gut – aber soweit so uninteressant, irrelevant und profan im wahrsten Sinne des Wortes. Wenn es nur darum ginge, eine Schulklasse, die sich täglich trifft, um gemeinsam zu lernen und das Klassenziel zu erreichen, als Gruppe zu bezeichnen – ausschließlich mit Bezug auf diese Funktionalität –, wäre alles über Gruppen gesagt und eine weitere Beschäftigung damit nicht notwendig. Da wir aber von Kindesbeinen an darauf trainiert wurden und werden, Gruppen als Bezugspunkte unserer Selbstverortung und -wahrnehmung zu definieren – denken wir nur an die hohe gesellschaftliche Relevanz des

Gemeinschaftsgedankens, der Gruppenarbeit, der positiven Bewertung des Sich-Einfügen-Könnens -, werden Prozesse ausgelöst, die sich außerhalb des Fassbaren abspielen. Diese ständige Vergegenwärtigung und positive Verstärkung von Gruppenbezogenheit vermittelt eine Logik des Trennens, die irgendwann im Laufe unserer Sozialisation dazu übergeht, unsere Identität zu nähren. Diese Logik benötigt nicht unbedingt einen unmittelbaren Zusammenhang mit sichtbaren sozialen Formationen und verkörpert sich auch nur teilweise durch solche, denn diese Prozesse können sich genauso gut und vielleicht noch viel einfacher auch auf nicht fassbare bzw. imaginierte ›Gruppen‹ beziehen.

Wenn wir Gruppen bzw. gruppenhafte Phänomene wirklich begreifen wollen, dürfen wir sie nicht angestrengt fokussieren, denn aus ihnen alleine, für sich betrachtet, werden wir nicht klüger. Wir müssen sie mit Abstand betrachten und den Fokus öffnen und weiten. Denn solange wir Gruppen als soziale Einheiten, als feste und starre Strukturen fixieren, werden wir das Große dahinter nicht begreifen. Es ist ein bisschen wie mit den Übungen eines Farbsehtests oder optischen Täuschungen. Sinn ergibt das Ganze nur mit Abstand und Kontext – und manchmal hilft es sogar, daran vorbeizuschauen, um erkennen zu können, was man eigentlich sehen soll.

Gruppen sind gleichzeitig Ausgangspunkt und Ergebnis imaginativer Prozesse. Sie können neu geschaffen werden oder aber Zielvorstellung sein. Diese Prozesse sind – wie nach Lektüre von Halls' sowie Garcias Ausführungen deutlich wird – zum einen historisch gewachsen und werden zum anderen tagtäglich, in jeder Sekunde des menschlichen Daseins bekräftigt, neu gestaltet, zugeschnitten, in unendlichen Variationen reproduziert. Im Moment werden vor allem alte Imaginationen neu belebt, womit der Nationalismus und der Rassismus gemeint sind.

In diesen imaginativen Gestaltungsprozessen verleihen Menschen Gruppenidentitäten die Gestalt eines Raums, wie am Eingang dieses Kapitels bildhaft anhand der Vorstellung einer Höhle dargestellt. Wenn wir den menschlichen Zugehörigkeitsdrang wirklich begreifen wollen, müssen wir also beginnen, uns Gruppen bzw. gruppenhafte Phänomene als imaginäre Räume vorzustellen. Die Imagination erfüllt hierbei eine Filterfunktion: In den Räumen befinden sich in unserer Vorstellung nur Menschen, die aufgrund bestimmter Merkmale, im Sinne des bereits ausgeführten performativen Handelns, dazugehören. Wie wir uns den Raum vorstellen, ob wir ihn uns als ›Körper‹ denken, wie am Beispiel des nationalstaatlichen Gebildes dargestellt, oder als eine andere Art von »Behälterraum« ist dabei nicht wirklich entscheidend – selbst wenn Bilder natürlich immer weitere Bilder und Vorstellungen evozieren, was bei der Imagination eines Körpers in besonderer Weise zutrifft. Die Vorstellung eines »Behälterraums« in Bezug auf Nationalstaaten hat die Migrationsforschung seit jeher geprägt, wie ich an anderer Stelle mit Bezug auf Ludger Pries (1997: 22) dargestellt habe (Eichler 2008: 99). Pries selber verwendet den Begriff des »Containers«[21], um die allgemein vorherrschende Auffassung von internationaler Migration zu beschreiben, nämlich als »Wechsel von einem nationalstaatlichen Container in einen anderen« (Pries 2001: 5). Eine Auffassung, die er kritisch sieht, da sie die sozialen, wirtschaftlichen und kulturellen transnationalen Querverbindungen und die damit verbundenen räumlichen Vorstellungen von Menschen mit Migrationsbiografie oder -geschichte nicht in ihrer Mehrdimensionalität wiedergeben kann. Es ist, wie gesagt, zwar nicht unerheblich, aber auch nicht ausschlaggebend, in welcher konkreten Form der Raum imaginiert wird, sei es ein Menschenkreis, Haus oder Zimmer. Verbindend ist die Vorstellung einer Geschlossenheit – man ist drin oder draußen, tritt bei, fliegt raus, wird aufgenommen oder ausgeschlossen, man kann eintreten oder austreten. Wenn der Zutritt nicht durch eine physische oder administrative Struktur organisiert ist, kann eine legitimierte Zugehörigkeit auch durch ein nach außen repräsentiertes Merkmal, siehe oben, hergestellt werden. Ziel ist es, von vornherein bestimmte Merkmale zu filtern. Es werden nur Menschen aufgenommen oder es zählen nur diejenigen dazu, die das Merkmal teilen. Die Entwicklung verbindender Merkmale kann aber auch durch das Gruppenleben an sich vermittelt bzw. verstärkt werden (denn wir sind stolz darauf, dies zu sein, und zeigen das nach außen). Wie diese Prozesse auf sich selbst oder auf andere bezogen funktionieren, wurde bereits ausgeführt. Im Mittelpunkt steht immer das Schaffen von Ordnung, weil Menschen, so Pries, allem Räumlichen eine soziale Dimension sowie allem Sozialen eine räumliche verleihen (1997: 2). Die Gruppe stellt also ein profanes Gebilde dar – sei sie eine Ansammlung oder ein Netzwerk von Menschen oder das Gesamt von Menschen, die ein bestimmtes Merkmal teilen. Erst durch die psychische und emotionale Arbeit von Menschen, durch nach innen sowie nach außen gerichtete kollektive oder individuelle Bezugnahme, Interaktionen und Interpretationen wird sie zu einem gemeinsamen Raum gemacht. Wenn Elisabeth Bronfen und Benjamin Marius zum Thema der Nation – den Anderson'schen Ansatz aufgreifend – schreiben, dass es sich dabei um eine »phantasmatische Konstruktion [handelt], die auf ein fundamentales Begehren nach Sinn und Kohärenz reagiert« (1997: 2), macht dies deutlich, dass der interpretative Prozess wichtiger ist als jede innere Vernetzung und konkrete Begegnung. Für die Konstruktionen von Nationen bzw. Nationalstaaten wurde dies vielmals beschrieben. So ist der britische Nationalismus laut Hall geprägt durch ein »Bündel von Legenden, Bildern, Landschaften und Szenarien ebenso wie historische Ereignisse, Symbole und Rituale«, die als Narrativ die Repräsentation einer vereinheitlichten Geschichte ermöglichen und als »Behältnis für die gemeinsamen Erfahrungen und den gemeinsamen Schmerz, für kollektive Trauer, Spaltungen, Katastrophen und Triumphe des Volkes dient« (2017/2018: 152f.).

Einzugestehen, dass wir unsere kollektive, aber auch unsere individuelle Identität auf äußerst aufwendige und zum Teil sehr fantasievoll konstruierte Bauten stützen, die bei genauerer Betrachtung ohne jegliches Fundament dastehen, fällt schwer. Das habe ich in diesem Essay, vor allem mit Bezug auf Appiah, bereits mehrmals benannt. Nun könnte man einwenden, dass sich die Soziologie schon sehr lange und intensiv mit gesellschaftlichen Konstruktionen beschäftigt und ohnehin davon ausgeht, dass Wirklichkeiten das Resultat von Konstruktionsprozessen seien. Das ist schon wahr. Nur sollte dies nicht als eine Legitimation für Tatenlosigkeit oder Schulterzucken dienen. Selbst wenn man sich dieser Auffassung anschlösse, ist es ja nicht unerheblich, sich mit den Konstruktionsprozessen selbst zu beschäftigen und die Paradigmen, die sich in ihnen zeigen, kritisch zu betrachten. Ganz offensichtlich sind die hier beschriebenen abstrakten und imaginierten Vorgänge ordnende Handlungen, die aus einem Drang nach Reinheit entstehen, der – wie ich mit Douglas argumentieren würde – im menschlichen Handeln inhärent zu sein scheint. Die Zuordnung anderer zu bestehenden Räumen kann bedeuten, meinen Raum zu ordnen. Meine eigene Zuordnung zu einem Raum kann bedeuten, mich selbst eines unsortierten Raums zu entheben oder aber auch, mich aus einer fremdseitig zugeschriebenen Kategorie zu lösen. Hinter dem Akt des Sortierens steht das Bedürfnis, aus der unübersichtlichen Heterogenität der Menschheit ein kohärentes, begreifbares ›Wir‹ zu machen oder, wie im Fall einer Fremdzuschreibung, ein ›Ihr‹ oder ›Sie/Die‹, um das ›Wir‹ zu retten. Und das ist mithin die größte Illusion, der wir mit diesen Prozessen anheimfallen: Dass wir annehmen, mit der Zugehörigkeit Teil eines ›Wir‹ zu werden im Sinne einer *Gemein*schaft – einer Gruppe von Menschen, die etwas ›gemein‹ haben – und damit einen gemeinsamen vorgestellten Raum besetzen.

Garcias Ausführungen unter dem Titel »Wir« führen uns sehr nah an die Grenze unseres Erfahrungs- und Wahrnehmungshorizonts und helfen, diese Illusion zu verstehen. Noch einmal zu seiner Definition von »Wir« als ein »Einteilungssystem«, das aus dem »Verfahren des Ausschneidens und Zuschneidens« resultiert: »Unter Ausschneiden verstehen wir, dass man eine Grenze zieht, die ein ›Wir‹ von einem undifferenzierten Außen isoliert, das man als ›ihr‹, ›sie‹, ›etwas anderes‹ oder sogar ›überhaupt nichts‹ bezeichnen kann.« (2018: 77) Die Relativität eines solchen ›Wir‹ wird in Garcias Ausführungen (ebd.: 77ff.) plastisch, so unter anderem, dass jeder Ausschnitt weitere Ausschnitte bedingt (wenn man ›die Weißen‹ ausschneidet, schneidet man gleichzeitig andere auf Hautfarbe bezogenen Ausschnitte aus), dass ein ›Wir‹ unterschiedlichen Präzisionsgraden unterliegen kann, dass die Bezeichnung eines ›Wir‹ sich mit der jeweiligen Intention ändern kann, mal die Familie, das Geschlecht, die Nation bezeichnen kann, ein ›Wir‹ kann abstrakter oder auch konkreter sein im Sinne sich zum Teil überlappender konzentrischer Kreise. Gruppen können hierbei als eine soziale Formation betrachtet werden, in der die Vorstellung eines ›Wir‹ in eine Form gegossen wird – eine Form, die praktisch ist, gut kontrollierbar, funktionabel und geeignet, Identitätsbedürfnisse bzw. die Illusion von Zugehörigkeit perfekt zu bedienen.

Die Vorstellung von »Aus-« bzw. »Zuschnitten« ist jedoch zu eindimensional, wenn wir Zugehörigkeit, Gruppen, das »Wir« mit seiner hier analysierten Fähigkeit von identitätsstiftender Resonanz und Weltverortung fassen und begreifen möchten. Ich schlage vor, dass wir uns diese unterschiedlichen ›Wir‹ dreidimensional, nämlich als Räume vorstellen, als solche, die sich mitunter überlappen oder die ineinander verschachtelt sind[22], weil wir sie dann in all ihren Dimensionen besser verstehen können. Nur so wird die Vorstellung eines spiegelnden und widerhallenden Resonanzraums wirkungsvoll, die oben als Identitätsdefinition vorgeschlagen wurde: Wir spiegeln die geordneten und ordnenden Räume nach außen, sie zeigen, was wir sein wollen oder sollen, je nachdem, ob es ein selbst geschaffener Raum ist oder einer, dem ich mich zugeordnet habe bzw. in den ich hineingeboren oder dem ich anderweitig zugeordnet wurde. Dieser Raum reflektiert gleichzeitig auch in mich selbst hinein, denn Identität ist im Idealfall nicht nur die Außendarstellung, sondern etwas nach innen Gerichtetes – weiter oben habe ich sie als »ständiges Selbstgespräch« definiert. So gedacht, wären es im Falle der Selbstzuordnung das Ziel und der Antrieb, in unserer Imagination einen möglichst geordneten Raum, einen reinen Ort zu schaffen, der sich in uns spiegelt und der eine Abgrenzung schafft von der chaotischen Außenwelt.

Diese Vorstellung schließt an die Eigenschaften des ›heiligen Raums‹ an, der sich auch in der Vorstellung des Körpers oder in weltlich geschaffenen Räumen zeigen kann. Eliade spricht diesbezüglich von einer weit zurückreichenden »Homologisierung Haus-Körper-Kosmos« (1957: 101ff.). Ausgehend von seiner Beschäftigung mit religiösem Denken in Indien belegt er diesen symbolischen Zusammenhang, indem er menschliche Behausungen, Tempel, religiöse Bräuche und Riten nennt, die diesen Zusammenhang explizit herstellen, so beispielsweise die Bezeichnung der Kuppel als Auge, die Vorstellung des Körpers als Haus, die in Europa und Asien verbreitete Vorstellung der aufsteigenden Seele von Toten durch den Kamin, die Vorstellung, man bewohne den Körper. Kann man sich die Gruppe also als Raum vorstellen, der Menschen eine kosmische Verortung bietet?

Exkurs: Instagram und Avicii – von Identitätspornografie und Sakralität

Ich habe es bereits erwähnt: Es geht mir nicht darum, dem modernen Menschen ein archaisches religiöses Grundbedürfnis zu attestieren, das sich in einem naturnahen, einfachen Leben und möglichst homogenen, ›reinen‹ Lebensweisen verwirklichen sollte. Dies ganz bestimmt nicht – aus bereits beschriebenen Gründen. Doch auch in einer modernen, weltlich orientierten Gesellschaft, in der Religiosität an Bedeutung verloren hat und zunehmend kritisch betrachtet wird, bleibt die Frage nach der Selbstverortung des Menschen erhalten. Insbesondere in einer zunehmend entgrenzten, globalisierten Welt, in der (wie ausführlich dargestellt) gewohnte ›Verortungshilfen‹ wegfallen, gewinnt diese Frage sogar an Bedeutung. Bei einer so großen und allumfassenden Frage wie die der – nennen wir es – kosmischen Orientierung, ist es kaum möglich, Themen der Religiosität und Spiritualität gänzlich auszuklammern. Dies wäre auch nicht zielführend, da gerade Identifikationsprozesse moderner Menschen darauf abzielen, das Selbst in einem besonderen Raum zu verorten, eine Erhebung des Selbst aus dem profanen Alltag und eine positive Abgrenzung von dem Leben anderer zu schaffen.

An all diejenigen, die das unter Umständen noch nicht plausibel finden, würde ich eine Frage richten: Haben Sie sich unlängst mit Sozialen Medien beschäftigt? Falls nicht, sollten Sie das tun. Surfen Sie durch die Profile von Bekannten, Freunden und Prominenten. Vor allem lohnt sich der Besuch der Bilder-basierten Plattform Instagram. Sie können sich Hunderte von privaten Instagram-Profilen anschauen, die sehr unterschiedlich sind und trotzdem erkennen, dass sich einige Motive stets wiederholen: Abgesehen von den vielen Tassen mit frisch gebrühtem Kaffee und durch Kakaopulver gekrönter, aufgeschäumter Milch, schön angerichteten Mahlzeiten und Wohnzimmerstillleben mit dem bereits erwähnten puristischen skandinavischen Flair finden sich dort vor allem immer wieder Sonnenuntergänge, Selfies vor gewaltigen Naturkulissen, seien es Berge, Meere, Wälder oder weite Wiesen. Sie werden auf Instagram ihre Nachbar*innen und Kolleg*innen, die ihnen in ihrem alltäglichen Leben begegnen, kaum wiedererkennen. Sie werden sie vielmehr in bislang ungeahnter Schönheit, Anmut und Grazie sehen – in tiefer Naturverbundenheit oder aber auch in kühler Urbanität. Instagram liefert ein scharfes Abbild der modernen Sehnsucht nach Erhabenheit, nach einer Selbstpräsentation, die das ›Irgendwie anders‹, ›Irgendwo anders‹ und ›Irgendwer anderes‹ zelebriert und das Selbst in einer ›Nicht-von-hier-Manier‹ konstruiert. Ungeachtet der Tatsache, dass Menschen Soziale Medien als identitätsstiftende und insbesondere die eigene Identität repräsentierende Kanäle nutzen, findet hier eine sehr spezifische Art von Selbsterschaffung statt. Diese Kreation hat zum Ziel, einen Identitätsraum zu entwickeln, der sich vom Alltag abhebt, der anders ist und – vor allem – der eine besondere und – ja, auch das – eine höhere Ordnung und Reinheit rund um das eigene Ego ausdrückt. So wird nicht nur die eigene Persönlichkeit sorgfältig bedacht, Fotokachel um Fotokachel für die Außenwelt gepostet, sondern dadurch zugleich ein Umfeld für das Selbst geschaffen, dass das Selbst aus der chaotischen Heterogenität und Banalität der Welt und des Alltags heraushebt. Insbesondere Instagram erfüllt diesen Anspruch mit seiner sehr direkten Darstellung von Zugehörigkeitsbezügen, um die eigene Persönlichkeit zu zeigen – und zwar so richtig deutlich, damit jede und jeder auch endlich versteht, wie sich diese wirklich gestaltet, nämlich auf jeden Fall anders: Ich gehöre zu den Naturliebhaber*innen, den Menschen, die vegan essen, auf Traditionen achten, zu den Hundefreund*innen, Kosmopolit*innen etc. Dass hier die Zugehörigkeit zu einer vorgestellten Gruppe gemeint ist, manifestiert sich durch die Anwendung von Hashtags. Ist das Bild alleine nicht aussagekräftig genug, zum Beispiel der Teller mit dem veganen Burger, wird dieser ergänzt durch »#vegetarian«, um die Zugehörigkeit zuverlässig mitzuliefern. Ein Paar kann sich einfach als Paar fotografieren, um seine Liebe zu zeigen. Mit dem Hashtag »#lgbtqia+« wird klar gemacht, dass man sich nicht oder nicht ausschließlich zur heterosexuellen Gruppe zugehörig fühlt. Das Bild mit dem neuen Rucksack könnte einfach ein Bild mit einem Rucksack sein, um einen neuen Besitzstand zu zeigen, aber der Hashtag »#sustainablefashion« macht klar, dass es hier um mehr als um einen neuen Rucksack geht, nämlich um eine Person, die bewusst konsumiert. Und mit der Präsentation eines eigenen Werks und den Hashtags »#art« oder »#artstagram«, dass man sich gerne als Künstler*in sehen möchte. Diese Art der Identitätsbeschreibung findet seit Instagram so offensichtlich und banal, ja beinahe anbiedernd statt, dass man sie fast als Identitätspornografie bezeichnen könnte. Auch hier lohnt sich wieder ein Blick in Eva Illouz' Werk »Warum Liebe endet« (2018/2019): Die egobezogenen Darstellungen in den Sozialen Medien bringt die Soziologin mit dem skopischen Kapitalismus in Beziehung, wenn sie schreibt, dass diese Art des »Blicks« zu einem »essentiellen Instrument für diese sexuelle und ästhetische Mehrwertschöpfung« wird (2019: 167) und so auch die Sozialen Medien zu einer »Vergrößerung und Intensivierung« des »skopischen Regimes« beitragen, denn »[d]iese Plattformen formalisieren die Vermarktung von Körpern und sexuellen Begegnungen.« Dass die Sozialen Medien einen großen Einfluss auf das Dating-Verhalten von Menschen haben, dass Kennlernprozesse durch Vermarktungsprozesse abgelöst wurden, ist schwerlich zu übersehen. Trotzdem zeigt sich in diesen Formen konstruierter Selbstdarstellung eine weitere Dimension, die von einem Bedürfnis aufseiten der Kreierenden zeugt. Es artikuliert sich im Durchbrechen der Profanität und im Versuch, ein sakrales Moment zu schaffen, sich selbst eine Aura zu verleihen, die mythische Züge hat, die Magie ausstrahlt. Ein enger Naturbezug scheint hier unabdingbar und es ist sicher nicht zufällig der Himmel in all seinen Verfärbungen und Konstellationen, der auf fast jedem Instagram-Profil einen festen Platz findet – das Selfie vor den Sturmwolken, unter der glitzernden Sonne und dem strahlend blauen Himmel des Mittelmeers, der durch die Abendsonne gerötete Himmel, betrachtet vom Gipfel in den Alpen, oder die ungewöhnliche Weite des Himmels am Nordseestrand.

Dieses Verlangen nach dem Durchbrechen von Profanität scheint aktueller zu sein denn je, die Sehnsucht nach Reinheit im Wohnbereich, in der Ernährung, im Lebensstil – hier scheint sich etwas zu manifestieren, was durchaus als ein Bedürfnis betrachtet werden kann, das man als ein besonderes, ein sakrales, Weltverortungsbedürfnis bezeichnen könnte und das insbesondere auch jüngere Menschen zum Ausdruck bringen. Zur Projektionsfläche dieses Bedürfnisses, das weite Teile einer Generation eint, die »ihre Fotos mit Filtern schönt, bevor sie sie für gut genug achtet, um sie zu teilen« (Hutt 2019: 58), wurde der Musiker Avicii, der sich im Jahr 2018 im Alter von 29 Jahren das Leben nahm. Avicii, mit bürgerlichem Namen, Tim Bergling, schuf computerbasierte Melodien und Rhythmen, die um die Welt gingen und zum »Mainstream« wurden, sodass »auch Menschen sie kennen, die nicht wissen, wer Avicii ist« (ebd.: 63). Sicher – Stars gab es schon immer, Fans auch und oftmals war das Bindeglied zwischen beiden die Musik. Dass das Fanverhalten von jungen Menschen gegenüber Stars und Idolen der Popwelt als religiös bezeichnet wurde, ist auch kein Novum. Die Begriffe des Anbetens, des Anhimmelns, des Starkults etc. drücken dies ja direkt aus. Avicii jedoch ist sehr anders als die Stars vergangener Jugendgenerationen wie zum Beispiel Kurt Cobain, The Cure oder Rage Against the Machine, die sich allesamt – vermutlich immer noch und unwissentlich in den Nachwehen der von Woodstock geprägten Ära der 1970er Jahre befindend – eher durch Rebellion gegen Ordnung und Konvention definierten. Avicii dagegen war »clean«, zumindest in seiner »virtuellen Ästhetik«, so Felix Hutt in seinem *Spiegel*-Artikel über das Phänomen (2019: 55): »Kurt Cobain durfte schwach und abgefuckt sein. Avicii darf das nicht. Er steht für einen neuen Rausch ohne Kater.« Die Sozialen Medien spielten hierbei eine zentrale Rolle und wurden durch das Team des Künstlers strategisch eingesetzt. Der Künstler hatte bald 19 Millionen Follower auf Facebook und 8 Millionen auf Instagram (ebd.): »Man zeigt sich am Strand, auf Reisen, beim Fun. Alles cool, nie dirty.« Natürlich stellt sich der Autor im Zuge seiner Aufarbeitung auch die Frage, ob Aviciis Selbstmord etwas »über unsere Zeit« aussage, »in der es wichtiger scheint, das Profil bei Facebook zu pflegen als die Persönlichkeit?« Ob der Mensch Tim Bergling hinter Avicii dieser medialen Konstruktion oder einfach seinem frühen Ruhm zum Opfer fiel, wird nicht abschließend zu klären sein, zumindest nicht für Außenstehende. Die Frage nach der gesellschaftlichen

Ausdruckskraft dieses onlinebasierten und repräsentierten Starkults ist jedoch eine, die weitreichender entfaltet werden könnte.

Obwohl sich der Artikel von Felix Hutt in der *Spiegel*-Ausgabe mit dem Titelthema »Wer glaubt denn so was? Warum selbst Christen keinen Gott mehr brauchen« zu finden ist, fehlt hier leider eine Querverbindung zum zentralen Themen-Artikel (*Der Spiegel* 17/2019). Hutt verwendet zur Beschreibung des Avicii-Phänomens fleißig Begriffe mit etablierten sakralen Bezügen. So erwähnt er zum Beispiel, dass Fans live dabei sein, posten und sich an »Likes ergötzen« können, er spricht von Fans, die sich im »Reich der Beseelten« befinden, für die »Avicii ihr König« sei und die dem von ihnen verehrten Künstler den »auf allen Kanälen gut gelaunten Partymessias« abverlangen (ebd.: 53). Auch seine Beobachtung der durch Avicii repräsentierten Reinheit ist scharf, aber dass sich hier ein wie auch immer geartetes Bedürfnis offenbart, das auf die »Leere eines Himmels« trifft, wie der zentrale Artikel der Spiegel-Ausgabe titelt, bleibt unausgesprochen. Letzterer beschreibt den Verfall der christlichen Kirchen, den Mitgliederschwund, aber auch die Veränderung von Glaubensinhalten und -praktiken.

So glaube heute nur noch etwas mehr als die Hälfte »an einen Gott«, diagnostiziert der Autor Dietmar Pieper und »[z]ur Erfüllung spiritueller Sehnsüchte gibt es außerhalb der Kirchen schon lange einen großen Markt. Von klassisch fernöstlichen Weisheitslehren bis zu schamanischen Zeremonien dürfte kaum eine Nische unbesetzt sein.« (2019: 42) Was genau eine »spirituelle Sehnsucht« charakterisiert, analysiert Pieper nicht. Wenn die kirchlichen Funktionen wie das Vermitteln von Sicherheit, Seelsorge oder Trost durch das Vertrauen der Menschen »auf den Sozialstaat, auf Versicherungen, die Medizin, die Psychotherapie« ersetzt werden (ebd.: 43), stellt sich die Frage, welche Bedürfnisse mit anderen spirituellen Praktiken befriedigt werden sollen. Geht es darum, einer Religion zu folgen, um eine Welterklärung parat zu haben – weshalb, so Pieper, sich »hochgebildete Köpfe« an »philosophische Religionen« orientierten (ebd.: 48)? Dass Religionen mit einer Vorstellung von Gott, Jenseits, Himmel und Hölle – und damit stark vereinfachenden Darstellungen – für moderne Menschen keine Anziehungskraft mehr besitzen, liegt auf der Hand. Dass Menschen trotzdem gerne eine Erklärung für das Vorhandensein der Welt und ihre eigene

Existenz auf dem Planeten Erde hätten, allerdings ebenso. Eine solche Erklärung zu haben wäre natürlich sehr ›nice‹. Bekommt der Mensch aber nicht – zumindest nicht vollumfänglich und nicht mit einer passenden und individuellen Gebrauchsanleitung für das Leben und für eine gute Selbstverortung. Spannend und offen bleibt die Frage, was mit solchen Bedürfnissen in einer Lebenswelt geschieht, die durch zunehmende Säkularisierung geprägt ist, zumindest in unseren Regionen.

Stellt das ganz offensichtlich immer größer werdende Verlangen nach Reinheit einen Indikator dafür dar, dass hier etwas unbeantwortet bleibt? Falls ja, würde sich vor dem Hintergrund der Ausführungen hier die Frage stellen, ob dieses Verlangen eines ist, das unterstützenswert ist oder wenigstens gefahrlos und ohne Risiko für die Gesellschaft. Vor dem Hintergrund des hier Dargestellten ganz sicher nicht. Die zum Teil sakralisierenden Selbstrepräsentationen im Netz scheinen zu bestätigen, was der ehemalige Hauptpastor und im *Spiegel* zitierte Claussen sagt, nämlich »dass der Mensch Gott denkt, wenn er versucht, sich selbst zu denken« (ebd.: 48). Das Risiko dieser Praktiken scheint eines zu sein, was sich unter Umständen sehr leidvoll auf das individuelle Leben und die Beziehungsbiografie auswirken kann. Das Risiko eines erstarkenden Reinheitsbedürfnisses hingegen, das sich über viele Lebensbereiche und -welten erstreckt, kann leidvolle gesamtgesellschaftliche Auswirkungen haben, demokratische Werte und das Zusammenleben in einer globalisierten Welt gefährden.

Flatten the Groups – die (ungenutzte) Chance des Lockdowns

»Probleme kann man niemals mit derselben Denkweise lösen, durch die sie entstanden sind.«

Albert Einstein

Was würde all das in diesem Essay Beschriebene, Angedachte und Geahnte für eine Gesellschaft bedeuten, die den Wunsch nach wirklichem Wandel verspürt? Einem Wandel, der zum Ziel hat, die Gesellschaft zu einem besseren Miteinander zu führen? Mit weniger sozialen Trennlinien, reduziertem Aggressionspotenzial, weniger Diskriminierung? Sprich: Was muss passieren, damit Gesellschaft sich besser integriert – damit das Individuum, der Mensch, *das Menschliche* endlich mit der von ihm verursachten und längst konkret gelebten Globalisierung mitwachsen kann? Wie können wir uns im Einzelnen und als Gesellschaft auf eine zunehmend eng verknüpfte Welt und eine immer heterogenere Umwelt vorbereiten? Wenn ich das hier Dargelegte weiterdenke, komme ich zu folgendem Schluss: Im Idealfall identifizieren sich Menschen nicht über abgegrenzte Zugehörigkeiten, weil dieser Mechanismus immer ein Innen und ein Außen verursacht und damit unausweichlich zu Differenz, Distanz und Trennung beiträgt. Viele Forscher*innen der Philosophie, Soziologie und Psychologie haben dies beschrieben und analysiert, dass wir diesem Mechanismus scheinbar nicht entkommen: Das Individuum braucht Differenz für die Ausbildung des Selbst. Also belassen wir es dabei? Geben wir auf? Geben wir uns unseren angenommenen psychischen Unzulänglichkeiten hin? Sind wir gar Opfer derselben – nach dem Motto »Oh sorry, geht nicht anders«? Müssen wir die Schlacht der Moderne, den »Krieg gegen das Chaos« weiterführen, um bei dem Bild von Bauman zu bleiben (vgl. z. B. 2016: 19) – wenn nicht über Territorien, Schlachtfelder, Fronten, Guerillakriege, dann eben über die ökonomischen Trennlinien des kapitalistischen Systems, über Ausbeutung, Diskriminierung und den Selbstoptimierungswettkampf der Hashtag-Welt? Weiterschlachten, Opfer hinnehmen, Lebenswege und -chancen sowie menschliche Psychen zerstören – »Ist halt so, wir brauchen unsere Ordnung«?

»Unkraut ist der Abfall des Gärtnerns«, um noch einmal Baumans Worte zu wählen (2016: 23). Aus seiner Perspektive liegt das Problem hierin: Menschen brauchen eine künstliche soziale Ordnung, eine durch Kultur geschaffene Ordnung ist für ihn »der Kern aller sozialen Existenz« (Kron und Reddig 2011: 453), die Fähigkeit zur Schaffung einer sozialen Ordnung eine elementare Fähigkeit, um als Mensch in einer Welt der Kontingenz leben zu können (vgl. ebd.). Die grundsätzliche Anforderung ist, dass das Entwerfen einer sozialen, also einer »künstlichen Ordnung« immer »inhärent asymmetrisch« ist, dass sie »die menschliche Welt in eine Gruppe [spaltet], für die die ideale Ordnung errichtet werden soll, und eine andere, die in dem Bild und der Strategie nur als ein zu überwindbarer Widerstand vorkommt« (Bauman 2016: 54). Dies deutet ein Dilemma, eine Sackgasse an, aber das sollte einem Weiterdenken vor dem Hintergrund der gegebenen und konkreten gesellschaftlichen Rahmenbedingungen nicht entgegenstehen. Schließlich ist soziale Ordnung an sich nichts Statisches, es ist etwas Variables – das sagt auch Bauman, aber das haben uns die Geschichte und insbesondere auch die Postmoderne, die Zeit der »dislozierenden Effekte« (Hall 2018: 127) oder auch der »flüchtigen Moderne« (Bauman 2003), längst deutlich gezeigt. Wenn die soziale Ordnung von Menschen konstruiert wurde und mit jedem Tag erneuert wird, kann sie auch von Menschen verändert werden. Die Anforderung wird sein, das bestehende »Paradox, auf dem die existenzielle Situation der Mitglieder der modernen Gesellschaft beruht«, aufzulösen, und das ist die Spannung zwischen dem Bedürfnis von Individuen nach Differenz und dem Bedürfnis nach sozialer Anerkennung (Bauman 2016: 293). Daraus ergibt sich jedoch keinesfalls zwingend die Notwendigkeit, soziale Anerkennung zwangsläufig aus abgegrenzten Kollektiven zu beziehen, die auf einer imaginären Vorstellung von Reinheit, also Homogenität, basieren! Hier gibt es durchaus Spielräume, die Justierungen zulassen würden, die wiederum weitere Veränderungen anstoßen könnten, um die bestehende soziale Ordnung zu einer weiterzuentwickeln, die so wenig »Überbleibsel des klassifikatorischen Bestrebens«[23] (ebd.: 55) wie möglich produziert. Ein erster Schritt hin zu einer insgesamt besser integrierten Gemeinschaft wäre deswegen die Desintegration derselben. Desintegration wird hier in dem Sinne verstanden, dass Gruppenidentifizierungen in den Hintergrund rücken bzw. gesellschaftlich neu betrachtet und gedacht werden.

Nun könnte die Annahme naheliegen, dass die aktuellen Bedingungen vor dem Hintergrund der Covid-19-Pandemie schon in diese Richtung deuten, schließlich können sich viele Institutionen – Unternehmen, Schulen, Vereine – nicht mehr in ihren starren Gruppen treffen, soziale Formationen lösen und lichten sich scheinbar, die Digitalisierung erhält einen Schub. All diese Faktoren könnten eine Rolle spielen, allerdings nur, wenn sie im Kontext des hier Ausgeführten auf einer individuellen und gesellschaftlichen Ebene reflektiert würden. Denn: Auch wenn die physische institutionelle Verkörperung von Gruppen zwar eine nicht zu unterschätzende Rolle in Sozialisationsprozessen spielt, wie aus der Beschäftigung mit dem Konzept der Gruppe klar geworden ist, muss der identitätsstiftenden Kraft von Kollektivvorstellungen hingegen noch mehr Beachtung geschenkt werden. Nehmen wir nun die vier thematischen Bereiche des Essays – Reinheits- und Unreinheitsvorstellungen als Grundlage von Ordnung, das Phänomen des Gruppenhaften, die Identifizierung über Zugehörigkeiten und das Urbedürfnis nach kosmischer Verortung durch abgetrennte, reine Räume – und *versuchen*, im besten Sinne der Textart, eine Anwendung. Weiterdenken möchte ich hier ausgehend von Schlussfolgerungen, die sich nach meinem theoretisch-praktischen Durchgang als solche verdichten lassen. An diesen Punkten können sich Überlegungen einer hier so genannten ›integrierenden Desintegration‹ orientieren:

1. Eine kritische Haltung gegenüber dem Prinzip der Ordnung und den damit verbundenen subtilen Reinheits- und Unreinheitsvorstellungen entwickeln und dafür …

2. auf die Bildung statischer und abgegrenzter Gruppen, wo immer sie für ein funktionierendes gesellschaftliches Leben nicht zwingend benötigt werden, verzichten und …

3. individuelle und gesellschaftliche Überidentifizierungen mit Zugehörigkeiten, wo immer möglich, zu vermeiden.

Darüber hinaus braucht es ein tieferes Verständnis dieses menschlichen Urbedürfnisses, sich im Sinne einer ›Weltgründung‹ einen Platz im Kosmos zu schaffen. Um zu vermeiden, dass sich menschliche Selbstverortungsstrategien weiterhin in vorgestellten mehrdimensionalen Räumen entfalten, die Illusionen von Reinheit und Ordnung vermitteln, müssen neue Kompetenzen ausgebildet werden. Dies könnte als Punkt 4 in der obigen Liste fungieren, aber da sich daran die Etablierung zweier neuer Konzepte knüpft – Konnektivitätsbewusstsein und Selbstverortungskompetenz –, werde ich mich diesem Aspekt in einem gesonderten Kapitel widmen (»Für ein besseres Fit«).

Zu 1. Eine kritische Haltung gegenüber dem Prinzip der Ordnung und damit verbundenen subtilen Reinheits- und Unreinheitsvorstellungen entwickeln

Ordnung ist wichtig. Sie ermöglicht Orientierung, reibungslose Abläufe und Effizienz. Wir brauchen Ordnung – sie ist integraler Bestandteil einer (post-)modernen Gesellschaft und die zentrale Basis einer demokratischen und rechtsstaatlichen Grundordnung. Das steht hier nicht infrage. Ordnung, wenn sie gut gemacht ist, kann Transparenz schaffen, für Gerechtigkeit und damit für Gemeinschaft sorgen. Trotzdem sollte man aus den oben genannten Erwägungen heraus nicht mehr Ordnung konstruieren, als für ein gutes Miteinander sinnvollerweise benötigt wird. Denn, wir erinnern: Umso weniger wir »gärtnern«, desto weniger »klassifikatorischen Abfall« erzeugen wir. Menschen nach Aussehen in Ordnungskategorien zu sortieren, macht zum Beispiel keinen Sinn. Sie hat weder eine empirische Grundlage noch gesellschaftliche Funktionalität – es sei denn, man würde ihre Funktionalität, anschließend an die Erkenntnisse der Minimalgruppenversuche von Tajfel (Tajfel und Turner 1979) in der Maximierung des Zugewinns für eine einzelne Gruppe sehen. Aber das soll ja gerade nicht der Fokus sein, denn im Mittelpunkt steht hier eine bessere Anpassung des Menschen an die globalisierte Welt und die Entwicklung einer nicht-diskriminierenden, also nicht auf abgegrenzten Zugehörigkeiten fußenden menschlichen Identität. Am Ende muss das Ziel eine integrierte Gesellschaft sein. Eine solche benötigt eine Ordnung, die für alle gleichermaßen gilt und zugänglich ist. Eine maximal inklusive, integrative – eine umarmende – Ordnung.

Wenn wir bestehende Kategorisierungen mit Blick auf die nächsten Generationen überwinden wollen, müssen wir heute beginnen, unsere Haltung zu bestehenden Ordnungen und damit verbundenen Reinheits- und Unreinheitsvorstellungen zu hinterfragen.

Interessanterweise ist gerade die Gegenwart gekennzeichnet durch einen »strategischen« Gebrauch »unbegründeter Kategorien«, denn »[d]iejenigen, die nicht mehr an diese Kategorien glauben, benutzen sie trotzdem, weil es unmöglich ist, den sozialen und geschichtlichen Raum mit absolut richtigen Instrumenten zu beurteilen. Da die Gesellschaft wenigstens teilweise mit unbegründeten Kategorien gestaltet wurde, muss man sich tatsächlich dieser Kategorien bedienen, um die Gesellschaft zu verstehen.« (Garcia 2018: 199) Eine ähnliche Aussage, aber anders fokussiert, nämlich eher auf unbewusste intrapsychische Prozesse ausgerichtet, findet sich schon in Mitscherlichs Klassiker »Die Unfähigkeit zu trauern«. Dort ist von »stabil gewordenen Wahrnehmungstäuschungen« die Rede, also von Vorurteilen, und dem verinnerlichten »›Terror‹ des Kollektivs« (1977/1998: 141). Die Qualität von Vorurteilen, so die Autor*innen, läge hierbei in einer »Reflexionslähmung« (ebd.: 140): »Wir […] können vorurteilsbesetzten Komplexen der Realität gegenüber plötzlich nicht mehr nachdenken, reflektieren, uns abwägend verhalten, sondern es erscheint uns ein Stück Welt mit Evidenzcharakter, als so und nicht anders, als so selbstverständlich, dass es sich gar nicht lohnt, eine Frage darauf zu verschwenden. Zweifel kommen uns nicht in den Sinn.« (ebd.) Heißt das, wir befinden uns in einem Teufelskreis und wir können somit als Menschheit auch das Hall'sche »verhängnisvolle Dreieck« aus Rasse, Ethnie und Nation niemals sprengen? Bleiben wir für immer der Diskriminierung mit all den Kategorien, die in ihrem Dienst stehen, ausgesetzt und können gar nicht ohne? Fehlt uns also eine »vollkommene Grundlage« (Garcia 2018: 200) bzw. zumindest eine »einsichtige Erzählung«, mit der wir verstehen und einsehen, dass unsere »Identitäten ohne zwingende Notwendigkeiten« sind (ebd.)? Werden wir diese alten Kategorien niemals abschütteln können, weil sie nun einmal in unserer Welt und unserer Wahrnehmung eingebrannt sind? Ich meine: Es muss einen Blick nach vorne geben. In diesem Stadium der Geschichte, in dem wir, so Garcia, kaum Fortschritte gemacht haben (2018: 199), müssen wir beginnen, unsere grundlegenden Bedürfnisse nach Ordnung und einer auf Gruppen fokussierten Zugehörigkeit neu zu betrachten und zu hinterfragen. Denn nach der Lektüre von Douglas' Grundlagenwerk ist eines klar: »Unreinheit ist nie etwas Isoliertes. Sie kann nur dort auftreten, wo Vorstellungen systematisch geordnet sind. [...] Die Vorstellung einer Verunreinigung ergibt nur einen Sinn im Zusammenhang mit einer umfassenden Denkstruktur, deren Hauptstützen, Grenzen, Randbereiche und innere Unterteilungen [...] aufeinander bezogen sind.« (Douglas 1966/1988: 60) Bauman sagt es ähnlich, wenn er Ordnung und Chaos als »Zwillinge« bezeichnet (2016: 11). Müssen wir die Ordnungen unserer Vorstellungen, ja gar unser gesamtes Vorstellungssystem überwinden? Ja, vielleicht! Und vielleicht sogar auch unseren Antrieb zur Ordnung an sich. Aber das können wir nicht, nicht ad hoc, nicht heute, nicht hier und jetzt. Der erste Schritt, den wir jedoch tun können, ist die Änderung unseres Blicks und unserer Haltung, das heißt unserer subtil vorgenommenen Bewertungen und Affirmationen von konkreten Ordnungen und – ja – auch des Prinzips der Ordnung an sich. Wie schon erwähnt, trat gemäß Bauman die Ordnung als bewusster Aspekt mit der Moderne auf: »Der *Begriff* der Ordnung trat gleichzeitig mit dem *Problem* der Ordnung ins Bewusstsein, der Ordnung als einer Sache von *Entwurf und Handlung*, Ordnung als einer Obsession.« (Bauman 2016: 13; Hervorh. im Original)

Deutschland als Hort der Ordnung ist ein hervorragender Ort und Ausgangspunkt, um Sinn und Unsinn von Ordnungssystemen zu hinterfragen und vor allem: zu beginnen, uns ihrer zu entwöhnen. Dass es ein Zuviel an Ordnung geben kann, lässt sich aktuell ausgerechnet bei den Gesellschaftssegmenten beobachten, die mit der Einhaltung der öffentlichen Ordnung beschäftigt sind – den Polizei- und Sicherheitskräften, welche immer wieder mit rechten und menschenverachtenden Aussagen und Verhalten in Verbindung gebracht werden. Nicht zuletzt ist hier der behördliche Umgang mit den Verbrechen des NSU-Komplexes zu nennen.

Die Kategorisierung und Ordnung nach Reinheits- und Unreinheitsgesichtspunkten sind extrem subtil, weswegen es sehr schwierig für uns ist, diese zu beleuchten bzw. sie gesellschaftlich bewusst zu machen. Die Ordnungssysteme, die Reinheits- und Unreinheitsvorstellungen sind in unserer Wahrnehmung eingraviert. Sie sind ein inhärenter Teil von uns. Dabei geht es hier nicht in erster Linie um konkrete Kleiderschränke, Wohnungen, Vorgärten, Städte, Läden – darum geht es später vielleicht irgendwann auch, aber eher mittelbar – nämlich dann, wenn diese nur dann für eine gute Emotionslage sorgen oder mit einem erfolgreichen und guten Leben in Verbindung gebracht werden können, wenn sie nach bestimmten Prinzipien aufgeräumt sind. Im Gegensatz dazu sollten wir uns individuell und gesellschaftlich mit unserem Bedürfnis nach Ordnung kritisch konfrontieren. Und wir sollten unsere »Obsession« mit Ordnung nicht als etwas Gegebenes betrachten, denn »[d]ie Glorifizierung der Rationalität von Wahl und Verhalten ist selbst eine Wahl. Eine Entscheidung, der Ordnung den Vorzug vor dem Kuddelmuddel zu geben, der Sicherheit vor der Überraschung, der Konstanz der Resultate vor der zufälligen Abfolge von Gewinnen und Verlusten.« (Bauman 2016: 320) Egal, wo und wie jede*r dieses Prinzip auslebt, es kann einen kritischen Blick ertragen: Wir werden dann feststellen, dass es bei dem einen oder der anderen auch um das Prinzip des Aufräumens von Dingen gehen wird, aber vielleicht viel stärker noch um das Prinzip geordneter Verhältnisse. Warum stören die Obdachlosen vor dem Supermarkt? Warum brauche ich einen Zaun um mein Grundstück, auch wenn er so niedrig ist, dass man ihn einfach überschreiten kann? Warum ist es wichtig, erst zu heiraten, dann ein Haus zu bauen, dann Kinder zu bekommen? Warum stören Kinder, die auf dem Marktplatz kicken und warum stört Kinderlärm in einem Wohnbezirk?

Wie oben dargestellt müssen wir auch unsere geschmacklichen Vorlieben als eine ordnende Funktion betrachten. Wir folgen einer Vorstellungsstruktur von Rein und Unrein, wenn wir uns mit einem »reinen Geschmack« im Sinne einer »erhabenen Ästhetik« abheben wollen im Gegensatz zu einem »unreinen Geschmack«, der »leicht« ist im Sinne von »einfach, ohne Tiefe, oberflächlich und billig«. Damit wären wir wieder bei Bourdieus »feinen Unterschieden«, der diese Unterscheidung breit aufgefächert hat und bis zum »Ekel vor dem ›Leichten‹« ausführt (1987/2016: 757f.).

Am besten lernen wir unser Bedürfnis nach Ordnung kennen, wenn wir im Ausland sind und nach Hause kommen – nach Fahrten in überfüllten Bussen, in denen nicht nur Menschen, sondern auch Hühner und Ziegen mitgefahren sind, wenn wir durch Straßen spaziert sind, in welchen sich das gesamte Leben abspielt, wir denken auch an Motorroller, die sich zwischen Autos durchschlängeln, an die engen vollen Straßen, in denen wir Tapas gegessen haben und das uns umgebende Chaos belächelt haben, die laut und leidenschaftlich miteinander redenden Menschen. Das ist im Urlaub spannend und fällt unter ›südliches Flair‹, wir sind erholt und saugen all das in uns auf, aber bitteschön: Das wollen wir nicht zu Hause. Hier mögen wir es aufgeräumt, in unserem angespannten Alltag können wir das nicht gebrauchen, hier muss es geordnet zugehen. Insbesondere in unserer unmittelbaren Wohnumgebung: Stadtteile mit Wuselfaktor? Lieber nicht – die gilt es zu meiden. Wir kehren zurück in aufgeräumte Neubaugebiete und Vororte mit Häusern aus Fertigbauteilen und den immer gleichen Trampolinen in den gleichförmigen Gärten. Laute Gespräche auf der Straße würden uns irritieren, lautes Clubgeschehen und ratternde Mofas in gentrifizierten Vierteln werden gerichtlich geahndet. Wir haben so auch den reduzierten und aufgeräumten skandinavischen Stil in unsere Häuser geholt, er wirkt beruhigend auf uns. Spannend übrigens, dass sich keiner über die schleichende Skandinavisierung der Wohnumgebungen sorgt, die nicht nur durch Ikea, sondern in jeder Wohnzeitschrift gehypt wird. Burgerketten scheinen hingegen, gerade von selbst ernannten aufgeklärten, intellektuellen Schichten des gehobenen Bürgertums, eine kulturelle Bedrohung durch Amerikanisierung darzustellen – auch das sind Ordnungsvorstellungen, die wir mit jedem Kauf, jeder Konsumentscheidung, jeder sarkastischen Bemerkung festigen und weitergeben.

Unsere Ordnung haben wir gelernt zu schätzen – von klein auf. Sie macht uns klar, zielstrebig und effizient. So unsere (Selbst-)Wahrnehmung, die sich mit dem Wunsch nach Ordnung eng verflochten hat. Deswegen strengen uns zu viel Gewusel, zu viel Heterogenität an. Damit kommen wir nicht so gut klar und das werden wir – wie wir Erwachsene hier heute leben – nicht mehr ändern können. Es sei denn, man trainierte dies regelrecht. Heterogenität aushalten, das können wir in entspannten Zeiten, beispielsweise eben im Urlaub. In angespannten Zeiten müssen wir uns in unserer Ordnung verorten. Hier gilt es anzusetzen! Es ist an der Zeit, dass wir einen Impuls geben, eine Entwicklung anstoßen, die diese Zusammenhänge in unserer Wahrnehmung entflechtet. Zeit, dass wir Muster durchbrechen und die Fähigkeit zur Heterogenität vermitteln bzw. erste Saaten zu dieser Fähigkeit heute ausbringen. Denn Ordnung schaffen hat immer etwas mit dem Ziehen von Grenzen zu tun und mit dem Wunsch nach dem Ausschalten von Ambivalenz, und solange dies »das kollektive und individuelle Handeln leitet, wird Intoleranz folgen – selbst wenn sie sich verschämt hinter der Maske der Toleranz verbirgt« (Bauman 2016: 16). Sich das ins Bewusstsein zu rufen, was wir sonst unseren Gewohnheiten anvertrauen, wird anstrengend sein, unbequem und uns in unserem Tiefsten fordern. Es wird jetzt in einem ersten Schritt vor allem uns Hiesigen abverlangen, zu reflektieren, nachzudenken, miteinander hierüber zu kommunizieren und Kreativität freizusetzen. Um kommenden Generationen eine bessere, integrativere Gesellschaft einzurichten, müssen wir diese Diskurse im Jetzt anstoßen. Das wird ein schmerzhafter Prozess, denn wir müssen loslassen, Gewohntes und vor allem Sicherheit bietendes. Einen solchen Prozess zu starten, ist aber notwendig für einen wirklichen Wandel: Denn ein Übermaß an unnötigen Ordnungsprinzipien birgt Gefahren. Die sehen sie nicht? Dann sollten wir uns eines fragen: Welche Opfer ist eine Gesellschaft bereit zu bringen, um ein subjektives und völlig irrationales Bedürfnis nach Ordnung zu stillen? Lassen wir die Frage hier ohne Antwort stehen – als Mahnmal, denn die Geschichte hat sie längst beantwortet.

Was kann das konkret bedeuten? Wir haben erfolgreich begonnen – wenn auch intensiver und öffentlicher erst in den letzten 20 Jahren –, die Reste der faschistischen Erziehung des Nationalsozialismus aus unserem pädagogischen Repertoire und aus unseren Vorstellungen auszusortieren. Sigrid Chamberlain, die sich in ihrem Buch »Adolf Hitler, die deutsche Mutter und ihr erstes Kind« mit der nationalsozialistischen Pädagogik beschäftigt, stellt fest, dass die Erziehungsratgeber von Johanna Haarer[24] bis in die 1980er Jahre nachgewirkt haben[25] (2010: 209f.). Chamberlains Aufarbeitung thematisiert unter anderem die Reinheitsvorstellungen bzw. den Reinheitswahn, der dazu geführt hat, dass in der Säuglings- und Kleinkindversorgung der elterliche Körperkontakt mit den Kindern minimiert wurde. Mit Bezug auf Theweleit (1987: 525) führt sie aus, wie die »Trockenlegungsmühle« und – wie sie selbst es nennt – der »Hygiene-Isolationswall« (Chamberlain 2010: 52f.) dazu führte, dass den Kindern kein Gefühl für ihre eigenen Körpergrenzen vermittelt wurde. In Anschluss an ein Zitat von Theweleit – »Wo andere Menschen ihre Haut haben, wird ihm – unter bestimmten gesellschaftlichen Bedingungen – ein Panzer wachsen.« (Theweleit 1987: 525) – ergänzt sie: »[D]ieser kontaktgestörte Mensch ›ohne eigene Haut‹ ist dann politisch für alle Zwecke sehr leicht mißbrauchbar.« (Chamberlain 2010: 53f.) »Indem dem Baby Kontakt und Halt verweigert werden, wird es auch als Person, als eigenständiges, berechtigtes Selbst übersehen bzw. gar nicht erst konstituiert. Im Gegenteil […] wird alles getan, um das Baby als potentiell selbständige Person zu zerstören. […] Und das bereitet einen Typus vor, der aufgrund der eigenen unsicheren Grenzen und des immer fragmentarisch gebliebenen Selbst nie den Anderen, gar den Fremden, neben sich wird bestehen lassen können. Er wird auch, da er nie durch bergendes Halten die Grenzen des eigenen Körpers erfahren hat, zu gegebener Zeit dazu neigen, in der Masse, im Volkskörper aufzugehen und sich als Teil dieses Volkskörpers wiederum grenzenlos und explosionsartig über alle Welt auszudehnen« (ebd.: 32f.).

Nun wird hier ein Typ Mensch beschrieben, der die Grenzen einer Gruppe braucht – hier verkörpert durch ein nationalstaatliches Gebilde. Durch Ausdehnung dieses Gebildes oder entsprechender anderer Konstrukte plant dieser, die Welt einzunehmen – aus Überzeugung von der Überlegenheit der eigenen Ideen. Unglücklicherweise verwenden Theweleit und Chamberlain den Begriff der Grenze bzw. das Erfordernis der eigenen Begrenztheit, um das auszudrücken, was Menschen brauchen, um ohne die imaginierte, konstruierte Hülle einer Gruppe auszukommen. Der Gedanke, der dahintersteckt, ist einleuchtend und nachvollziehbar. Ob das Bild einer ›Grenze‹ hier passend ist, kann hinterfragt werden: Ist es das Ziel, dass sich das Individuum von der Welt abgrenzen kann? Was hier von Theweleit und Chamberlain in meinen Augen eigentlich beschrieben wird, ist der mangelnde Kontakt über die Haut, der einen Menschen emotional instabil macht und sein Selbstbewusstsein schwächt. In dem Sinne, dass mangelnder Kontakt Menschen ihre Haut – sozusagen ihre eigene Körperlichkeit oder Verkörperung – nicht spüren lässt. Die Haut ist an dieser Stelle jedoch nicht so sehr Grenze, sondern eher eine Verbindung zwischen Innen und Außen, über die ein Mensch die Welt erfährt. Diese Welt sollte in den ersten Monaten und Jahren des Lebens (und idealerweise das ganze Leben lang) möglichst liebevoll über diese Verbindung vermittelt werden. Körperkontakt führt zu einem guten Selbstgefühl und -sicherheit, denn jeder Kontakt verdichtet die Verbindungserfahrung zwischen mir und der Welt. Sie hilft im wahrsten Sinne des Wortes meiner Verortung in der Welt. Und hierum muss es gehen: den Menschen zu öffnen, mit einer sicheren Verkörperung seines Selbst, aber möglichst ohne Panzer zwischen sich und der Welt. Sich die Haut als eine Grenze vorzustellen, ist hierbei irreführend. Eine Umgebung, in der dominante Ordnungs- und Hygienevorstellungen vorherrschen, vermittelt werden und die Grundlage von zwischenmenschlicher Interaktion darstellen, leistet keinen Beitrag zu einer solchen Offenheit hin zur Welt – einer ›Weltoffenheit‹ eben. Ist dieser Zusammenhang auf Gesellschaften übertragbar? Führen zu starke Ordnungs- und Hygienevorstellungen zu weniger Liberalität und Offenheit? Weil sie Abgrenzungen und Distanz legitimieren? Hiervon sollte sich jede*r selbst ein Bild machen. Und sich dabei nicht von dem offensichtlichen ›Wusel-Faktor‹ einer Gesellschaft beeindrucken lassen – manchmal subtil verborgen und erst auf den zweiten Blick erkennbar, werden hinter der Wuselei gesellschaftliche Ordnungssysteme sichtbar, die sehr eng und stringent sein können.

Dass sich Erziehungsratgeber und -stile in den letzten zwei Jahrzehnten radikal verändert haben, ist ein wichtiger Schritt. Nähe, Haut- und Blickkontakt werden heute gemeinhin als zentral für das Gedeihen eines Kindes betrachtet und in vielen Familien bestimmen Kinder ihren eigenen Weg des ›Trockenwerdens‹. Kinder dürfen ihrer eigenen Neugier nachgeben, Dinge selbstständig entdecken, untersuchen, ausprobieren. Sie dürfen als Kinder in ihrer eigenen Welt sein, auch wenn diese aus Erwachsenensicht chaotisch wirkt. Nicht zuletzt haben wir vielen klugen Pädagog*innen zu verdanken, dass sich Erziehungsratgeber auf die gesunde und starke Persönlichkeitsentwicklung konzentrieren und – um Jesper Juuls oft zitierter und kritisierter Aussage hier Raum zu geben – die Beziehung zu den Kindern in den Mittelpunkt stellen anstatt deren Erziehung. Aber wieso an diesem Punkt stehen bleiben und diese Entwicklung nicht weitertragen? Wieso wird Kindern dazu verholfen, sich aus ihrem eigenen begrenzenden Korsett – dem »Panzer« – zu lösen, um eine eigene Persönlichkeit ausbilden zu können, um sie dann in das Korsett eines Lebens in Gruppen zu zwängen – mit der unmissverständlichen Forderung, sich doch dort bitteschön gut und schnell einzuleben, die Gruppe zu mögen, sich mit ihr zu verbinden und sich als Teil dieser zu fühlen? Die auf Gruppen ausgerichtete Sozialisation ist weniger eine auf Gemeinschaft orientierte als eine auf ordnende Abgrenzungen ausgerichtete Sozialisation. Die ständige (auch rhetorische) Beschäftigung mit Grenzen ist eine Lieblingsdisziplin von Pädagog*innen, Eltern und eigentlich allen Menschen, die sich in Beziehungen aufhalten (Grenzen setzen, Grenzen kennen, Grenzen austesten, sich abgrenzen). Diese Beschäftigung weist manchmal fast obsessive Züge auf und ist immer eine, die den Blick nach außen richtet. Stattdessen sollten wir beginnen, den Blick nach innen zu richten – Menschen, die von innen stark gewachsen sind, brauchen sich vielleicht gar nicht so viele Gedanken um ihre Außengrenzen zu machen.

Eltern können die Vermittlung bestehender gesellschaftlicher Ordnungsmuster schwer brechen, zumindest keinesfalls als einzige Kraft. Vielmehr müssen zahlreiche Institutionen an einem Strang ziehen, um ein Bewusstsein dafür zu schaffen, dass schädliche Verortungsmuster über Sozialisationsprozesse vermittelt werden. Die Politik, das Bildungssystem, jede gesellschaftliche Kraft ist hier gleichermaßen gefragt. Tradierte Sozialisationsstile zu hinterfragen ist jederzeit möglich und jede und jeder kann das tun. Da wir nicht wissen und noch nicht beschreiben können, wie das Ziel sich gestaltet, ist es umso wichtiger, den Weg als Ziel zu definieren: Es ist der erste Schritt, unsere Ordnungen und unser Ordnungsbedürfnis zu erkennen – gesellschaftlich und individuell – und uns darüber austauschen, inwiefern sie notwendig sind.

In diesem Kontext sollte auch Sprache als mächtiger Faktor, als klassifikatorische, ordnende Kraft in den Blick genommen worden (Bauman 2016: 8). Tiefgehende Erkenntnisse zu den Zusammenhängen von Macht und Sprache sowie Denken und Sprache haben Foucault[26] und Sapir/Whorf[27] geliefert. Wir reden hier über Zusammenhänge, die inzwischen so etwas wie Common Sense geworden sind. So liegt es auf der Hand, dass über Sprache auf subtile Weise Ordnungs- und Reinheitsmuster transportiert werden. Mal abgesehen davon, dass wir in Deutschland ja sehr gerne alles »in Ordnung finden« oder sagen, dass »alles in Ordnung ist«, um zu beschreiben, dass es uns gut geht oder sogar sehr gut, alles in »bester Ordnung« eben. Wir haben ein »reines Gewissen«, wenn wir sicher sind, für etwas keine Schuld zu haben, wir fühlen uns manchmal »unsortiert« oder eben »sortiert«, und wenn wir etwas erleben, was unseren Erfahrungshorizont sprengt, dann finden wir das »außerordentlich«. Ob es in unserer Sprache im Land der passionierten Abfalltrenner*innen und der ambitionierten »Ordnungshüter*innen« mehr oder weniger Reinheits- oder ordnungsbezogene Ausdrücke gibt als in anderen Ländern, könnte untersucht werden, wenn nicht schon geschehen – wichtiger wäre es jedoch, dass jede*r selbst darauf achtet, wie oft und für was solche Kategorien verwendet werden. Einen zentralen Aspekt von starker Bildhaftigkeit und Symbolkraft habe ich bereits weiter oben aufgegriffen: die Anwendung von Körperbildern auf den Nationalstaat – eine Bildsprache, die unser Misfit in einer globalisierten Welt verdeutlicht und verheerende Legitimationskraft besitzt. Nur weil dieses Bild des Nationalstaats als Körper gesellschaftlich verankert ist, könnte man argumentieren, konnte die pandemiebedingte Schließung von Innen- und Außengrenzen der Europäischen Gemeinschaft so einfach und fast widerstandslos vollzogen werden. Körperbezogene Metaphern für Staatsgebilde, Institutionen oder andere gruppenhafte Gebilde, werden von Generation zu Generation subtil und unreflektiert weitergegeben, ohne dass ihre Macht und verheerende Wirkung wahrgenommen wird.

Welche Wege führen hinaus aus dieser Logik der Begrenzungen? Eines scheint mir klar zu sein: Wenn sich die herrschende Identitätslogik ändern soll, muss jede*r bei sich selbst beginnen. So wird es keinen Gewinn bringen, wenn wir (weiterhin) mit dem Finger auf andere zeigen. Wir sollten vielmehr die Ordnungshüterin in uns selbst identifizieren und mit ihr in einen ehrlichen Dialog treten und ihn dann in unseren verschiedenen Lebensbereichen und in den Institutionen fortführen. Und er kann ausgedehnt werden auf einen Diskurs, den wir jetzt noch als ›grenzüberschreitend‹ bezeichnen würden. In allen gesellschaftlichen Bereichen und Lebenswelten gibt es Ordnungssysteme und Reinheits- und Unreinheitsvorstellungen und wir werden Ähnlichkeiten und Gemeinsamkeiten ausmachen. Eine derartige Auseinandersetzung kann der Beginn sein, die Starrheit der Dichotomie zwischen Eigenem und Fremden und eine auf »Macht und Herrschaft basierende Grenzziehung, die der Dualität des ›Entweder-Oder‹ verhaftet ist« (Reuter 2002: 237) aufzuweichen: Wir werden dem Fremden »Bekanntes aberkennen« und »dem Eigenen etwas Fremdes einräumen« können, um es mit Reuters Worten zu sagen (ebd.: 237). Und vielleicht erkennen wir, dass der Fremde ein Teil unserer Ordnung ist und am Ende nicht die Grenzen das Problem sind, sondern die »Logiken, in Grenzen zu denken« (ebd.: 236). Anstatt »das Fremde« zu problematisieren, werden wir dann in der Lage sein zu erkennen, dass es »das problematisch gewordene Eigene« ist, das »den Wunsch nach klaren, d. h. konturierten Verhältnissen weckt« (ebd.: 237). In diesem Sinne ist die Beschäftigung mit den Ordnungen des Eigenen zentral, alles andere wäre eine neuerliche Machtausübung und Reaktivierung bestehender Trennlinien. Und möglicherweise wäre dieser Diskurs, diese erste Anstrengung ein Schritt in die richtige Richtung, hin zu einer Gesellschaft, die ihre Identität nicht länger aus der Imagination von Reinheit und Homogenität gewinnt. Denn: »[J]e weniger essentialistisch, je weniger homogen, je weniger ›rein‹ die Gesellschaft sich versteht, desto geringer der Zwang, sich identitär verklumpen zu sollen«, so Carolin Emcke (2016: 196).

Welche Saat müsste heute ausgebracht werden, um Menschen hervorzubringen, die den Mut haben, das Chaos der Welt anzunehmen, ohne schützenden Panzer? Wie können wir das Chaos vermitteln? Neben der inneren Arbeit kann dies möglicherweise auch durch Veränderungen im Außen geschehen. So könnte es im Sinne des bis hierher Beschriebenen einen Versuch wert sein, …

Zu 2. … auf die Bildung statischer und abgegrenzter Gruppen, wo immer sie für ein funktionierendes gesellschaftliches Leben nicht zwingend benötigt werden, zu verzichten

Wir brauchen keine Gruppentherapie. Was wir brauchen, ist eine Gruppenentziehungskur. Für unser Gemeinwesen und damit auch für unser Ego.

Gruppen sind längst zum Selbstzweck avanciert. Weil wir das Sprechen über sie übertrieben haben, weil sie zu viel Aufmerksamkeit erhielten, weil sie einfach zu gut funktionierten – und zwar nicht nur für das Erreichen von *notwendigen* Zielen –, wurde ihre Funktionalität für die menschliche Identitätsbildung schon früh gesehen. Etzemüller versammelt hierzu Aussagen von Vierkandt, Vorwerck, Dunkmann und Geiger aus dem Jahr 1928 (2019/2020: 28ff.). »[A]ls Angehöriger einer organischen Gruppe ist das Individuum der Natur unterworfen, als Teil einer demokratischen Gruppe unterstellt es sich hingegen Zielen und Werten, die es zuvor mit entworfen hat – oder es verlässt die Gruppe«, fasst er den sogenannten »Deutschen Organizismus« der 1920er Jahre zusammen (ebd.: 36). Wahrscheinlich vor dem Hintergrund des deutschen Ordnungs- und Organisationssinns und noch ohne die historische Erfahrung des Nationalsozialismus bewertete man diese Aussage weitgehend positiv und hinterfragte sie auch nicht. Ein mitschwingendes Motiv war hier gemäß Etzemüller auch das »des Individualismus, der gezähmt werden muss«. Mit Blick auf die US-amerikanische Forschungstradition fasst er zusammen: »Mit der ›Nation‹, der ›Familie‹, dem Topos des ›Mittelwegs‹ und der Figur des *common man* wurde in den Texten en passant eine Reihe erprobter kultureller Schemata mobilisiert, die die Gruppe im westlichen Sinne positiv rahmten und durch eine Art sozialer Naturalisierung Unhinterfragbarkeit erzeugten.« (ebd.: 38, Hervorh. im Original)

Obwohl ich in meinem Essay lediglich einen kleinen Bruchteil der Gruppenforschung aufgegriffen habe, dürfte deutlich geworden sein, dass auf diesem Feld eine positive Haltung gegenüber Gruppen überwiegt. Dieser positiven Haltung kann ich in vielerlei Hinsicht zustimmen: Gruppen sind ein wichtiger Teil für eine gut funktionierende Gesellschaft. Sie sind notwendig und förderlich – für gute Abläufe in den Bereichen der Bildung und der Arbeit. Bringen wir es auf den Punkt: Sie sind praktisch! Wir brauchen sie für die alltägliche Organisation unserer Gesellschaft und – ja, auch das – in ihnen und durch sie können wir Eigeninitiative und Selbstorganisation stärken und demokratische Werte transportieren. Wir lernen in Gruppen Kooperation und nur gemeinsam werden gute Ideen entwickelt. Eine Überidentifizierung mit Gruppen wird hier jedoch einer kritischen

Betrachtung unterzogen, insbesondere im Kontext einer liberalen, offenen und wertegeleiteten demokratisch verfassten Gesellschaft, die verzweifelt nach einem Weg in eine globalisierte Zukunft sucht! Was eine Gesellschaft in einer sich globalisierenden Welt braucht, sind keine Bürgerinnen und Bürger, die sich in Einzelgruppen verorten und über Zugehörigkeiten Identitäten aufbauen. Was diese Gesellschaft hingegen zukunftsfähig macht, sind Menschen, die in der Lage sind, sich in vielen unterschiedlichen gruppenhaften Konstellationen bzw. Lebenswelten und -kontexten zurechtzufinden, ohne ihre Verortung in der Welt ›zu verlieren‹. Natürlich geht es damit mal wieder um eine Grundfrage: das ›alte‹ Spannungsfeld zwischen Individuum und Gemeinschaft. Und es ist genau diese Frage, die dringend erneut diskutiert und justiert werden muss.

Es muss nun um eine wie auch immer gestaltete und bezeichnete Gruppenfähigkeit gehen, die sich nicht auf die Zugehörigkeit zu einer als homogen vorgestellten Gruppe bezieht, sondern auf Gruppenflexibilität: Menschen mit hoher Gruppenkompetenz werden dann solche sein, die in jeder Gruppe gut klar kommen, die ad hoc Gruppen wechseln und bilden können, um einen Zweck gemeinschaftlich erreichen zu können, und die diese Gruppen auch wieder verlassen können, ohne das Gefühl zu haben, damit einen wichtigen Teil von sich selbst aufzugeben. Um diese Fähigkeit zu fördern, muss es in erster Linie um einen Wechsel in unserer Haltung und Wertung von Gruppen und gruppenhaften Phänomen gehen und damit muss auch die oben im Zitat von Etzemüller wiedergegebene Unhinterfragbarkeit von Gruppen – ebendas: – hinterfragt werden. Konkret bedeutet das, dass beispielsweise gruppenbezogenes Klettenverhalten argwöhnischer betrachtet werden muss. So wird bislang das ›soziale Verhalten‹ von Kindern beispielsweise danach bewertet, wie sie sich in die Klasse integrieren. Kleinkinder, die sich schnell und unauffällig in Krippen und Kitas eingewöhnen, sind ›gute‹, ›unkomplizierte‹ und ›gelungene‹ Kinder. Ein gutes Mädchen, ein guter Junge ist, wer sich in Gruppen gut einfügen kann, sich dort angemessen verhält und engagiert. Noch bessere Mädchen und noch bessere Jungs sind die, die es schaffen, eine Gruppe zusammenzuhalten oder in dieser Verantwortung zu übernehmen, die das Klima und das Miteinander positiv gestalten – eine Gruppenidentität aktiv fördern und in ihrer

Gruppenzugehörigkeit Konstanz zeigen. Weniger gute Mädchen, weniger gute Jungs sind die, die in Gruppen auffallen, aus diesen herausfallen, das Eingebundenwerden in Gruppen als schwierig empfinden und sich möglicherweise sogar kontrovers zur Gruppe verhalten. Diese Kinder werden es schwieriger haben als die anderen, ein gutes Leben zu führen – so heißt es und so ist es in einem bestimmen Maße wohl leider wahr. Denn Kita und Schule sind die Startpunkte, die uns Möglichkeiten eröffnen oder verschließen. Und die basieren nun einmal in den allermeisten Fällen noch immer auf festen Gruppenstrukturen. Und wenn wir ehrlich sind und unsere Beobachtung schärfen, werden wir feststellen, dass es die gruppenerfolgreichen Menschen sind, die in unserer Gesellschaft mit machtvollen Positionen belohnt werden, oftmals solche Positionen, die über das Gemeinwohl entscheiden. Es besteht also eine klare gesellschaftliche Belohnungsstruktur für eine Identitätsbildung in Bezug zu festen Gruppen. Unsere Beziehung zu Gruppen bestimmt viel und wir werden diesen roten Faden unserer Sozialstruktur und Biografie nicht hinterfragen, sondern ihn vermutlich mit in unser Erwachsenenleben tragen – entweder weil wir wieder in gruppenbasierte Organisationen eintreten oder weil wir diese selbst schaffen. Die anderen, die nicht ›guten‹, ›unkomplizierten‹ und nicht ›gelungenen‹ Kinder – uh, schwierig: lange Eingewöhnungszeiten in Krippe und Kita, Querulanten, anstrengend und problematisch eben. Diese Haltung lässt sich durch unsere gesamte Gesellschaft, durch ihre Institutionen und unsere Biografien verfolgen: Gut ist, wer mit seinen Gruppen verschmilzt, sich unauffällig und schnell einfügt und diese nach außen vertritt. Teamfähig, kollaborativ, bei Vorgesetzten und im Team gleichermaßen beliebt, eine Säule des Betriebs, ein Urgestein unseres Vereins. Aus Sicht der Institutionen ist das nachvollziehbar – die Abläufe müssen funktionieren. Ein Zuviel an Individualität war ja immer schon irgendwie störend. Aber darum geht es hier nicht: Klar ist, Dinge *müssen* eben funktionieren, eine Demokratie braucht gute und sichere Abläufe in der Verwaltung, in der Politik, in der Bildung, in der Wirtschaft. Es geht auch nicht darum, Störenfriede und Querulanten zu produzieren oder toll zu finden. Es geht auch in Zukunft um Menschen, die team- und gruppenfähig sind – dies aber in einem sehr dynamischen und heterogenen Umfeld mit ständig wechselnden Konstellationen. Das würde ausschließen, eine überbordend positive Wertung zu entwickeln, wenn Menschen sich über einen sehr langen Zeitraum sehr eng mit einer Gruppe (Firma, Klasse, Institution, Partei, Verein …) verbinden, identifizieren und verschmelzen, bis kaum mehr erkennbar ist, wo der Mensch beginnt und die Gruppe aufhört. Urkunden, Auszeichnungen und Ehrungen wären da vielleicht wirklich nicht vonnöten. Dies ist nicht nur gesellschaftlich hinterfragbar, sondern auch persönlich, weil der Bonus einer langjährigen Gruppenkonstanz nicht in einem eingerahmten Papier liegt, sondern im Zugewinn für die individuelle Identität, die ohne diese Gruppenverortung vielleicht unsicherer oder weniger präsent gewesen wäre und so zumindest eine legitime ›Hülle‹ und Stütze erhalten konnte. Diese engen Verbindungen wird es immer geben und sie sind natürlich zu akzeptieren – jede*r hat schließlich das Recht darauf, der Firma, dem Reitverein, der Partei, der Umweltschutzorganisation treu zu bleiben – aber die öffentliche Wertung sollte angemessen heruntergefahren werden. Über Störenfriede, Querulanten, teamunfähige Kolleg*innen und komplizierte Kinder müsste sich die Gesellschaft dann vielleicht weniger Gedanken machen und weniger negative Bewertungen abgeben, weil es so für viele Menschen möglicherweise einfacher wird, einen Platz in der Gesellschaft zu finden. Dann, wenn wir unsere Abgrenzungen, unsere Ordnungen etwas loslassen und entspannen. Und hier geht es dann auch um Veränderungen der konkreten Rahmenbedingungen: Gruppen, die es geben muss, sollte das Gruppenhafte entzogen werden. Das meint zum einen ihre starre Struktur und zum anderen ihr ›mentaler Kitt‹, der nicht zur inhaltlichen Funktionalität beiträgt, sondern dazu dient, den Mitgliedern ein gutes Gefühl zu vermitteln – ganz im Sinne einer persönlichen Verortung.

Und es ist ein guter Zeitpunkt, um über diese Dinge intensiver nachzudenken, da sich auch unabhängig von der Covid-19-Pandemie gezeigt hat, dass scheinbar Unveränderliches in Bewegung kommen kann: So arbeiten viele Kitas seit mehreren Jahren mit offenen oder halboffenen Konzepten: Kinder sind in ihren Gruppen, aber können sich in bestimmten Zeitfenstern in der Kita frei bewegen und Angebote in anderen Gruppen wahrnehmen. Auch in Schulen gibt es in verschiedenen Regionen der Republik inzwischen neue Ansätze: Es gibt neue Schulformen, die Klassenstufen übergreifendes und projektbezogenes Lernen ermöglichen. Es gibt Ansätze der Arbeitsplatzrotation, Bürogemeinschaften, Co-Working-Spaces, Patchworkfamilien, generationenübergreifendes Wohnen. Hier können weitere Schritte gewagt werden und die Corona-Krise hat gezeigt, wie flexibel und wandelbar unsere Gesellschaft ist: Wir können unser Leben und unser Arbeiten gänzlich neu gestalten. Wir müssen nicht an den starren Strukturen des täglichen Treffens in festen Gruppen in festen Institutionen festhalten. Wir haben gesehen, dass sehr viel sehr gut funktioniert, wenn wir unsere Formationen etwas loslassen, wenn wir uns herauslösen aus den festen Gefügen und das Gewebe der institutionellen Funktionalität in vielen gesellschaftlichen Bereichen etwas luftiger und lockerer stricken. Vieles ist auch gerade jetzt möglich, weil die Welt eine tiefgreifende Digitalisierung durchlaufen hat und weiter durchlaufen wird. Digitalisierung kann flexible Strukturen unterstützen und wir können diese Flexibilisierung noch weiterdenken – schul-, stadtteil-, branchenübergreifend zum Beispiel. Wenn wir unsere gesellschaftlichen Strukturen fließender und zugänglicher in ihren inneren gruppenbezogenen Zusammenhängen machen, besteht eher die Möglichkeit, dass sich Heterogenität in unseren alltäglichen Zusammenhängen abbildet. Wenn die Vielfalt der Welt, des menschlichen Seins begreifbar und erfahrbar wird und wenn komplexe Herausforderungen gemeinsam bewältigt werden sollen, dann müssen Gruppen diese Komplexität auch abbilden. Das wäre der Fall, wenn gesellschaftliche Organisationen nicht länger auf abgegrenzten, möglichst homogenen und damit weltvereinfachenden Einheiten basieren. Die Covid-19-Pandemie hat weitere große Türen geöffnet, durch die es nun zu treten gilt. Wir müssen diese Chance ergreifen, ehe sich diese Türen wieder schließen. Wir müssen Gruppen, so, wie wir sie heute ›betreiben‹, als problematisch betrachten. Sie sind quasi das Lockmittel zur Ausbildung einer Identifizierung über Zugehörigkeiten. Durch die positive gesellschaftliche Grundhaltung ihnen gegenüber werden sie zu zentralen Bezugspunkten, an welchen wir unsere ›Zugehörigkeitsidentität‹ trainieren und ausbilden lassen. Ihr Suchtstoff ist der ›innere Kitt‹, den sie anzubieten haben – das, was sich so angenehm für unsere bedürftigen Identitäten anfühlt. Das heißt, primär und grundsätzlich geht es darum, …

Zu 3. … individuelle und gesellschaftliche Überidentifizierungen mit Zugehörigkeiten, wo immer möglich, zu vermeiden.

Gruppen und gruppenhafte Phänomene können eine sinnvolle Mitte zwischen Masse und Individuum sein und als Träger demokratischer Werte fungieren. Dass sie natürlich auch nicht-demokratische und nicht-liberale Werte transportieren können, sollte hierbei natürlich auch in den Blick genommen werden. Eine zu starke Identifizierung, nennen wir es eine Überidentifizierung mit einer Gruppe bzw. einer Zugehörigkeit zu einem gruppenhaften Phänomen kann gegen die Entfaltung demokratischer und liberaler Werte stehen – und zwar unabhängig davon, welche inhaltliche Zielsetzung verfolgt wird. Das klingt nach einer gefährlichen Wanderung auf einem schmalen Grat. Daher drücke ich es anders aus: Eine auf Gruppenidentifizierung fokussierte Sozialisation trägt weniger zur Entwicklung von persönlichen Fähigkeiten bei, die zu einer offenen und liberalen Gesellschaft und damit zu einer zunehmend heterogenen Weltgesellschaft passen. Diese These erwächst aus den in diesem Essay dargelegten theoretischen Überlegungen und auch hier gilt: Es geht nicht um spezifische Gruppen oder deren inhaltliche Zielsetzungen, es geht um die ›technische‹ Frage, das Prinzip, dass Menschen lernen, ihre Identität über die Zugehörigkeit zu gruppenhaften Phänomenen auszubilden. Es geht um die grundlegende ›Programmierung‹ der menschlichen ›Software‹, die später darüber entscheidet, wie sich Selbstidentifizierung und -verortung und somit die Beziehung zu anderen Menschen gestalten. Die Programmierung geschieht mittels positiver Verstärkung durch (mehr oder weniger) subtile Wertungen, angefangen bei dem Schema ›gutes Kind – kompliziertes Kind‹ bis hin zu Auszeichnungen und einer Belohnungsstruktur durch privilegierte berufliche Positionen. Aber auch – und das gilt es, an dieser Stelle genauer anzuschauen – durch vorhandene Identifizierungsmöglichkeiten und -angebote. Sie werden systematisch, zum Teil sogar industriell geschaffen und in ihrer Attraktivität optimiert – ohne dass sie gesellschaftlich hinterfragt würden.

Was ist damit gemeint? Eine Schule kann eine alteingesessene Institution mit Tradition und gutem Ruf sein. Prima! Schüler*innen und Lehrkräfte lernen und arbeiten gerne dort. Sehr schön! Es ist nicht einfach, auf diese

Schule zu kommen, aber toll, wenn man es geschafft hat. So weit, so gut! Warum aber braucht diese Schule, die es seit X-Jahrzehnten gibt, neuerdings Schulpullover, T-Shirts und Taschen mit dem Schulsymbol? Um zu zeigen, dass man Teil dieser Schule ist? Ist es toll, damit im Bus zu sitzen oder durch bestimmte Stadtteile zu spazieren? Weil der Pullover so angenehm zu tragen ist? Als Werbung für die Schule? Weil ich stolz darauf bin? Weil ich zeigen will, dass ich zwar hier in diesem Stadtteil bin, aber eigentlich gar nicht hierhin gehöre? Weil ich ohne diesen Pullover sonst einfach nur ein Mensch unter vielen in diesem Stadtteil wäre? Wenn im vorangegangenen Abschnitt von einem notwendigen Reflexionsprozess gesprochen wird, Ordnungen zu hinterfragen, und dass dies ein Prozess ist, den jede*r für sich selbst beginnen muss, dann ist dies übertragbar auf die Mechanismen, auf denen unsere Identität beruht. Es gehören Mut und Aufrichtigkeit zu diesem Prozess und er beginnt dort, wo es um individuelle Entscheidungen geht: Warum zieht man etwas Bestimmtes an, erzählt etwas, rückt etwas in den Vordergrund? Das alles kann Ausdruck von gruppenbezogenen Zugehörigkeiten sein und könnte man einer kritischen Betrachtung unterziehen. So auch von institutioneller Seite, wenn Identifizierungspotenzial quasi verordnet wird: Warum brauchen plötzlich viele Schulen Kleidung mit dem Schulsymbol? Warum müssen Angehörige einer Firma bestimmte Farben tragen – ist das noch Corporate Design oder geht es darum, ein Gefühl der Zughörigkeit zu stärken? Wie gehen wir mit den regionalen Symbolen, mit den Nationalfarben um? Wo forcieren wir eine Identifizierung und warum eigentlich? Wo geht dies über eine reine Notwendigkeit (im Sinne einer Funktionalität) hinaus? Welche positiven Effekte hat eine starke Identifizierung? Welche nachteiligen Effekte? Wohin kann eine starke Identifizierung führen? Fördert sie ein friedvolles Miteinander – auch über die eigene Institution hinaus? Wirklich?

Wenn sich ein Staatsgebilde dafür entscheidet, eine stärkere Identifizierung für uneingeschränkt förderwürdig zu halten, sollte es sich all diese Fragen stellen: Wie wichtig sind einheitliche bzw. vereinheitlichende Symbole, wie förderwürdig ist deren Verbreitung? Wie und mit welchem Ziel vor Augen beurteilen wir das? Und was erzählt uns die Geschichte in unterschiedlichen Regionen der Welt hierzu? Wenn eine europäische, intellektuelle Elite eine »neue europäische Erzählung« und die Förderung der europäischen Identität fordert – eine Forderung, die längst auch von den Institutionen der EU (re-)produziert wird –, sollten all diese Fragen dringend gestellt und – bitte kontrovers – diskutiert werden. Vielleicht gibt es eine Chance, dass sich am Ende eines herausstellt: Wenn sich die Europäische Union, unser Europa, auf Rechtsstaatlichkeit und demokratische Grundwerte bezieht und sich immer wieder als ein ›Friedensprojekt‹ bezeichnet, wenn dieses europäische Projekt seine Rolle als freier, offener und friedensstiftender Raum behaupten will, dann sollte es eines vermeiden: sich eine starke Identifizierung seiner Bürgerinnen und Bürger als Ziel zu setzen. Es macht wenig Sinn, nationale Identitäten schwächen und gleichzeitig die Identifizierung mit einem Staatenbund stärken zu wollen. Das würde ja am Ende nichts anderes bedeuten, als Identitätsgrenzen und -abgrenzungen zu verschieben. Dies kann höchstens eine ›Übergangslösung‹ sein, ein notwendiges Übel, aber doch nicht die Vision. Diese muss lauten, Identifizierung mit Zugehörigkeiten zu vermeiden. ›Flatten the groups, flatten identification!‹ – so sollte der Wahlspruch lauten. Wenn die Europäische Union tatsächlich Vielfalt und Frieden in das Zentrum ihrer Erzählung stellen will, sollte sie es also vermeiden, ein zu großes Identifikationsangebot zu machen. Sie muss vielmehr in ihrer Geschichte, ihren Institutionen und Wertsetzungen praktisch verstanden werden und sich bewähren und könnte dann stolz darauf sein, dass die Gemeinschaft es irgendwann nicht mehr nötig hat, dass Fähnchen geschwenkt und Hymnen gesungen werden. »Die Wahrheit jeder modernen Nation lautet, dass politische Einheit nie auf einer bereits vorhandenen nationalen Gemeinsamkeit basiert. Was die Bürger verbindet, ist eine durch [Ernest] Renans tägliches Plebiszit bestätigte Selbstverpflichtung, gemeinsam das Leben eines modernen Staates zu führen, der durch seine Institutionen, Verfahren und Regeln zusammengehalten wird«, so Appiah zur Herausforderung europäischer Unabhängigkeitsbewegungen (2019: 150f.). Dies lässt sich gut auf die europäische Ebene übertragen. Man sollte vermeiden, so Appiah, »mit irgendeinem altehrwürdigen Volksgeist [zu] argumentieren« (ebd.). Um das hier noch einmal zu wiederholen: Wer meint, Identitäten schaffen und verordnen zu können, irrt sich gewaltig und hat sich mit der Komplexität von Identität offensichtlich niemals näher beschäftigt.

Man kann natürlich versuchen, eine Identität zu befördern oder aufleben zu lassen. Das ist möglich, aber sicherlich nicht Erfolg versprechend, wenn man sich hierbei auf den »altehrwürdigen Volksgeist« einer griechischen und römischen Antike, des Christentums oder der Aufklärung bezieht, um eine »neue Erzählung von Europa« zu schaffen, wie es inzwischen so oft und schön klingend heißt. Ja, so kann man Identifizierungen befördern, und zwar in sogenannten intellektuellen Kreisen oder solchen, die sich unbedingt zu einem solchen zählen möchten – seien es Akademiker*innen, gehobenes Bürger*innentum oder schicke junge Autor*innen – #intellektuell #abgegrenzt. Aber wer bitteschön sonst identifiziert sich mit Rousseau, griechischer Philosophie oder Luther? Apropos: Wer begreifen will, wie ein solch gearteter Ansatz von ›europäischer Identität‹ Grenzen schafft und gesellschaftliche Spaltung fördert, mag sich in diesen Kreisen umschauen. Es gibt genug Veröffentlichungen und Projekte, die diese Art der Identifizierung vorantreiben. Der Begriff der ›Identität‹ wird in diesem Zusammenhang indes überstrapaziert. Was von Europa ausgehen sollte, ist ein umfassendes Verständnis von den tragenden Werten der EU und das ist eine Bildungsaufgabe. Wir schaffen keine pro-europäischen Menschen, indem wir ihnen beibringen, sich in (nationalen) Gruppen zusammenzurotten, das ist schon richtig. Aber wir schaffen auch keine Europäer*innen, wenn wir sie motivieren, sich in einem Staatenbund zusammenzurotten und ihre Zugehörigkeiten nach außen zu tragen. Wir schaffen junge Europäer*innen, indem wir sie motivieren, im Ausland zu studieren, ein Praktikum zu machen, dort zu arbeiten oder sich freiwillig zu engagieren und Sprachen zu lernen und – für die Zukunft – eine Identifikation jenseits von Zugehörigkeiten auszubilden. All das befördert die EU ja auch schon, insbesondere mit ihren Austauschprogrammen und der Förderung grenzübergreifender Projektarbeit – und das ist gut so.

Wir müssen unsere gesellschaftlichen Zusammenhänge fließen lassen, aufbrechen, zumindest lockern, in neue Konstellationen bahnen, in Bewegung halten. Es gilt ein Zuviel an Identifizierung mit begrenzten Einheiten und vor allem solchen mit hoher Homogenität zu vermeiden. Wenn wir unser Augenmerk darauf richten, könnten wichtige Saaten ausgebracht werden für die Ausbildung von Ambiguitätstoleranz und der Fähigkeit,

Komplexität wahrnehmen und aushalten zu können. Gruppenzugehörigkeit muss zu etwas Nebensächlichem, etwas Funktionalem – eben zu etwas Profanen werden. Aber vielleicht liegt genau hier ein Kernproblem, das nicht übersehen werden darf: Wenn es darum gehen soll, dass Menschen die Gruppe als »Weltbewältigungsinstrument« (Etzemüller 2019/2020: 22) loslassen, hieße das eben auch, die kosmische Verortungsmöglichkeit, die in ihr liegt, infrage zu stellen. Das mag als eine problematische Herangehensweise erscheinen. Nämlich dann, wenn wir davon ausgehen, dass es eben ein grundlegendes menschliches Bedürfnis nach einer solchen Verortung mit Bezugnahme auf eine übergeordnete, abstrakte Dimension gibt. Vor diesem Hintergrund betrachtet, müsste ein solcher Prozess, der eine Bewusstseinsveränderung in Bezug auf selbstbezogene Identitäten zum Ziel hat, auch immer die Ausbildung der erforderlichen menschlichen Kompetenzen umfassen. Damit sind menschliche Fähigkeiten einer Selbstverortung in der Welt gemeint, die ohne eine abgrenzende Zugehörigkeit möglich ist.

Für ein besseres ›Fit‹ – Konnektivitätsbewusstsein und Selbstverortungskompetenz

»Es war seltsam, dachte sie, wie man, wenn man allein war, sich an Dinge anlehnte, unbelebte Dinge; an Bäume, Bäche, Blumen; das Gefühl hatte, dass sie einen zum Ausdruck brachten; das Gefühl hatte, dass sie zu einem selbst wurden; das Gefühl hatte, dass sie einen kannten, in gewissem Sinne man selbst waren; eine unsinnige Zärtlichkeit für sie so empfand (sie schaute auf den langen stetigen Lichtstrahl) wie für einen selbst«

Virginia Woolf, »Zum Leuchtturm« (1927/2003: 70)

Wir kommen an dieser Stelle nun nicht umhin, über die großen Fragen zu reden. Das fällt uns nach wie vor schwer, es lässt uns noch immer verzweifeln: Ausgerüstet mit allerhand Werkzeug, Wissen, Kreativität und Energie stellen wir Fragen, forschen, fliegen, sogar auf den Mond und schicken Sonden auf den Mars, wir fantasieren, folgen Führern, fanatisieren, aber eine Antwort auf das große Warum haben wir trotz alledem noch immer nicht gefunden. Die Weber'sche »Entzauberung« der Welt mag dazu geführt haben, dass magische Wesen und übernatürliche Kräfte eine weitgehend untergeordnete Rolle in unserer modernen Gesellschaft spielen, jedoch sind die Fragen des Lebens noch immer zu groß für die Menschheit, als dass diese eine rein rationale Antwort erhalten könnten. Und zwar, weil wir die Fragen des Warum und Wieso – der gesamten Sinnhaftigkeit des menschlichen Lebens im Universum eben – trotz Rationalität, wissenschaftlicher, technischer Errungenschaften noch immer nicht beantworten können. Sie lassen sich auch nicht durch »Berechnung beherrschen«, auch nicht »im Prinzip«, wie Weber 1919 in Aussicht stellte[28]. Diese Fragen sind also keineswegs »entzaubert« und werden sich vermutlich auch nicht in näherer Zukunft klären. Trotzdem müssen wir uns damit konfrontieren, denn das hier Beschriebene deutet darauf hin, dass die Selbstverortung von Menschen, die Art, wie sie ihre Welt *begründen*, entscheidend ist für das zwischenmenschliche und globale Zusammenleben. Es gibt daher für diesen Essay an diesem Punkt keine alternative Blickrichtung als diejenige in die Unendlichkeit des Sternenhimmels. Eine Argumentation, die darauf abzielt, Identifikation über Zugehörigkeiten als ein menschliches Grundbedürfnis zu hinterfragen, und dies mit einer menschlichen Sehnsucht nach Selbstverortung in der Welt in Verbindung bringt, stellt nun einmal die großen Fragen. Nämlich die nach Alternativen zu diesen Verortungsstrategien bzw. einer Weiterentwicklung derselben, was mit einem Grundverständnis menschlichen Seins im Zusammenhang zu sehen ist. Eliade setzt das Schaffen von besonderen, uns heiligen Räumen einer »Weltgründung« (Eliade 1957: 13) gleich und empfindet diese menschliche Vorgehensweise als erstrebenswert – eine Perspektive, der ich nicht folgen kann, denn das würde bedeuten, als Alternative zu gruppenbezogenen Identifikationsprozessen das Ausbilden einer religiösen Haltung vorzuschlagen. Dass Religion und gruppenbezogenes Denken, zum Beispiel in Formen des Nationalismus, sehr gut Hand in Hand gehen können, hat die Geschichte vielmals gezeigt. Eliade verkörpert mit seiner Biografie und politischen Haltung zudem selbst die Leichtigkeit, mit der sich Bezüge zwischen diesen Konzepten herstellen lassen. Diese Parallelen sind mindestens ein Indikator dafür, dass die Schaffung von imaginären gruppenbezogenen Identifikationsräumen und die Vorstellung von heiligen Räumen von einer ähnlichen Motivation angetrieben werden. Und sie zeigen auch das trennende Potenzial dieser Strategien auf.

Wohin führt das Ziehen dieser Parallele? Wenn ich die übermäßige Betonung von Zugehörigkeit, der Bildung von und Überidentifizierung mit Gruppen als eine Ersatzhandlung begreife, die es Menschen erlaubt, die Unergründbarkeit des Sinns ihres Daseins aushaltbar zu machen, dann muss die Frage gestellt werden: Was ist die Alternative? Und was, wenn wir es eben ohne Hilfestellungen einfach nicht können: Die Unendlichkeit, die sich um unseren Planeten herum ausbreitet, ist ja nun einmal da. Und unsere Unfähigkeit, diese zu begreifen, auch. Die von uns gebauten Räume, Wohnungen, Häuser, Städte und die durch uns vorgestellten Räume wie Vereine, Clubs, Klassengemeinschaften, Nationalstaaten, Verbände, Arbeitsteams, Abteilungen, Branchen versperren uns den Blick auf das Große und Ganze und machen es dadurch für uns aushaltbar. Sie wurden zu unseren jeweiligen Universen, in denen wir uns zu Hause fühlen unter Gleichen, die wir in ihrem Inneren ordnen, aufräumen, putzen, reinhalten, in denen wir uns verorten und die wir verteidigen, zu oft in unserer Geschichte mit Leib und Seele. Diese reinen, uns heiligen kleinen Kosmen haben uns geholfen, die Existenz des dunklen und unendlichen Raums mit all seinen Fragen um uns herum zu ertragen. Dazu kommt die Haltlosigkeit der Räume, die uns die Globalisierung beschert, das Wanken und Schwanken, das Ineinandergehen, Ineinanderzerlaufen, Zusammengehen, Verschmelzen, die Flüchtlings- und Migrationsbewegungen, der globale Informations- und Warenfluss, die erodierenden Vereine, verblassenden Parteien und mitgliederlosen Kirchen. Hier möchte ich noch einmal an die Vorstellung des Nichts aus Michael Endes »Unendlicher Geschichte« erinnern – es ist nicht nur das perfekte Bild für eine Welt ohne Fantasie, sondern auch für die Angst vor einer sich ausbreitenden Grenzenlosigkeit, die das Differenzieren nicht nur sinnlos macht, sondern zu einer Farce. Der Populismus, die neuen Rassismen und Nationalismen, dieser ganze Differenzierungs- und Kategorisierungswahn, sind vor diesem Hintergrund als ein angstgetriebenes Aufbäumen zu betrachten – ein gefährliches Aufbäumen, das demokratische Gesellschaften gefährdet und versucht, diese in eine gesellschaftlich destruktive Richtung zu zerren. Der Identifizierungswahn, den wir erleben, stellt sich da weit harmloser dar – dieser ist höchstens traurig, denn er zeigt die Unfähigkeit, sich vollständig zu fühlen und gut in der Welt zu verorten – ohne sich verstecken zu müssen hinter einer Hashtag-Identität oder einer, die aus Fotokacheln besteht. Dieses neue Identitätsstreben wird erst dann gefährlich, wenn Betroffene in die Fänge von Populist*innen geraten. Es ist gut, zu beobachten, dass es eine Gegenwehr gegen die oben genannten Ismen gibt, denn das, was die sich ausbreitende Grenzenlosigkeit ist, ist nicht das Nichts. Das wäre ein großer Irrtum. Es ist – im Gegenteil – das Allumfassende: Sie verkörpert das Prinzip der Verbundenheit, der Gleichwertigkeit und der Gemeinschaft – das, worauf eine freie, sozial orientierte Gesellschaft idealerweise beruht. Und das begreifen immer mehr Menschen. Es sind diejenigen, die keine Angst haben.

Aber wie sieht eine gelingende Zukunft aus? Was kann nach der Konstruktivitis kommen, die uns seit Menschen Gedenken dazu anhält, »Ausschnitte aus der Unendlichkeit« zu schaffen (Schaub 2020)? Es ist schade, dass Garcias so erkenntnisreiche Ausführungen nicht dahin gelangen, dieses Grundkonzept des ›Wir‹ zu hinterfragen. Statt seine Leser*innenschaft erst einmal mit ihrer Existenz innerhalb des Universums in Verbindung zu bringen, führt er sie gleich an das *Ende* des Universums – welches es womöglich nicht einmal gibt – und entlässt sie in umständliche philosophische Exkurse, die zum Beispiel so klingen: »Es gibt keinen Grund, auf irgendeiner Ebene des Universums stehen zu bleiben. Langfristig vermischt sich ›Wir‹ mit allem an der oberen Grenze der möglichen Ausdehnung der ersten Person Plural. Und dann löst sich das ›Wir‹ auf: Der Begriff verliert seine Relevanz, wenn man eine kosmische Perspektive einnimmt. Die einzige Grenze von ›Wir‹ ist alles. Darum gibt es kein absolut auf Vernunft gegründetes ›wir alle‹, bevor man das Ende des Universums erreicht.« (Garcia 2018: 63) Diese Aussage ist nicht einfach zu verstehen und schon gar nicht zu begreifen und vielleicht soll man das auch gar nicht. Und so erhält man den Eindruck, der Autor würde mit solchen Ausführungen vermeiden wollen, das Bild einer gemeinschaftlichen Menschheit als reelle Möglichkeit in Erwägung zu ziehen. So seziert er diese Vorstellung, beginnend schon in den ersten Kapiteln, wenn er kritisch über das ›Wir‹ der Menschheit im Sinne von Erasmus, Montaigne, La Boétie und Francis Wolff schreibt (ebd.: 43ff.). Dies führt ihn am Ende seines Textes zu der resignativen These vom ›Wir‹ als einer »Zwangsidentität« und gleichzeitig einer »Zwangsdifferenz« (ebd.: 279). Beide beinhalten letztlich ein »historisches Endziel«, denn sei ein ›Wir‹ zu sehr zusammengezogen, habe es die universelle Ausbreitung zum Endziel, werde es zu ausgebreitet, dann sei das Ziel das Zusammenziehen, denn »[j]edes beliebige ›Wir‹ erzeugt durch übermäßige Identität einen Mangel an Differenz und durch übermäßige Differenz einen Mangel an Identität.« (ebd.) Diese von Garcia entworfene Aussicht ist niederschmetternd, erfordert jedoch auch – und das wiederum ist ein tragender Punkt –, dass in der Periode, in der wir uns heute befinden, »es möglich sein müsste, zugleich nach diesem lebhaften Bewusstsein der Funktionsweise des ›Wir‹ und der sich daraus ergebenden Unbewusstheit zu verlangen.« (ebd.: 283) Es wird nach Garcia niemals ein Ende des ›Wir‹ geben und keine Versöhnung. Aber wir werden, so Garcia, die Logik des ›Wir‹ verstehen (ebd.: 284), zum Beispiel, indem wir Ausführungen wie seine gelesen und damit »die Vorstellung von uns selbst vorangebracht haben« (ebd.: 286). Das ist ein Schritt in die richtige Richtung: Wir müssen uns die Logiken unserer Identifizierungen und Verortungsstrategien bewusst machen und reflektieren. Dadurch können Prozesse angestoßen werden, die von großem Wert für die gesellschaftliche Entwicklung sein können.

Da man nicht davon ausgehen wird, dass Garcias Ausführungen außerhalb eines relative kleinen Kreises rezipiert werden, muss man allerdings fragen: Wie kann man diese wünschenswerte Reflexion in die Breite bringen? Denn das wäre ja die Grundvoraussetzung für einen gesellschaftlichen Bewusstseinswandel. Und auch in Garcias Ausführungen bleibt letztlich unbeantwortet, *warum* dieser Zwang zur Identifizierung und zur Differenzierung existiert. Warum sehnen wir uns überhaupt nach dieser »Haut«, die manchmal zu locker und manchmal zu straff gespannt sein kann (vgl. Garcia 2018: 283)? Mein Essay hat hierzu einen Vorschlag gemacht, indem er eine menschliche Sehnsucht nach abgetrennten, »heiligen« Orten, die eine Ordnung und somit Verortung zulassen, in die Diskussion einbringt. Wenn wir Gruppen und auf sie bezogene Identitäten als menschliche Behelfe interpretieren, die die Unbegreifbarkeit der Größe und Vielfalt der Menschheit einerseits, die Gleichheit von uns Menschen andererseits und die Weite des Kosmos aushaltbar machen, dann reden wir im Umkehrschluss auch über die menschliche (Un-)Fähigkeit zur kosmischen Verortung. In diesem Sinne würde eine kosmische Perspektive ein ›Wir‹ nicht obsolet machen, wie Garcia sagt, sondern es vielmehr begründen: So können all die Anstrengungen in der Menschheitsgeschichte, Räume abzuteilen, durch das Streben erklärt werden, den unendlichen Kosmos im irdischen und alltäglichen Leben zu verdrängen. Was würde passieren, wenn Menschen sich tatsächlich einer kosmischen Perspektive stellten, ohne einen Verdrängungsmechanismus zu bemühen? Könnten wir so nicht zu einem maximalen ›Wir‹ der Menschheit kommen? Garcia weicht dieser ihm augenscheinlich zu romantisierenden Idee aus und diskutiert die Frage, ob dann nicht auch weitere Lebewesen, Dinge und Cyborgs in das ›Wir‹ einbezogen werden müssten (ebd.: 51ff.)[29]. Das kann man philosophisch ausführen, wenn man möchte, man könnte aber einen pragmatischeren Weg einschlagen und sich darauf verständigen, dass die Vorstellung eines

›Gesamtmenschheits-Wir‹ ein guter Schritt wäre hin zu einem besseren Zusammenleben. Und dass eine unverstellte kosmische Perspektive hierzu dienlich wäre – auch wenn sie in den Augen vieler eine naive Vorstellung ist. Über die Frage, ob sich dann nicht auch Flora, Fauna, mit uns vernetzte und von uns bewegte Dinge und Cyborgs in diesem ›Wir‹ finden müssten, könnten Philosophen dann immer noch weiter streiten – das schadet nicht, aber bringt auch keinen nennenswerten Mehrwert für die Entwicklung neuer Perspektiven menschlicher Identifizierungsprozesse. Die Frage, die sich stellt, wäre also die nach einer »Ausdehnung des Wir« und die stellt Garcia und beantwortet sie mit dem Idealismus: Es sei der Idealismus, so Garcia, der »uns durch das Denken wie eine Art beliebig flexibler Figur ausdehnt [...]. Jeder Idealist verspricht, dass wir uns einer Idee entsprechend ausweiten können und dass unser einziger dynamischer Zwang das Ziel sei, das wir uns setzen.« (ebd.: 203) Als Beispiele führt Garcia religiöse Verheißung, Kommunismus und den spirituellen Evolutionismus an (ebd.: 203ff.), eine Idee, die basierend auf Darwins und Spencers Werken davon ausgeht, dass der evolutionäre Fortgang zu einer Ausdehnung der bislang beschränkten Identitäten durch eine Zunahme von Empathie zu dem Bewusstsein einer universellen Identität führt (ebd.: 211ff.). Nach Garcia gibt es jedoch einen »dynamischen Zwang« (ebd.: 202), also einen »elastischen Widerstand«, der verhindert, dass sich die Idee des ›Wir‹ ungehindert ausdehnen kann.

Nun – die Idee des ›Wir‹ »auszudehnen« ist grundsätzlich eine gute Idee! Dass wir versuchen sollten, das ›Wir‹ nicht nur auf gruppenhafte Phänomene zu beziehen, macht durchaus Sinn und müsste in Anbetracht des Wandels, den die Globalisierung für uns mit sich bringt, in unserem Interesse liegen. Die Idee der Ausdehnung erscheint insofern bestechend logisch. Religiöse Verheißung und Kommunismus sind aber leider nicht unbedingt gut gewählte Beispiele, da gerade sie in der Umsetzung in den allermeisten Fällen nur mittels starker gruppenhafter Formationen und Abgrenzungsmechanismen bestehen konnten und können. Schlichtweg unnötig zu betonen, dass Überidentifizierungen oftmals eine notwendige Begleiterscheinung dieser Ideale darstellen. Ich beziehe mich hier vor allem auf eine Religiosität, die *verheißen* wird, zum Beispiel durch einen religiösen Führer oder eine Institution. Aber dies kann auch auf die Idee des Kommunismus übertragen werden, der sich ohnehin stark auf die Umordnung von gesellschaftlichen Strukturen bezieht. Inwieweit gesellschaftliche Strukturen und Organisationen hier formulierte Ziele bzw. Visionen für eine zukunftsfähige Gesellschaft zu unterstützen in der Lage wären, steht hier nicht so sehr im Fokus, sondern vielmehr die menschliche Fähigkeit, die ›Software‹ sozusagen. Das ›Wir‹ kann ja nur so weit ausgedehnt werden, wie die menschliche Fähigkeit, sich selbst darin zu verorten, es zulässt. Und neue menschliche Fähigkeiten könnten ja auch zu bisher noch nicht denkbaren gesellschaftlichen Organisationsformen führen. Der »dynamische Zwang«, wie Garcia es nennt, wird erzeugt durch die menschliche Unfähigkeit, sich in einer kosmischen Perspektive zu Hause zu fühlen. Gesellschaftliche Strukturen und menschliche Verortungsfähigkeiten gehen Hand in Hand – sie bedingen sich gegenseitig: Erfolgen Sozialisationsprozesse fast ausschließlich in gruppenhaften Formationen und werden diese stets von einer positiven Grundhaltung begleitet, verstärkt sich dadurch die Identifikationsbereitschaft mit ihnen und gleichzeitig wird die Identifikationsfähigkeit auf diese ausgerichtet. Dieser Zusammenhang hat Auswirkungen auf die Entwicklung menschlicher Fähigkeiten: Verändert sich die innere Haltung gegenüber Gruppen, wird diesen keine bedingungslos positive Haltung zuteil, werden sich auch auf Identität bezogene Sozialisationsprozesse verändern. Wenn gesellschaftliches Zusammenleben neu gedacht werden soll, müssen wir die Entwicklung innerer Fähigkeiten anstoßen, die es ermöglichen, das ›Wir‹ auszudehnen. Dies ist dann möglich, wenn Menschen die innere Bereitschaft zu einer kosmischen Selbstverortung ausbilden.

Dafür muss man sich nicht dem spirituellen Evolutionismus von Carter Phipps anschließen und am Ende auch keine Meditations- oder andere spirituelle Übungen verschreiben. Gefragt ist vielmehr – anders als das heute möglich scheint –, weitere Dimensionen in der Debatte um die Identität von Menschen zuzulassen: das schwer benennbare, abstrakte Bedürfnis des Menschen in den Blick nehmen, zu dem meine Ausführungen hingeführt haben. Mein Text möchte hierzu Mut machen und motivieren, vertraute Bilder, festgefahrene Vorurteile und unreflektierte Abgrenzungen loszulassen. Eliade führt aus, dass es religiöse Menschen sind, die in einem ›offenen‹

Kosmos leben können (1957: 101). Was Eliade dem religiösen Menschen zuspricht, klingt nach einer wertvollen menschlichen Fähigkeit. Die Frage ist, ob man diese Fähigkeit näher bestimmen und befördern kann und ob dies möglich ist, ohne auf religiöse oder spirituelle Konzepte zurückzugreifen. Denn fraglos ist »das Heilige« zwar als Konzept als »dezidiert religiös« zu bezeichnen (Bucher 2014: 66) und auch das Konzept der »Religiösen Spiritualität« bezieht sich auf »das Heilige gemäß einer Religion« (Utsch et al. 2014: 31). In diesem Essay wurde das Konzept der Heiligkeit aber lediglich als Hilfsmittel herangezogen, um eine analytischere Tiefe eines abstrakten menschlichen Verortungsbedürfnisses zu erhalten. Bevor ich eine Annäherung an die oben formulierte Frage unternehme, möchte ich mir die genannten Referenzmodelle der Religion und Spiritualität genauer ansehen, wobei klar sein muss, dass es in den Sozialwissenschaften weder für Religiosität noch für Spiritualität einheitliche Definitionen gibt (Utsch et al. 2014: 29). Griffith (2013: 35f.) sieht drei miteinander verbundene Rollen der Religion: Religion könne dazu beitragen, die Sicherheit innerhalb einer Gruppe zu stärken, so auch das Selbstwertgefühl des Einzelnen, »indem sie die Wahrnehmung des Selbst als wertvoll und kompetent unterstützt«, drittens könne »Religion persönlich empfundenes eigenes oder fremdes Leid lindern.«

Dem gruppenbezogenen Aspekt kommt gemäß Griffith mehr Bedeutung zu, da er hier eine schützende Funktionalität im Ursprung der Religion sieht (2013: 36f.). Er bezieht sich auf eine Definition von Hood, Hill und Spilka[30] (ebd.: 40) die diese als ein Konzept betrachten, das »institutionelle und soziologische Konnotationen hat« und bei dem es »um die Einbindung einer Person in eine religiöse Tradition und Institution geht.« Religion, so Griffith, zeige sich im Vergleich zu Spiritualität daher »mehr im Leben der Gruppe und in der Gesellschaft als Ganzem« (2013: 40). Religion hat in diesem Sinne eng mit dem Bedürfnis nach Schutz und Geborgenheit einer Gruppe zu tun, was gleichzeitig bedeutet, dass sich auch im Blick auf »religiöse Gruppenloyalität« die dunklen Seiten von Gruppen zur Geltung bringen und diese Loyalität zu unmoralischem Verhalten, Willkür und Gewalt durch Intoleranz gegenüber Andersgläubigen führen kann (ebd.: 36f.). Das hat nicht nur die Menschheitsgeschichte gezeigt, sondern das zeigt auch die Menschheitsgegenwart. Hier kann jede institutionell verfasste Religion in ihrer eigenen Geschichte und Gegenwart ›kramen‹. Auch wenn es Religion ist, die Menschen eine kosmische Selbstverortung erlaubt und sich – auch auf konstruktive, entwicklungsorientierte und heilende Weise – mit den großen Fragen des Lebens und Zusammenlebens auseinanderzusetzt, scheint es zumindest im Blick auf ihre momentane institutionelle und stark gruppenbezogene Ausprägung schwierig, mit ihr eine neue gruppenkritischere Perspektive menschlichen Zusammenlebens zu entwickeln.

Im Gegensatz zur Religion wird Spiritualität stärker »mit dem inneren, psychischen Leben des Einzelnen« in Verbindung gebracht (Griffith 2013: 40, mit Bezug auf Hood et al.). Auch wenn das Konzept der Spiritualität auf das Christentum zurückgeführt wird, hat es heutzutage einen »massiven Bedeutungswandel« erfahren (Utsch et al. 2014: 32). In seiner populären Definition wird es losgelöst von institutionalisierten Religionen verwendet. Vonseiten wissenschaftlicher Ausführungen, meist aus Sicht der Psychologie, besteht eine sehr große Überschneidung zwischen Religiosität und Spiritualität, beide können aber auch unabhängig voneinander existieren. Sie können also miteinander verbunden sein, müssen dies aber nicht – die Frage danach, welches Konzept breiter bzw. umfassender ist, wird vielfach in der Literatur diskutiert (vgl. z. B. Bucher 2014: 65ff. und Utsch et al. 2014: 26ff.). Mit seinem Bezug auf das psychische Leben des Einzelnen wäre das Potenzial, was das Spiritualitätskonzept für die vorliegende Argumentation bietet, unbestritten. Dennoch machen seine Vereinnahmung durch die New-Age-Bewegung und Esoterik (ebd.: 33), durch selbsternannte spirituelle Führer und ein damit verbundenes Selbstfindungs- und Lebenshilfeversprechen, das sich in vielen Fällen als fachlich wenig fundiert, aber umso geschäftstauglicher erweist, einen Bezug auf dieses Konzept schwierig – um nicht zu sagen unmöglich.

Wegen seines vermuteten Potenzials soll das Konzept der Spiritualität hier trotzdem ein Stück des Weges mitgenommen werden. Wir werden also das Gebüsch lichten, die Dornen am Wegesrand beseitigen und versuchen, uns einen schmalen Pfad zu schaffen, der uns einen möglichst aufgeräumten Blick auf das Thema ermöglicht. ›Aufgeräumt‹ meint hier einen

Blick, der nicht ideologiebehaftet, sondern an der Sache selbst orientiert ist. Schauen wir uns also ›die Sache‹ an: zum Beispiel den Begriff, der sich aus dem Lateinischen ableitet. Dort bedeutet ›spiritus‹ so viel wie Luft, Hauch, Atem, Atmen, auch Seele, Geist, Begeisterung und Sinn. ›Spirare‹ hat viele Bedeutungen, einige sind wehen, hauchen, atmen, seufzen und begeistert sein (Bucher 2014: 29). »Die Lateiner«, so Anton Bucher, »sahen Seele und Geist ›ganzheitlich‹ in engstem Zusammenhang mit einem elementaren körperlichen Vorgang: Atmen. Ebenso die Israeliten« (ebd.). Erst in der ausgehenden Antike wurde der Begriff im Sinne von »Frömmigkeit« verwendet. Als Fachterminus im Sinne einer individuellen religiösen Erfahrung und Lebensführung entstammt er dem Französischen (ebd.). Trotz der zwiespältigen Karriere, die der Begriff in der Populärwissenschaft und in der Esoterik genommen hat, hat er insbesondere in der Psychologie als seriöser Deutungsansatz und wissenschaftlicher Untersuchungsgegenstand Fuß gefasst, allerdings erst seit den 1990er Jahren (ebd.: 30). Dies wurde hauptsächlich durch die, auch nicht gänzlich unkritisch betrachtete, Humanistische Psychologie angestoßen, die die »vollständig entfaltbare Persönlichkeit« in den Mittelpunkt stellt (Utsch et al. 2014: 16f.) und in diesem Zusammenhang auch die Integration der spirituellen Dimension als ein grundlegendes menschliches Bedürfnis angesichts der »schwer zu ertragenden Grundwahrheiten menschlicher Existenz« fordert (ebd.: 17, zitiert nach Eberwein 2009: 50[31]). Diese »Grundwahrheiten« umfassen demnach, grob gefasst, all das, was die Tragik des Lebens ausmacht wie begrenzte Möglichkeiten und Fähigkeiten, mangelndes zwischenmenschliches Verständnis, Verluste, unüberwindbare Probleme, fehlender Ausgleich von Gut und Böse und per se unlösbare Fragen des Lebens. All diese Fragen spielen eine Rolle, wo immer in diesem Essay von ›Verortung‹ bzw. von ›kosmischer Verortung‹ die Rede ist. In dem Zusammenhang habe ich die Annahme formuliert, dass sich Menschen in abgegrenzten, vorgestellten Räumen verorten, also damit innerlich verbinden, weil sie damit der Größe der menschlichen Fragen entfliehen bzw. diese auf den dergestalt verkleinerten ›Kosmos‹ mit einer imaginierten Ordnung herunterbrechen und besser bewältigen können. Wenn die sich globalisierende Welt jedoch mit all ihrer Unübersichtlichkeit, Vielfalt und Wucht in diese kleinen Welten hereinbricht, wird dieser Effekt zunichte gemacht. Die großen Fragen, das ›Andere‹, die Ambivalenz schwappen in die für sicher gehaltenen, abgegrenzten Räume und treffen auf Menschen, die auf sie nicht vorbereitet sind. Welche Art von Vorbereitung vonnöten ist, welche innere Bereitschaft und Haltung Menschen brauchen, um all dem Stand zu halten – das ist die Frage, die eine Beschäftigung aus neuen Perspektiven und einem erweiterten Verständnis heraus auf die Tagesordnung setzen muss. Ist die Antwort also ein Mehr an Spiritualität? Das Buch von Bucher (2014) liest sich wie ein Plädoyer für das Konzept und für seine positiven Wirkungen auf die Gesellschaft. Ausgehend von der Tatsache, dass sich die etablierte Wissenschaft in jüngster Vergangenheit mit Spiritualität beschäftigt hat, weil sie der persönlichen Krisen- und Krankheitsbewältigung dienlich ist, so zum Beispiel im Fall der medizinischen Onkologie und der Psychotherapie (ebd.: 12ff.), betrachtet Bucher solche Effekte in einem breiteren Kontext und beschreibt positive Wirkungen auf die physische und psychische Gesundheit – mit eindrücklich beschriebenen Effekten in den meisten individuellen und gesellschaftlichen Bereichen wie Ehe, Elternschaft, Arbeit, Unternehmenskultur, Pflege etc. Positive Konsequenzen werden zudem für unterschiedliche Lebensstadien ausgearbeitet und das alles mit einer erstaunlich umfangreichen empirischen Datenlage. Das damit verbundene Dilemma sei jedoch, so Bucher, Folgendes: Damit Spiritualität einen legitimen gesellschaftlichen Platz erhalten kann, bedarf es einer breiteren Akzeptanz in der Wissenschaft und in etablierten Gesellschaftsbereichen. Dafür müsste es mehr empirische Untersuchungen geben, wobei sich dann eine solche »›akademische‹ Psychologie der Spiritualität« gegen den Vorwurf vonseiten einer esoterischen Spiritualität behaupten müsste, ›geistlos, reduktionistisch, ja materialistisch« zu sein (Bucher 2014: 13). Spiritualität ist darüber hinaus etwas, das individuell erfahren wird und mit normalen Untersuchungsinstrumenten nur schwierig zu erfassen ist (siehe zur Entwicklung von Messinstrumenten ebd.: 41–61) – Spiritualität hat demnach sehr viele subjektive Ausprägungen, weshalb es sich anbietet, von ›den Spiritualitäten« zu sprechen (Utsch et al. 2014: 28). Außerdem sei es nach Bucher ethisch bedenklich, Spiritualität quasi »zu verschreiben« (Bucher 2014: 132ff.). Für ihn besteht indes kein Zweifel, dass die Gesellschaft gut daran täte, Forschungen zu Spiritualität zu intensivieren, weil sie nicht zuletzt auch mit einem volkswirtschaftlichen Nutzen in Verbindung zu sehen ist (ebd.: 205). Anzuknüpfen wäre an die aus seiner Sicht erstaunliche und erfreuliche Entwicklung der letzten Jahrzehnte, in denen das Thema den Weg in etablierte Wissenschaften und somit auch Verlage gefunden hat. Würde Spiritualität als ein »genuines, nicht unbedingt auf Religion angewiesenes Menschheitsphänomen plausibilisiert«, würde eine Barriere entfallen, sich mit ihr zu beschäftigen (ebd.: 206). Diese Sichtweise ist nachvollziehbar, insbesondere dann, wenn man Buchers »vorläufige[r] Definition« von Spiritualität folgt, die ihren Kern als Verbundenheit beschreibt, »zum einen horizontal mit der sozialen Mitwelt, der Natur und dem Kosmos, zum anderen vertikal mit einem den Menschen übersteigenden, alles umgreifenden Letztgültigen, Geistigen, Heiligen, für viele nach wie vor Gott.« (ebd.: 69). Eine solche Öffnung, so Bucher weiter, setze eine Fähigkeit zur Selbsttranszendenz voraus und dass vom eigenen Ego abgesehen werden könne. In diesem Sinne werden psychologische Dimensionen der Spiritualität, adaptiert aus Buchers Werk in seiner Erstausgabe (2007: 27[32] in Utsch et al. 2014: 29), mit ebendiesen Fähigkeiten beschrieben sowie mit Selbstakzeptanz und -entfaltung, mit positiven sozialen Beziehungen, intensivem Erleben der Schönheit bzw. Heiligkeit der Natur, Verbundenheit mit einer höheren Macht, mit Achtsamkeit und Meditationserfahrungen.

Ich möchte an dieser Stelle argumentativ abzweigen und den schmalen, mit vorurteilsgeprägten Assoziationen und Bildern durchwachsenen Weg der Spiritualität, auf dem ich abschnittsweise Anregungen gefunden hatte, hier nun wieder verlassen. Mitnehmen will ich jedoch den Perspektivwechsel, einige Grundgedanken und vor allem die Erkenntnis der Notwendigkeit einer neuen Dimension, die in die Debatten von Identität Eingang halten muss. Man kann nicht verlangen, erzwingen oder verordnen, dass sich Menschen und Gesellschaften spirituell weiterentwickeln oder sich entsprechende Übungen auferlegen – auch wenn es bereits eine nicht zu unterschätzende Bewegung hin zu diesen Dingen gibt. Es wird hier noch einmal auf den *Spiegel*-Artikel von Dietmar Pieper Bezug genommen, der einen großen Markt »[z]ur Erfüllung spiritueller Sehnsüchte« feststellt und anfügt, »dass die Deutschen des 21. Jahrhunderts einen Hang zum Wunderglauben haben.« (Pieper 2019: 42) Der *Spiegel*-Umfrage zufolge geben dies 66 Prozent der Befragten an. Das rasante Schrumpfen der kirchlichen Mitgliederzahlen sowie der Schwund an positiven Antworten auf die Frage, ob Menschen an einen Gott glauben (gemäß der Spiegel-Umfrage waren das 2005 noch 66 Prozent und 2019 55 Prozent), sagt also nichts über das spirituelle Bedürfnis von Menschen aus. Auch wenn viele Menschen sich durch Themen der Spiritualität abgestoßen fühlen oder Berührungsängste haben, bleibt die Frage, wie sich Menschen mit den großen Fragen auseinandersetzen und wie junge Menschen auf diese vorbereitet werden.

Immer wieder flammt die Diskussion auf, dass in der Schule mehr lebenspraktische Dinge wie beispielsweise der Umgang mit Steuererklärungen vermittelt werden sollten. Eine solche Diskussion zeigt, wie wenig grundsätzlich und umfassend Bildungsprozesse in unserer Gesellschaft verstanden werden. Um zu vermeiden, dass der Essay am Ende in eine bildungspolitische Debatte hineingleitet, sei hier nur überspitzt angemerkt: Die Fähigkeit, Versicherungen zu verstehen oder eine Steuererklärung anzufertigen, bereitet junge Menschen in keiner Weise auf ein Leben in einer sich globalisierenden, hochkomplexen Welt vor. Es bereitet einen jungen Menschen auch nicht auf sein privates Leben oder die wirklichen Herausforderungen des beruflichen Lebens vor. Das Ding mit der Steuererklärung kriegen Menschen plötzlich nämlich ganz schnell dann selbst heraus, wenn sie feststellen, dass sie für ihr Unternehmen notwendig ist oder aber dass sie dadurch Geld zurückbekommen. Das Ding mit dem Leben an sich kriegen Menschen aber nicht plötzlich und ganz schnell heraus, wenn sie – vielleicht das erste Mal mit der Pubertät oder auch schon früher durch traumatische Erlebnisse – feststellen, dass sie es nicht kapieren, dass es ihnen sinnlos erscheint, dass sie keine Ahnung haben, wo auf der Erde ihr Platz sein soll und sich in dieser Phase Orientierungen suchen, die dann nicht unbedingt positive Wirkungen auf ihr Leben und die Gesellschaft haben. Leider gibt es für diese Lebensfragen keine digitalisierten Programme, es gibt kein ›Elster-Online‹, das die Suche nach einer kosmischen Verortung unterstützt. Utsch et al. fassen einige der Fragen zusammen, die in Selbsterfahrungsgruppen und in der Palliativversorgung mit Bezug auf die eigene Spiritualität behandelt werden. Es sind Fragen, die die Verbundenheit mit einer größeren Kraft/Macht abfragen und die Themen Lebenssinn, Glaube, Hoffnung und die emotionale Verbundenheit mit anderen Menschen berühren (vgl. 2014: 19). Die Behandlung solcher Fragen wird Ärzten und Pflegenden im Rahmen ihrer Weiterbildung vermittelt. Warum schiebt man Fragen dieser Art in das Gesundheitssystem, in den Bereich von Krankheit und Tod und damit – um uns hier noch einmal auf Douglas' Ausführungen zu beziehen – auf die Randbereiche unserer Gesellschaft und unseres Lebens? Hält nicht das gesamte Leben Anforderungen palliativer Natur bereit? Ist der Tod nicht allgegenwärtig? Werden Verluste nicht immer und überall erlebt? Erhebt sich die unendliche Weite des Sternenhimmels nicht jede Nacht über jede*n von uns und wirft die großen Fragen auf?

Anstatt der Förderung eines übertriebenen Ordnungs- und Differenzierungsbewusstseins durch eine auf Gruppen fokussierte Sozialisation und anstatt dadurch erzeugter und ständig verstärkter Identifizierungen über Zugehörigkeiten geht es darum, neue Dimensionen unseres Miteinanders zu beachten, die dem Ego eine kosmische Selbstverortung als Teil eines hochkomplexen Gesamt erlauben. Zur Benennung solcher Dimensionen werde ich im Folgenden zwei Konzepte einführen: *»Konnektivitätsbewusstsein«* und *Selbstverortungskompetenz*. Mit diesen beiden neuen Konzepten möchte ich konkretisieren, worum es bei den zu vermittelnden Fähigkeiten gehen könnte – und zwar losgelöst von den in diesem Abschnitt vorgestellten Ansätzen, die stark vorbelastet und leicht vereinnahmbar sind. So sollen eine neutrale Annäherung und ein frischer Blick ermöglicht werden und ein Zugang, von dem sich niemand ausgeschlossen oder abgestoßen fühlt.

Die beiden Konzepte werden in diesem Text quasi zur ersten Orientierung vorgestellt, denn eine ausführliche Ausarbeitung steht noch aus. Mit ihnen lässt sich in die Richtung blicken, in die eine Weiterentwicklung menschlicher Fähigkeiten gehen könnte. Den Begriff des »Konnektivitätsbewusstseins« hat Ulrich Bielefeld in einem Aufsatz zur Vergesellschaftung Europas jenseits des Nationalstaates eingeführt (2016). Wissend, dass »dieses modische Wort aus einem anderen Zusammenhang« stammt[33] (ebd.: 3[34]), wendet er ihn auf die spezielle Form der »europäischen politischen Kollektivität« an, die geprägt ist durch »lose Verbindungen« der europäischen Gesellschaft (ebd.: 2). Damit meint er die »nicht-identitäre Verfasstheit Europas« ohne Gründungsakt und vorhandenes Volk (ebd.: 1) oder ein »vorausgesetztes oder herzustellendes Kollektivbewusstsein« (ebd.: 2). Die Gesellschaft Europas bräuchte daher, so Bielefeld, ein »Konnektivitätsbewusstsein«, ein »conscience connective« (ebd.: 5)

Ich möchte diesen Begriff an dieser Stelle aufnehmen, zu einem Dreiklang erweitern und damit modifizieren: Der Aspekt der Verbindung bzw. des Bewusstseins über diese wird hier um die Aspekte des Zusammenhangs und der Komplexität ergänzt. Dieser Dreiklang stellt in der hiesigen Auffassung das Fundament des Konnektivitätsbewusstseins dar. So gefasst, verleiht es Menschen die Fähigkeit, Verbindungen wahrnehmen, Zusammenhänge verstehen und Komplexität wertschätzen zu können. Die Welt besteht aus Verbindungen, alles und alle sind miteinander verbunden, alles steht miteinander im Zusammenhang. Aus diesen beiden Bedingungen entsteht Komplexität. Was dies im Einzelnen bedeutet und wie diese Erkenntnis in Bildungs- und Sozialisationsprozessen umgesetzt werden kann, muss von vielen Akteur*innen gemeinsam entwickelt werden. So kann es beispielsweise darum gehen, mich selbst in Verbindung mit anderen Menschen zu betrachten, mein Handeln mit seinen globalen Auswirkungen zu begreifen, mein Leben in seiner Verbindung mit dem Leben eines Menschen am anderen Ende der Welt zu verstehen, geistes- und naturwissenschaftliche Erkenntnisse aufzunehmen und diese vor ihrem historischen Hintergrund zu betrachten, aktuelle Geschehnisse einordnen zu können, ihre Entstehung und Auswirkungen in Zusammenhängen zu sehen. Das heißt: Wissensinseln verbinden, große thematische Bögen schlagen, einzelne Schulfächer in Verbindung setzen, interdisziplinär denken lernen, projektbezogen arbeiten, Institutionen öffnen, Gruppen flexibilisieren, Widersprüche aufdecken, kritisches Denken üben. Sich Konnektivitäten bewusstzumachen, die Verbindungen der Welt zu betrachten, bedeutet, die Welt in ihrer Gesamtheit mit ihren vielfältigen Dimensionen – Weltgeschichte, Naturwissenschaft, Wirtschaft, Politik, Flora, Fauna, Klima – in ihren Verflechtungen, Vernetzungen, Abhängigkeiten zu verstehen. Und dies alles zu begreifen vor dem Hintergrund einer Gesamtmenschheit, die sich den Weg durch das vermeintliche Weltchaos bahnt – und sich »in loser Verbindung« (Bielefeld 2016) als Teil derselben zu spüren. Apropos Chaos: Wenn Bauman schreibt, dass die Bevorzugung von »Ordnung« vor dem »Kuddelmuddel« eine Wahl ist, mit der »Kontingenz verunglimpft« und »Unzweideutigkeit glorifiziert« wird (2016: 320), dann heißt dies auch, dass immer eine Alternative zu dieser Wahl besteht. Angesichts der Opfer, die eine gesamtgesellschaftliche Fokussierung auf Ordnung verlangt, gilt es, diese Alternative in das gesellschaftliche Blickfeld zu rücken. Die Entwicklung eines Konnektivitätsbewusstseins wäre damit nur vollständig, wenn sie mit einer Entdeckung der spezifischen Ästhetik von Ambivalenz, Unordnung, Chaos, Vielfalt und Ambiguität einherginge sowie mit einer Wertschätzung des Zufalls. Bis auf die letztgenannten Aspekte wird schon vieles des Erwähnten in Ansätzen gelehrt und gelernt. Institutionell wird diese Perspektive allerdings bei Weitem noch nicht gelebt, weder in den Bildungsinstitutionen, schon gar nicht in den Medien oder der allgemeinen Öffentlichkeit. Im Gegenteil: Das Aufkommen der Sozialen Medien hat die Welt zwar noch enger miteinander verbunden, aber leider das menschliche Bedürfnis nach Vereinfachungen verstärkt. Der Aspekt der Komplexität sollte hingegen eine Veränderung in seiner gesellschaftlichen Bewertung erfahren und als ein positiver Faktor ständiger Begleiter sein: Komplexität – das bedeutet Verlässlichkeit, Stabilität und Widerstandskraft. Der Aufbau des Auges ist kompliziert, der Aufbau einer Zelle auch, so der Schwänzeltanz der Biene, eine Bach-Sonate, der Wetterkreislauf, die Weltgeschichte und Goethes Faust. Menschliche Beziehungen sind kompliziert, Demokratie ist komplex, so der Gang eines Gesetzes und die Gesetzestexte an sich, die Entwicklung eines Impfstoffs ist kompliziert, die Konstruktion eines Wasserkraftwerks und das Bauen eines Hauses auch. Komplexität verleiht Systemen Dichte.[35] Einfachheit muss Argwohn hervorrufen, Misstrauen und den Drang zur weiteren Erkundung, zu Nachfragen und kritischer Betrachtung. Es muss Schluss sein mit dem verlockenden Versprechen von Glück durch ein einfaches Leben, wie es in Lifestyle-Zeitschriften und auf Instagram-Profilen postuliert wird. Die Vorstellung eines Zweiklangs von Einfachheit und Glück ist eine zugkräftige, aber gleichzeitig auch eine leere Illusion, was sich dadurch zeigt, dass sie dehn- und biegbar ist und von sehr verschiedenen Richtungen vereinnahmt werden kann. Dass in dieser Vereinfachung auch ein Gefahrenpotenzial liegt, zeigt beispielsweise der kurze

Weg, der von den Assoziationen des ökologischen und nachhaltigen Lebens zu einem völkischen Denken führt, das den Natur- und Heimatschutz umfasst. Einfachheit an sich sollte einen Abwehrreflex hervorrufen. Es gibt kein einfaches Leben! Und es gibt nicht nur Einfaches im Leben! Das ist eine Erfahrung, die jeder Mensch macht, eine Erfahrung, die eint. So gibt es keine schlichte Tätigkeiten – selbst als einfach wahrgenommene Tätigkeiten, zum Beispiel im landwirtschaftlichen Bereich, situieren sich in einem hochkomplexen Zusammenhang biologischer und chemischer Faktoren, seien es Getreideanbau, Viehzucht, die richtige Reifung eines Käses oder das Herstellen eines Sauerteigs. Und schon gar nicht gibt es Gefühle – sich selbst, anderen Menschen, dem Leben gegenüber –, die von jeglicher Komplexität befreit sind. Und das sollte uns nicht weiter stören, sondern im Gegenteil beruhigen. Um hier noch einmal Bezug auf Carolin Emcke zu nehmen: Es ist nicht die Unreinheit, die uns beruhigen sollte, sondern die Komplexität. Und dies schließt die Komplexität des menschlichen Lebens in all seiner Vielfalt ein, denn es ist Komplexität, die das Leben als solches ausmacht, im engeren Sinne und im weiteren, das heißt in unserem menschlichen Sein und in seinem Wirken – Komplexität ist an der Wurzel dessen, was uns als Menschen zusammenkommen, kommunizieren, miteinander verhandeln lässt. Weil wir komplexe Zusammenhänge verstehen wollen, forschen wir, weil wir die Welt gestalten wollen, entwickeln wir gemeinsam Dinge, weil wir mit der Komplexität unterschiedlicher Ideen und Meinungen umgehen wollen, treffen wir uns, um zu verhandeln und kreieren politische Strukturen. Zusammenhänge und Verbindungen schaffen Komplexität und Komplexität schafft Verbindungen und Zusammenhänge. Es sind diese Aspekte, die Menschen in Beziehung zueinander und in Bewegung setzen und dafür sorgen, dass sich Verbundenheit, Zusammenhang, und Komplexität immer wieder reproduzieren. Dies zu verstehen, zu begreifen und zu akzeptieren ist ein wichtiger Teil des Konnektivitätsbewusstseins und kann zudem zu einer Handlungsorientierung führen, die auch Bielefeld in Bezug auf die »politische Gesellschaft Europas« benennt: »Auch nicht die Gesinnung der Herkunft noch eine angenommene einmalige Zustimmung aller Menschen bestimmen Gegenwart und Zukunft, sondern die Auseinandersetzungen und Beteiligungen, die Verantwortungsübernahmen für die Gestaltung eines gegenwärtigen und zukunftsfähigen Lebens.« (ebd.: 3) Perspektivwechsel zu üben, systemisches Denken und selbstreflexive Fähigkeiten gehören ebenfalls zu dieser Form von Befähigung. Hieraus ergibt sich auch die oben beschriebene Forderung, starre Gruppen möglichst zu vermeiden: Eine Gesellschaft mit fließenden Grenzen und flexiblen Gruppenzugehörigkeiten wird automatisch dazu führen, dass sich Komplexität, zum Beispiel durch die Vielfalt an Lebensweisen und -perspektiven in ihren Institutionen und somit in den individuellen Lebenswelten abbildet. Konnektivitätsbewusstsein macht das vermeintliche Chaos der Welt vermittelbar, ohne Ängste auszulösen. Und es ermöglicht, Ambivalenz zuzulassen, ohne dass diese länger als »genuinste Beunruhigung und Sorge für die Moderne« empfunden werden muss (Bauman 2016: 25). Im Idealfall nimmt sich ein Mensch mit einem gut ausgebildeten Konnektivitätsbewusstsein als Teil dieser Komplexität wahr und spürt, wie sie auch ihm*ihr selbst Stärke, Stabilität und Widerstandskraft verleiht.

Eine zweite Fähigkeit, die wir im Interesse unserer eigenen Zukunft fördern müssen, bezeichne ich als Selbstverortungskompetenz. Damit möchte ich das in diesem Essay mit dem Konzept der Heiligkeit umschriebene Bedürfnis adressieren. Wie auch immer man es nennen mag, es gibt die Sehnsucht nach einer nur schwer konkretisierbaren Dimension, die sich aus der Unbeantwortbarkeit der großen Lebensfragen ergibt – eine Dimension, die ganz offensichtlich gelebt werden will. Als Selbstverortungskompetenz gedacht wird das, was im religiösen Rahmen als sakrales Bedürfnis verstanden wird, zum Bedürfnis des Menschen nach einem Abstraktum, einer nicht greifbaren und nicht rationalen Ebene. Alle Menschen stellen sich irgendwann existenzielle Fragen, auf die sich nur abstrakte Antworten finden lassen, die weder greifbar, konkret, empirisch oder wissenschaftlich zu erfassen sind: »Ein blinder Fortschrittsoptimismus der wissenschaftsgläubigen und technikbesessenen Moderne kann diese Fragen höchstens verdrängen.« (Utsch et al. 2014: 15) Eine Selbstverortungskompetenz, wie sie hier gemeint ist, bezieht sich darauf, dass es allen Menschen möglich ist bzw. ermöglicht wird, sich in einem umfassenderen Kontext als dem individuellen wahrzunehmen, in diesem Gesamtkontext einen eigenen Raum für sich definieren zu können und aus dieser Verortung Kraft zu schöpfen: Die Kraft ergibt sich aus dem Zusammenfließen des Gesamt, sie ist größer als das Ich, aber nicht übermenschlich. Die hier gemeinte Kraft wird nicht im Sinne eines religiös-spirituellen Gedankens als höhere Kraft bezeichnet (weswegen hier von Buchers Idee der vertikalen Achse abgewichen wird), sondern als eine irdische, als eine von der Menschheit selbst genährte Kraft. Sie eint die Menschheit in ihrer irdischen Existenz und ist eine Kraftquelle, zu der jeder Mensch einen selbstverständlichen Zugang hat: Jede*r kann daraus schöpfen und dazu beitragen, es gibt keine privilegierten Zugänge.

Voraussetzung ist, dass ich mir der Kraft und meines Zugangs zu ihr bewusst bin und vor allem, dass ich mich mit meiner Verortung aktiv beschäftige: Wo verorte ich mich räumlich, das heißt welche räumliche Vorstellung habe ich von mir in der Welt, wie verbinde ich mich sozial, was ist die sinngebende Landschaft in meiner Vorstellung. All das ist ein Prozess, der ein Leben lang gestaltet und bewusst gelebt werden will. Hierfür braucht es Impulse, Angebote, Anleitungen, Methoden und vor allem Zeit. Falls dieser Prozess gelingt, entsteht daraus auch eine wahrgenommene Zuständigkeit für diesen Prozess, eine Befähigung sowie die Bereitschaft dazu, diesen aktiv anzugehen. Für diese drei Aspekte kann der pädagogische Begriff der Kompetenz[36] verwendet werden. Angekommen in einer solchen Sichtweise bzw. in einer solchen Idee des Abstrakten müssen Menschen nicht länger abgetrennte Räume schaffen – stattdessen kann in einem solchen Prozess aktiv und selbst gestalteter Verortung die eigene Lebenswelt in Verbindung mit *der* Welt zu einer gemeinsamen werden. Konkret hieße das, in der Mitte der Gesellschaft, also innerhalb ihrer Institutionen, Räume zu schaffen, die eine Auseinandersetzung mit diesen grundlegenden Fragen der Verortung ermöglichen. Es sollte zu einem zentralen gesellschaftlichen Anliegen werden, mit Menschen von Anfang an – zuerst spielerisch und später systematisch – gemeinsam Strategien zu entwickeln, die einen konstruktiven und friedvollen Umgang mit denjenigen Fragen des menschlichen Lebens finden, die sich nie final beantworten lassen. Eine Gesellschaft sollte Individuen mit dieser Suche nicht alleinlassen und sie sollte diese auch nicht weiter ausschließlich in die Hände von Religionsgemeinschaften legen. Es ist vielmehr an der Zeit, diese Suche auch in die säkulare und institutionelle Mitte des Zusammenlebens zu holen.

Diese Motivation und Idee sind nicht neu, es gab Ansätze, die dieses Ziel verfolgten, und es gibt sie weiterhin. Die Idee einer »kosmischen Erziehung« von Maria Montessori ist ein solcher Ansatz, dessen Potenzial vielleicht nie ausgeschöpft wurde und dessen Aktualität in der breiten Öffentlichkeit unterschätzt wird. Es geht hier aber nicht um die Ausarbeitung einer pädagogischen Schule. Das wäre zu eng gedacht und schon deswegen problematisch, weil mit »Montessori« wie auch mit »Waldorf« und vielen anderen pädagogischen Ansätzen eine starke Identitätsgeladenheit und somit auch Gruppenbezogenheit einhergeht. Mir geht es hier eher darum, Überlegungen gesamtgesellschaftlicher Natur anzustoßen, die auf die Ausbildung einer inneren Haltung zielen – und vor allem einen kreativen, eigenaktiven und individuellen Umgang mit einer Selbstverortung in den Mittelpunkt stellen. Die Einführung des Schulfaches »Glück«, das 2007 an der Willy-Hellpach-Schule in Heidelberg durch den ehemaligen Heidelberger Schulleiter Ernst Fritz-Schubert eingeführt wurde, und mittlerweile an vielen weiteren Schulen unterrichtet wird, ist ein aktuelleres Beispiel dieser Denkrichtung. Auch wenn »Glück« leider ein denkbar ungünstiger Begriff für ein Fach ist, das sich, wie es heißt, der Persönlichkeitsentwicklung widmet, denn der Begriff vermittelt jungen Menschen eine denkwürdige Erwartungshaltung an das Leben. Und außerdem halte ich für die Ausbildung von Konnektivitätsbewusstsein – das kann vor dem Hintergrund meiner Argumentation nicht verwundern – ein ›Bildungs-Ökosystem‹, das auf getrennten Gruppen und Fächern basiert, nicht für das geeignete Biotop. Dass eine gute Persönlichkeitsentwicklung mit einer hohen Selbstverortungskompetenz einhergeht, scheint jedoch einleuchtend, nur braucht es hierzu nicht nur eine auf das Selbst gerichtete, sondern zudem eine nach außen geöffnete Perspektive – im allerweitesten Sinne -, wenn die Persönlichkeit in einer sich globalisierenden, zunehmend komplexen und interdependenten Welt bestehen soll. Eine gesellschaftliche Vernachlässigung dieses Bedürfnisses nach einer Auseinandersetzung mit abstrakten Fragen und Themen, wie sie bislang zu verzeichnen ist, birgt Gefahren, denn hier zündelt, unbeachtet, ein brandgefährliches Potenzial mit größter zerstörerischer Energie.

Selbstverortungskompetenz und Konnektivitätsbewusstsein habe ich als theoretische Konzepte vorgeschlagen, um dem menschlichen Bedürfnis nach Verortung alternative Möglichkeiten zu eröffnen – jenseits einer überzogenen Identifikation über Zugehörigkeiten. Menschen sollen in die Lage versetzt werden, gesellschaftliche Distinktionen loslassen zu können, ohne ein Gefühl von Verlust, insbesondere von Ich-Verlust, zu erleben. Die vorgeschlagenen Modelle sind dabei weder als Ersatz noch als Alternative zu religiösen Formen zu verstehen. Vielmehr wären sie in jede Form religiöser, spiritueller, aber auch atheistischer Grundhaltung integrierbar – obwohl sie sich gleichzeitig klar voneinander unterscheiden. Ziel wäre es, Menschen Zugänge zu dieser Perspektive und zu diesen Fähigkeiten zu bieten, die in der Mitte der Gesellschaft, im Alltag verankert und vor allem institutionell legitimiert sind.

Große Fragen des Lebens werden nie abschließend beantwortet. Mit den hier beschriebenen Konzepten wird jedoch vorgeschlagen, diese Fragen systematisch und kontinuierlich in institutionell angeleitete Sozialisations- und Bildungsprozesse zu integrieren, damit eine Auseinandersetzung mit diesen ohne Verdrängung, ohne Angst und in konstruktiver Weise geschehen kann. Setzen wir Impulse und Leitplanken, die einen guten und friedvollen Umgang ermöglichen – im Innen wie im Außen – und so einen eigenen Weg eröffnen, dem Leben ohne übermäßigen Identitätszwang zu begegnen. Vor lauter Rationalitätsobsession sollten wir nicht weiterhin verdrängen, dass Menschen niemals gänzlich rational sein können – wie auch, angesichts der Unerklärbarkeit des Lebens?

Schluss: Wider das Zusammenrotten

»Reinheit ist der Feind aller Veränderungen,
Mehrdeutigkeiten und Kompromisse«

Mary Douglas, »Reinheit und Gefährdung« (1966/1988: 210)

Wir werden weitermachen und weitere Jahrzehnte über die Ismen diskutieren – Rassismus, Sexismus, Nationalismus und so weiter. Wir werden über Änderungen unserer Sprache nachdenken und diskutieren. Wir werden Begriffe, Straßennamen, Redewendungen reflektieren. Es wird weiterhin Trainings und Workshop geben, die diese Ismen thematisieren und mit guten didaktischen Methoden Perspektivwechsel ermöglichen. Auch wenn wir uns mit all dem zwar inmitten des Systems befinden, das die Ismen möglich macht und legitimiert, auch wenn wir uns damit in einem System von erdachten, täuschenden und zum Teil nicht empirisch belegten (und gemäß Appiah verlogenen) Kategorien befinden – wir müssen all das weiterhin tun! Weil wir niemals aufhören dürfen, unsere Kraft und Energie darauf zu verwenden, um anhand dieser Kategorien zu erklären, zu erläutern und erfahrbar zu machen, dass sie eben nicht wahr sind, nicht legitim, schlichtweg falsch und menschenverachtend. Und vor allem dürfen wir nicht damit aufhören, so lange es strukturelle, den gesellschaftlichen Systemen integrale Ungleichheiten gibt!

Aber das genügt nicht. Das genügt schon lange nicht mehr. Wir sollten mehr bewegen und zwar tiefergehend. Wir sollten zusätzlich zu diesen Dingen einen Weg finden, die Menschheit aus diesen beengten, distinktiven Denkmustern herauszuführen. Wir sollten heute zumindest Impulse dafür setzen, nachfolgenden Menschen einen solchen Weg erkennbar zu machen. Es scheint an der Zeit, sich Folgendes einzugestehen: Eine gruppenbezogene Identifikation wird niemals zu wirklich demokratischen und kosmopolitischen Identitäten führen, wenn sie Teil eines Machtsystems sind. Wenn wir dies akzeptieren können und gewohnte Identitätsmuster durchbrechen wollen, wird das von uns ein Mehr an Anstrengung, ein Mehr an Überwindung und ein Mehr an (Selbst-)Reflexion erfordern. Es erfordert auch ein Mehr an Mut und Willen, unsere gewohnte Logik zu durchschauen und zu verändern. Denn – wie beschrieben – eine integrative und inklusive Gesellschaft erfordert Desintegration. Nämlich die Desintegration von in sich integrierten, nach außen abgegrenzten, starren Gruppen. Und diese muss weniger im Außen, in den Institutionen vollzogen werden, sondern vielmehr im Innen – in unseren Herzen und Köpfen. Und zwar bei uns allen. Vorbei die Zeiten der Schuldzuweisungen. Solange sich Menschen nur vollständig fühlen, nur verortet und legitimiert, wenn sie sich einer (realen oder vorgestellten) Gruppe zugehörig fühlen, werden wir unsere die Welt durchziehenden Trennlinien niemals überwinden. Es gilt also, unsere Haltung, unsere Wertung von gruppenhaftem Verhalten und gruppenhaften Phänomenen einer grundlegenden Neubewertung zu unterziehen. Dies betrifft jeden und jede von uns. Denn jede Gruppe, jede zu stark gefühlte Zugehörigkeit ist die Grundlage für eine andere, jedes Drinnen bedingt ein Draußen, jedes Innen ein Außen und jedes Einsortieren ein Aussortieren. Sobald Menschen Identitätsräume kreieren – und seien sie noch so demokratisch und gutmenschlich gemeint – und diese mit bestimmten sprachlichen oder anderen (trennenden) Erkennungscodes besetzen, werden diese Räume exklusiv und können so die Entwicklung von Gegenräumen provozieren. Wenn man diese Zusammenhänge beleuchtet, wird klar, dass man diesen dann weder ausschließlich inhaltlich-argumentativ begegnen, noch sie isoliert betrachten kann. Vielmehr wären gesellschaftliche Ordnungsprinzipien und individuelle Verortungsprozesse insgesamt in Bewegung zu bringen. Dazu gehört beispielsweise die hier vorgeschlagene Veränderung unserer Bewertungsschemata bezüglich Gruppen und gruppenbezogener Identifikation. Eine Zurücknahme positiver Verstärkungen von gruppenorientiertem Verhalten und eine Reduktion von starren Gruppengebilden, wo immer möglich, wird automatisch zu neuen Nuancen in Sozialisations- und Bildungsprozessen führen, da so die gesellschaftliche Bewertung und Betonung von Gruppenbezügen beeinflusst bzw. reduziert werden. Wo dies möglich ist, können daher neue Ansätze auch in der gesellschaftlichen Organisation realisiert und feste Formationen gelockert werden, sodass Menschen in sich verändernden Gruppen und Teams zusammenkommen. Das bedeutet auch: in unterschiedlichen Lebenswelten. Wo immer dies möglich ist, könnten Teams neu gemischt, Arbeitsplätze rotiert, Klassenverbände flexibilisiert, Projektarbeit ermöglicht werden etc. Die Umorganisation von Arbeit und Lernen in der Covid-19-Pandemie hat eindrücklich gezeigt, was an struktureller Flexibilität und gesellschaftlichem Veränderungspotenzial vorhanden ist, ohne die grundsätzliche Funktionalität von Institutionen zu gefährden. Langfristig betrachtet muss es immer darum gehen, eine Überidentifizierung mit gesellschaftlichen Teilsegmenten zu vermeiden und stattdessen Menschen hervorzubringen, die sich in jeder kollektiven Konstellation, in jedem Team, in jedem Umfeld gut integrieren können, da sie sich selbstverständlich verortet und vollständig fühlen: Gruppenflexibilität anstatt Gruppenidentität also.

Werden wir so Weltbürger*innen schaffen? Menschen, die zu der globalisierten Welt passen, in der wir leben? Wir können heute nicht sagen, was solche Impulse bewirken würden. Wir wissen nicht, was sie für Menschen hervorbringen würden und was diese zukünftigen Menschen in einigen Generationen aus der Welt machen würden. Das Bedürfnis nach Distinktion und Zugehörigkeit ist zu tief in uns Heutigen verwurzelt, als dass unsere Vorstellungskraft uns erlaubte, eine andere Vision zu entwickeln. Es gibt keine Möglichkeit, empirische Untersuchungen anzustoßen, denn die Empirie, die es zu untersuchen gälte, muss erst geschaffen werden. Noch gibt es keine vorstellbaren Bezüge zu ihr, keine messbaren Kriterien oder Parameter.

Klar ist: Es wird immer Gruppen und gruppenhafte Phänomene geben. Und solange die hier beschriebene Vision einer in ihrer Gesamtheit integrierten Gesellschaft eine Vision bleibt, muss es Gruppen geben – auch, um Minderheiten, die unter Diskriminierung leiden, zu schützen. Es ist unbestritten, dass Gruppen ein zentrales Element unseres demokratischen Systems sind und zu demokratischen Bewegungen beitragen können. Dies zeigt aber auch ihren Bezug zur Macht an – sie binden und konservieren Macht oder sie bieten Schutz vor dieser. Insbesondere Letzteres muss konkret betrachtet und immer bedacht werden! Trotzdem: Es ist dringend notwendig, neue Visionen und Ideen jenseits von derzeit bestehenden, reellen Machtstrukturen zu entwickeln, und dies ist nicht möglich, wenn sich

Diskurse ausschließlich innerhalb der Machtstrukturen bewegen. Warum probieren wir nicht neue Möglichkeiten sozialer Ordnungsprinzipien aus?

Eine Auflösung und Aufweichung von Gruppenidentifizierungen könnte, wo immer sie möglich und wünschenswert ist, von innen heraus entschieden und angestoßen werden. Jede Institution, Vereinigung, Organisation – egal ob Kita, Schule, Unternehmen, Partei, NGO, Verwaltungseinheit, Jugendgruppe, Gewerkschaft, Sportverein, Nationalstaat, religiöse Gemeinschaft und so weiter – sollte sich die Frage stellen, wie viel ›Gruppe‹ und wie viel Gruppenrepräsentation nach innen und außen *wirklich* notwendig ist für eine gute Funktionalität und wie viel im Sinne einer *gesamt*gesellschaftlichen Integration kontraproduktiv ist. Entscheidend ist hier, den kritischen Diskurs über gesellschaftliche Formationen und vor allem über Identifizierungsstrategien anzustoßen! Diese brauchen mehr allgemeine Aufmerksamkeit, denn sie können der Welt scharfe Munition liefern. Um diesen Punkt nun einmal explizit und konkret vor dem Hintergrund bestehender Machtverhältnisse zu fassen: Eine solche Auseinandersetzung kann gut dort beginnen, wo sich Macht historisch geballt hat und qua Zugehörigkeitsdefinition und entsprechendem Wertesystem in die Welt exportiert wurde bzw. wo durch den »Beginn des euroimperialen Abenteuers« die »Produktion des Anderen des Westens« ins Werk gesetzt wurde (Hall 2017/2018: 102). Dies deutet möglicherweise auf eine besondere Verantwortung Europas hin. Aber grundsätzlich beginnt sie überall, wenn grenzüberschreitend Diskurse über diese Themen geführt werden. Und das ist das Ziel.

Zurück zu den Impulsen für Veränderungen. Wichtig ist: Wir brauchen einander, wir arbeiten und lernen miteinander, wir essen miteinander, wir reden und singen miteinander, wir machen gemeinsam Sport, wir lachen und wir beten miteinander – all das ist Nähe und macht eine Gesellschaft zu einem warmen Hort menschlichen Lebens, der uns eine individuelle und gemeinsame Entwicklung ermöglicht. Weil wir Individuen sind, wird es immer Dinge geben, die einem mehr entsprechen, die man mehr mag, die einem wichtiger sind als andere Dinge. Das macht einen Menschen aus und zusammen mit unzähligen weiteren Faktoren bilden sie dessen Persönlichkeit. Wir könnten aber unsere Identifizierungsprozesse weniger als ein lautes, nach außen gerichtetes und schrilles ›Verkaufsgespräch‹ mit anderen führen und nicht ständig anzeigen müssen, dass wir *anders* sind bzw. mit anderen gleich sind. Vielleicht könnten wir lernen, Identifizierung stärker als ›ständiges Selbstgespräch‹ zu behandeln: an das eigene Selbst gerichtet, still, ehrlich, entwicklungsorientiert und vor allem in guter Verbindung mit mir als Teil dieser Welt, die sich in einem unbegreifbaren Kosmos befindet. Wenn Hall mit Bezug zur Globalisierung sagt, dass »Identität heutzutage zunehmend *heimatlos* wird« (2017/2018: 127), kann man darin die Chance sehen, Identität wieder eher im Innen zu finden als im Außen: Identität als einen persönlichen Resonanzraum, der nach innen wirkt und keine nach außen hin aufgerichtete bunt blinkende Attrappe. Wir müssen raus aus diesem aggressiven, wütenden und irgendwie verzweifelt anmutenden Identifizierungs- und Gruppenzwang, der mehr einem Behauptungskrieg als einer friedlichen individuellen und gesellschaftlichen Selbstfindung dient. Dieser Behauptungskrieg ist verheerend und zerstörerisch. Wir sollten dahin kommen, andere Menschen, mit denen wir bestimmte Merkmale teilen, nicht länger für uns selbst zu *brauchen*, weil sie uns einen realen, imaginierten oder visionären Raum bieten, der uns das Gefühl von Ordnung, von Reinheit, also einen geschützten Raum für eine angenehme Selbstreflexion bietet. Lernen wir, mit *jedem* Menschen und allen Menschen, unabhängig von jedweder Gruppenkonstellation, zusammen zu sein und Ziele verwirklichen zu können. Unternehmen wir heute Schritte, die es ermöglichen, dass irgendwann, vermutlich in sehr ferner Zukunft, Menschen von klein auf dazu befähigt werden, dies in einer heterogenen Welt zu vollbringen – ohne dies reflektieren zu müssen und ohne Gefühle von Ambivalenz und Ambiguität zu empfinden. Die Begriffe wie Diskriminierung, Heterogenität und Multikulturalismus nicht mehr in ihrem aktiven Sprachschatz verwalten, weil diese nicht mehr bedeutsam zur Beschreibung der Gesellschaft sind. Das wäre das Ziel, weil dann »der Drang, einen Schlußstrich unter die Ambivalenz zu ziehen«, kein Futter mehr hätte (Bauman 2016: 15). Geben wir Anstöße zu einer Gesellschaft, in der sich Menschen zusammentun, um gemeinsam Ziele zu erreichen – aber sich nicht zusammenrotten, um stärker, besser, anders zu sein, um am Ende nur sich selbst in der Welt zu legitimieren. Wir müssen endlich hervorkommen aus den dunkel vertäfelten Hinterzimmern von Vereinen, Klubs, verfilzten Interessengemeinschaften und den bunt gekachelten illusionären Räumen der

Hashtag-Identitäten. Wenn sich die gesellschaftliche Haltung gegenüber Gruppen von naiver Hingabe in einen gesunden Skeptizismus wandelt und feste gruppenhafte Strukturen, wo immer möglich, vermieden werden, wird deren Einfluss für Sozialisations- und Identifikationsprozesse automatisch abnehmen. Und das wäre gut! Denn es sei noch einmal wiederholt: Erstens: Gruppenbezogene Zugehörigkeiten definieren immer Grenzen und Abgrenzungen, die es von Identifizierten zu verteidigen gilt, oftmals unter größten Opfern. Zweitens: Im Fall einer überhöhten Identifikation mit Gruppenzugehörigkeiten geht es letzten Endes immer mehr um egoistische Bedürfnisse als um die vorgeblichen Inhalte, und dies führt drittens oftmals dazu, dass weder eine Weiterentwicklung von Themen, die das Gemeinwohl bzw. übergreifende Fragen betreffen, noch eine tiefergehende persönliche Entwicklung stattfinden kann. Es wird jedoch vor dem Hintergrund des hier beschriebenen menschlichen Bedürfnisses nach Weltverortung nicht genügen, Menschen aus dem Lagerdenken herauszuführen. Man muss ihnen auch einen Raum für die großen Fragen, die eigene Endlichkeit und Sinnhaftigkeit in Anbetracht der ungeklärten Grundfrage menschlicher Existenz bereitstellen. Es braucht Kompetenzen, Institutionen und Impulse, um einen Umgang mit den eigenen Bedürfnissen nach einer abstrakten Lebensdimension zu finden. Die Gesellschaft muss in ihrer Mitte Möglichkeiten schaffen, die Menschen eine solche kosmische Verortung erlauben. Bei aller Betonung, Förderung und Entwicklung menschlicher Rationalität im Sinne eines aufgeklärten und vernunftgeleiteten Denkens darf nicht in Vergessenheit geraten, dass Menschen niemals vollständig rationale Wesen sein werden. Darüber hinaus bedarf es eines faktenbasierten Konnektivitätsbewusstseins, das auf den Säulen Verbindung, Zusammenhang, Komplexität beruht und Menschen dazu befähigt, kompetente Bewohner*innen innerhalb einer Weltgemeinschaft zu werden. Mit diesem Essay möchte ich Mut machen, neue und ungewohnte Dimensionen in den gesellschaftspolitischen Diskurs zu integrieren. Die Entwicklung von Visionen, neuen Denkwegen und grundsätzlichen und umfassenden Ideen des menschlichen Zusammenlebens sollten nicht in falsche Hände gelangen.

Quellen

Dieses Verzeichnis enthält nur die im Text primär zitierten Nachweise. Für im Text sekundär zitierte Quellen wurden Nachweise in Form von Endnoten aufgenommen.

Adorno, Theodor W. 1951, *Minima Moralia. Reflexionen aus dem beschädigten Leben.* Berlin/Frankfurt a. M.: Suhrkamp.

Adorno, Theodor W. 2003, »Erziehung nach Auschwitz« (1966). In ders., *Gesammelte Schriften. Band 10: Kulturkritik und Gesellschaft I/II.* Frankfurt a. M./Berlin: Suhrkamp.

Anderson, Benedict 1998, *Die Erfindung der Nation: Zur Karriere eines folgenreichen Konzepts.* Berlin: Ullstein.

Antonovsky, Aaron 1987, *Unraveling the Mystery of Health. How People Manage Stress and Stay Well.* San Franciso: Jossey-Bass.

Antons, Klaus 2015, »Die dunkle Seite von Gruppen«. In Edding, Cornelia und Karl Schattenhofer (Hg.), *Handbuch Alles über Gruppen.* Weinheim und Basel: Beltz, S. 324–346.

Bauman, Zygmunt (1992) 2016 (E-Book-Ausgabe), *Moderne und Ambivalenz. Das Ende der Eindeutigkeit.* Hamburg: Hamburger Edition HIS.

Bielefeld, Ulrich 2016, »Europa: Vergesellschaftung jenseits des Nationalstaates – Essay«. *Aus Politik und Zeitgeschichte* 14–15/2016 (= *Zufluchtsgesellschaft Deutschland*), https://www.bpb.de/apuz/223925, letzter Zugriff: 04.01.2022.

Bourdieu, Pierre (1987) 2016, *Die feinen Unterschiede: Kritik der gesellschaftlichen Urteilskraft.* Frankfurt a. M.: Suhrkamp.

Bronfen, Elisabeth und Marius, Benjamin 1997, »Hybride Kulturen. Einleitung zur anglo-amerikanischen Multikulturalismusdebatte«. In Bronfen, Elisabeth, Benjamin Marius und Therese Steffen (Hg.), *Hybride Kulturen. Beiträge zur anglo-amerikanischen Multikulturalismusdebatte.* Tübingen: Stauffenburg, S. 1–29.

Bucher, Anton 2014, *Psychologie der Spiritualität.* Weinheim: Beltz.

Chamberlain, Sigrid (1997) 2010, *Adolf Hitler, die deutsche Mutter und ihr erstes Kind: Über zwei NS-Erziehungsbücher.* Gießen: Psychosozial.

Donsbach, Ruben 2019, »Anna Sorokin – Nach unten kommt man immer«. *Zeit-Magazin online,* 10.05.2019, https://www.zeit.de/zeit-magazin/leben/2019-05/anna-sorokin-hochstaplerin-kleidung-verurteilung-gericht-new-york, letzter Zugriff: 04.01.2022.

Douglas, Mary (1966) 1988, *Reinheit und Gefährdung: Eine Studie zu Vorstellungen von Verunreinigung und Tabu.* Frankfurt a. M.: Suhrkamp.

Douglas, Mary (1970/1973) 1981, *Ritual, Tabu und Körpersymbolik. Sozialanthropologische Studien in Industriegesellschaft und Stammeskultur.* Frankfurt a. M.: Suhrkamp.

Dyk, Silke van 2019, »Identitätspolitik gegen ihre Kritik gelesen. Für einen rebellischen Universalismus«. *Aus Politik und Zeitgeschichte* 9–11/2019 (= *Identitätspolitik*), S. 25–32.

Edding, Cornelia und Karl Schattenhofer (Hg.) 2009, *Handbuch Alles über Gruppen.* Weinheim und Basel: Beltz.

Edding, Cornelia 2009, »Kleingruppenforschung – Geschichte, aktueller Stand, Bedeutung für die Praxis«. In C. Edding und K. Schattenhofer (Hg.), *Handbuch Alles über Gruppen.* Beltz: Weinheim und Basel, S. 47–75.

Eichler, Katja Johanna 2008, *Migration, transnationale Lebenswelten und Gesundheit: Eine qualitative Studie über das Gesundheitshandeln von Migrantinnen.* Wiesbaden: VS.

Eickelpasch, Rolf und Claudia Rademacher (2004) 2013, *Identität.* Bielefeld: Transcript Verlag.

Eliade, Mircea 1957, *Das Heilige und das Profane: Vom Wesen des Religiösen.* Reinbek b. Hamburg: Rowohlt.

El-Mafaalani, Aladin 2019, »Alle an einem Tisch. Zwischen Teilhabe und Diskriminierung«. *Aus Politik und Zeitgeschichte* 9–11/2019 (= *Identitätspolitik*), S. 41–45.

Emcke, Carolin 2016, *Gegen den Hass*. Frankfurt a. M.: S. Fischer.

Ende, Michael (1979) 2019, *Die Unendliche Geschichte*. Stuttgart: Thienemann.

Engelmeier, Hanna, David Kuchenbuch und Timo Luks 2019/2020, »Epistemologie der Gruppe: Forschungsperspektiven 1920–2000«. *Mittelweg 36* 6/2019–1/2020 (= *Die Gruppe. Zur Geschichte und Theorie eines folgenreichen Konzepts*), S. 3–21.

Etzemüller, Thomas 2019/2020, »Weltbewältigungsinstrument: Die Gruppe zwischen schwerer und kypernetischer Moderne«. *Mittelweg 36* 6/2019–1/2020 (= *Die Gruppe. Zur Geschichte und Theorie eines folgenreichen Konzepts*), S. 22–43.

Fuhse, Jan 2006, »Gruppe und Netzwerk – eine begriffsgeschichtliche Rekonstruktion«. *Berliner Journal für Soziologie* 2/2006, S. 245–263.

Fukuyama, Francis 2019, *Identität: Wie der Verlust der Würde unsere Demokratie gefährdet*. Hamburg: Hoffmann und Campe.

Garcia, Tristan 2018, *Wir*. Berlin: Suhrkamp.

Gates, Henry Louis Jr. 2018, »Vorwort« zu Stuart Hall (2017) 2018, *Das verhängnisvolle Dreieck: Rasse, Ethnie, Nation*. Berlin: Suhrkamp, S. 9–25.

Gottwald, Herwig 2007, »Zu Mircea Eliade – aus der Sicht eines Zaungasts«. *Aurora – Magazin für Kultur, Wissen und Gesellschaft*, http://www.aurora-magazin.at/gesellschaft/rum_gottwald_eliade_frm.htm, letzter Zugriff: 04.01.2022.

Griffith, James 2013, *Religion hilft, Religion schadet: Wie der Glaube unsere Gesundheit beeinflusst*. Darmstadt: Wissenschaftliche Buchgesellschaft.

Hall, Stuart (2017) 2018, *Das verhängnisvolle Dreieck: Rasse, Ethnie, Nation*. Berlin: Suhrkamp.

Hutt, Felix 2019, »After Show«. *Der Spiegel* 17/2019, S. 52–56.

Institut für Europäische Politik (IEP) 2017, »Eine europäische Identität?«, http://archiv.iep-berlin.de/wp-content/uploads/2017/12/ALTEU_EU-Identit%c3%a4t.pdf, letzter Zugriff: 04.01.2022.

Illouz, Eva (2018) 2019, *Warum Liebe endet: Eine Soziologie negativer Beziehungen.* Hg. von Bundeszentrale für politische Bildung, Bonn.

Kattmann, Ulrich 2015, »Rassen? Gibt's doch gar nicht«. Hg. von Bundeszentrale für politische Bildung, Bonn, https://www.bpb.de/politik/extremismus/rechtsextremismus/213673/rassen-gibt-s-doch-gar-nicht, letzter Zugriff: 04.01.2022.

Kron, Thomas und Melanie Reddig 2011, »Zygmunt Bauman: Die ambivalente Verfassung moderner und postmoderner Kultur«. In Moebius, Stephan und Dirk Quadflieg (Hg.): *Kultur. Theorien der Gegenwart.* Wiesbaden: VS, S. 452–466.

Mitscherlich, Alexander und Margarete Mitscherlich (1977) 1998, *Die Unfähigkeit, zu trauern: Grundlagen kollektiven Verhaltens.* München, Zürich: Piper.

Mummendey, Amélie 1984, »Verhalten zwischen sozialen Gruppen: Die Theorie der sozialen Identität von Henri Tajfel«, https://pub.uni-bielefeld.de/download/2592053/2604740/113_Mummendey_Verhalten.pdf, letzter Zugriff: 17.01.2022.

Orwell, George (1945) 2020, *Über Nationalismus.* München: DTV.

Phipps, Carter 2012, *Evolutionaries: Unlocking the Spiritual and Cultural Potential of Science's Greatest Idea.* New York u. a.: Harper Perennial.

Pieper, Dietmar 2019, »Warum bleiben Menschen in der Kirche, obwohl sie nicht mehr an Gott glauben?«. *Der Spiegel* 17/2019, S. 40–48.

Pries, Ludger 1997, »Neue Migration im transnationalen Raum«. In ders. (Hg.), *Transnationale Migration* (= *Soziale Welt*, Sonderband 12). Baden-Baden: Nomos, S. 15–44.

Pries, Ludger 2001, »Migration und Integration in Zeiten der Transnationalisierung oder: Warum braucht Deutschland eine ›Kulturrevolution‹?«. *iza – Migration und soziale Arbeit* 1-2001, S. 10–13.

Reschika, Richard 1992, *Mircea Eliade zur Einführung.* Hamburg: Junius.

Reuter, Julia 2002, *Ordnungen des Anderen: Zum Problem des Eigenen in der Soziologie des Fremden.* Bielefeld: Transcript.

Reinhard, Rebekka und Thomas Vašek 2019, »Identität ist Bullshit«. *Die Zeit* 7/2019.

Roth, Philip (2000) 2011, *Der menschliche Makel.* Reinbek b. Hamburg: Rowohlt Taschenbuch.

Saviano, Roberto 2021, »Befreit Atréju! Die italienischen Populisten berufen sich auf eine Figur aus Michael Endes Roman ›Die unendliche Geschichte‹. Warum machen sie das?«. *Die Zeit* 52/2021.

Schaub, Christoph 2020, *Architektur der Unendlichkeit*, Dokumentarfilm, 3sat.

Schiffauer, Werner 2006, »Europa als transnationaler Raum – Perspektiven der kulturwissenschaftlichen Migrationsforschung«. In Beichelt, Timm et al. (Hg.), *Europa-Studien: Eine Einführung.* Wiesbaden: VS, S. 95–110.

Statistisches Bundesamt (Destatis) 2017: *Wie die Zeit vergeht. Analysen zur Zeitverwendung in Deutschland. Beiträge zur Ergebniskonferenz der Zeitverwendungserhebung 2012/2013 am 5./6. Oktober 2016 in Wiesbaden*, https://www.destatis.de/DE/Themen/Gesellschaft-Umwelt/Einkommen-Konsum-Lebensbedingungen/Zeitverwendung/Publikationen/Downloads-Zeitverwendung/tagungsband-wie-die-zeit-vergeht-5639103169004.pdf?__blob=publicationFile, letzter Zugriff: 04.01.2022.

Strauß, Simon 2019, »Bürgerliche Bekenntniskultur statt Identitätspolitik«. *Aus Politik und Zeitgeschichte* 9–11/2019 (= *Identitätspolitik*), S. 4–9.

Tajfel, Henri und John Turner 1979, »An Integrative Theory of Intergroup Conflict«. In Austin, William G. und Stephen Worchel (Hg.), *The Social Psychology of Intergroup Relations.* Monterey, CA: Brooks/Cole, S. 33–47.

Theisen, Christiane 2017, »Die Zeitverwendungserhebung 2012/2013. Methodik, Durchführung und Vergleichbarkeit«. In Statistisches Bundesamt (Destatis), *Wie die Zeit vergeht. Analysen zur Zeitverwendung in Deutschland. Beiträge zur Ergebniskonferenz der Zeitverwendungserhebung 2012/2013 am 5./6. Oktober 2016 in Wiesbaden*, S. 9–24, https://www.destatis.de/DE/Themen/Gesellschaft-Umwelt/Einkommen-Konsum-Lebensbedingungen/Zeitverwendung/Publikationen/Downloads-Zeitverwendung/tagungsband-wie-die-zeit-vergeht-5639103169004.pdf?__blob=publicationFile, letzter Zugriff: 04.01.2022.

Turner, John C. und Katherine Reynolds 2012, *Self-Categorization Theory.* In Van Lange, Paul A. M., Arie W. Kruglanski und E. Tory Higgins (Hg.),

Handbook of Theories of Social Psychology). Thousand Oaks, CA: Sage, S. 399–417, https://doi.org/10.4135/9781446249222.N46.

Utsch, Michael, Raphael Bonelli und Samuel Pfeifer 2014, *Psychotherapie und Spiritualität: Mit existenziellen Konflikten und Transzendenzfragen professionell umgehen*. Berlin, Heidelberg: Springer.

Wellmann, Barry 1983: »Network Analysis: Some Basic Principles«. *Sociological Theory. Band 1*, Hoboken, NJ: Wiley, S. 155–200.

Willner, Jenny 2020, »Was verbindet Esoterik und Rechtsextremismus? Interview von Franziska Koohestani«. *Jetzt.de*, 04.09.2020, https://www.jetzt.de/politik/was-verbindet-esoterik-und-rechtsextremismus, letzter Zugriff: 04.01.2022.

Weber, Max 2002, »Wissenschaft als Beruf« (1919). In ders., *Schriften 1894–1922. Ausgewählt und hg. von Dirk Kaesler*. Stuttgart: Kröner, S. 474–511, https://www.molnut.uni-kiel.de/pdfs/neues/2017/Max_Weber.pdf, letzter Zugriff: 04.01.2022.

Welzer, Harald 2013, *Selbst denken: Eine Anleitung zum Widerstand*. Hg. von Bundeszentrale für politische Bildung, Bonn.

Woolf, Virginia (1927) 2003, *Zum Leuchtturm*. Frankfurt a. M.: S. Fischer Taschenbuch.

Zick, Andreas, Beate Küpper und Wilhelm Berghan 2019, *Verlorene Mitte, Feindselige Zustände: Rechtsextreme Einstellungen in Deutschland 2018/2019*. Hg. von Franziska Schröter für die Friedrich-Ebert-Stiftung, Bonn.

Endnoten

1 Fuhse 2006: 254 mit Bezug auf Wellmann: »›Gruppenhaftigkeit‹ als Variable«. In Wellmann, Barry 1983, »Network Analysis: Some Basic Principles«. *Sociological Theory* 1, S. 155–200.

2 Im Folgenden werden indirekt verwendete Quellen in Endnoten angegeben. Im Quellenverzeichnis finden sich diejenigen Werke, die direkt verwendet wurden.

3 Polity Press, in deutscher Übersetzung aus dem Jahr 1992.

4 Nach Bourdieu in Verbindung mit dem sog. »Habitus«, dem »inkorporierten Kapital«, das durch die elementaren Lebensbedingungen und entsprechenden Anpassungsprozessen erzeugt wird (1987/2016: 195).

5 Abraham Maslow, ein US-amerikanischer Psychologe, klassifizierte und ordnete menschliche Bedürfnisse in Form einer fünfstufigen Pyramide, die von physiologischen und Sicherheitsbedürfnissen über Sozial- und Individualbedürfnisse bis hin zur Selbstverwirklichung reicht. Später hat Maslow die Pyramide um die Ebene der Transzendenz erweitert. Maslows Grundgedanke war, dass die nächste Stufe immer erst nach Befriedigung der ersten erreicht wird. Maslow lebte von 1908–1970, die Bedürfnispyramide veröffentlichte er erstmals im Jahr 1943.

6 Neben alltagspraktischen Konstruktionen beschäftigt sich Reuter in ihrem Band mit exemplarischen Ansätzen wissenschaftlicher Konstruktionsprozesse. Dazu gehören Ausführungen von Georg Simmel (Unterscheidung zwischen räumlich fixierten und beweglichen Menschen), Robert Ezra Park (Konzept des »marginal man«), Alfred Schütz (der Fremde als Immigrant) und der theoretische Ansatz von George Herbert Mead. Meads interaktionistische bzw. pragmatische Theorie betrachtet Reuter als »anschlussfähiges Konzept«, »das die grundlegende Verflechtung des Eigenen und des Fremden sowohl unter integrations- als auch identitätstheoretischer Fragestellung am nachdrücklichsten aufwirft« (2000: 18). Insbesondere auch die Konstruktionen bzw. »VerAnderungspraktiken« (ebd.: 20) durch Ethnologen, das sogenannte »Othering«, stellt Reuter dar – nicht zuletzt am Beispiel der Ansätze von Michael Foucault und Norbert Elias.

7 Mit dem Begriff des ›Diskurses‹ bezeichnet Hall »kein Set textueller Feuerwerke«, sondern das, »was menschlichen Praktiken und Institutionen Bedeutung ver-

leiht, was uns dazu fähig macht, die Welt zu verstehen, und folglich als das, was menschliche Praktiken zu bedeutungsvollen Praktiken macht, die genau deshalb geschichtlicher Natur sind, weil sie auf jene Weise signifizieren, auf die sie auch menschliche Differenzen markieren« (2017/2018: 55).

8 Der Begriff des Resonanzraums wird nicht in Anlehnung an Hartmut Rosas Resonanzkonzept verwendet, der in seinen Werken damit eine »Weltbeziehung« beschreibt, die entweder »stumm« oder »responsiv« sein kann. In diesem Zusammenhang findet an einigen Stellen auch die Vorstellung eines Resonanzraums Erwähnung. Im vorliegenden Text wird sich auf das konkrete Bild eines Hohlraums bezogen, in dem Selbst- und Fremzuchreibungen ihren Klang entfalten.

9 Als »frühe« Werke werden hier die rein ethnografischen Aufzeichnungen aus Douglas Feldforschungen gemeint, mit den »mittleren«, die der Publikation »Reinheit und Gefährdung« und im Kontext von diesem Werk entstandener Texte sowie auch das Werk »Natural Symbols«. Mit dem »späteren« Werk werden alle auf dieser grundlegenden Beschreibung der *grid-group theory* folgenden Publikationen beschrieben, die diese differenzieren und anwenden.

10 Siehe »Risk and Culture« von 1982 und »How institutions think« von 1986.

11 Dies wurde an anderer Stelle (Eichler 2008: 91ff.) ausgeführt. Ich nutze an dieser Stelle die Gelegenheit, nachzutragen, dass die Benennung dieser drei Dimensionen seinerzeit an Fürstenau (2004) angelehnt war – einen Text, der zum Zeitpunkt der Skripterstellung noch unveröffentlicht war, ein Nachtrag nach dessen Veröffentlichung wurde nicht vorgenommen. Siehe Fürstenau, Sara (2004): *Mehrsprachigkeit als Kapital im transnationalen Raum. Perspektiven portugiesischsprachiger Jugendlicher beim Übergang von der Schule in die Arbeitswelt* (= *Interkulturelle Bildungsforschung*, Band 12). Münster: Waxmann.

12 In deutscher Übersetzung unter dem Titel »Der besessene Bibliothekar« 1995 im Insel Verlag erschienen.

13 Eine Legionärsbewegung, die sich auf den Erzengel Michael bezog.

14 Diese besteht aus dem Vertrauen, dass Stimuli aus der Außenwelt und dem Innenleben während des Lebens strukturierbar, vorhersagbar und erklärbar sind, dem Vertrauen in die Verfügbarkeit von Ressourcen, um diesen Stimuli zu begegnen, sowie dem Vertrauen in die Sinnhaftigkeit der Investitionen mit Blick auf die Zukunft (Antonovsky 1987). Aaron Antonovsky (1923–1994) war ein israelisch-amerikanischer Professor, der den salutogenetischen Ansatz entwickelt hat, eine Sichtweise, die Gesundheit als Prozess sieht und auf die fördernden gesundheitserhaltenden Aspekte fokussiert.

15 Und vielleicht ist diese Angst die Triebfeder der »Fehllesung« der »Unendlichen Geschichte« durch italienische Populisten, die Roberto Saviano in einem *Zeit*-Artikel diagnostiziert (mit Bezug auf Harold Bloom). Dieser fragt sich, warum der für ein friedvolles Miteinander kämpfende Atréju als namengebende Figur für Veranstaltungen der Partei Fratelli verwendet wurde (*Die Zeit* 52/2021).

16 Eliade bezieht sich hier zum Beispiel auf die Tradition Indiens, in der von der »Homologie Haus-Kosmos-Körper« intensiv Gebrauch gemacht wurde: »[D]er Körper

ist wie der Kosmos letzten Endes eine ›Situation‹, ein Befindlichkeitssystem, das man auf sich nimmt.« So sei beispielsweise die Wirbelsäule die Weltsäule oder der Berg Meru, die Atemzüge die Winde oder Nabel und das Herz das ›Zentrum der Welt‹ etc. (1957: 101).

17 Sbandi, Pio 1973, *Gruppenpsychologie. Einführung in die Wirklichkeit der Gruppendynamik aus sozialpsychologischer Sicht.* München: Pfeiffer.

18 Engelmeier et al. (2019/2020: 3) beziehen sich auf Helmut Schelskys »Die Arbeit tun die anderen. Klassenkampf und Priesterherrschaft der Intellektuellen« (1975: 270).

19 Schäfers, Bernhard 1994, »Einführung«. In ders. (Hg.), *Einführung in die Gruppensoziologie: Geschichte, Theorien, Analysen.* Heidelberg, Wiesbaden: Quelle und Meyer, S. 13–17.

20 Bauman nimmt hier sowohl Bezug auf Kants »ästhetische Gemeinschaft« als auch auf Maffesolis Begriff des »Neotribalismus«.

21 In Bezug auf Albert Einstein (1960), der diesen Ausdruck als Gegenbild zu mechanistischen Raumkonzepten verwendet. Als »Behälter« wurde vor Einsteins relationaler Perspektive nach Hans Heinrich Blotevogel ein von konkreten Dingen freier, gleichwohl real-empirisch existierender Raum bezeichnet, der Newton zufolge unendlich, leer und vom Vorhandensein von Gegenständen unabhängig absolut ist. Alles nach Pries (1997: 20).

22 So wie auch Pries (1997: 17) transnationale Räume in einer Verschachtelung von geografischen und sozialen Räumen sieht.

23 »Dieses Andere, das aus der ›Schaffung von Ordnung und Harmonie‹ hervorgegangen ist, das Überbleibsel des klassifikatorischen Bestrebens, wird aus jenem *Universum der Verpflichtung* herausgeworfen, das die Mitglieder der Gruppe bindet und ihr Recht anerkennt, als Träger moralischer Rechte behandelt zu werden.« (Bauman 2016: 54, Hervorh. im Original)

24 »Die deutsche Mutter und ihr erstes Kind«, »Unsere kleinen Kinder« (je 1940), »Mutter, erzähl von Adolf Hitler! Ein Buch zum Vorlesen, Nacherzählen und Selbstlesen für kleinere und größere Kinder« (1943).

25 So rekonstruiert Chamberlain in ihrem Nachwort eine Publikationsgeschichte der Ratgeber, die bis ins Jahr 1987 reicht.

26 Beispielsweise Foucault, Michel 1974: *Die Ordnung des Diskurses.* München: Hanser.

27 Die sogenannte »Sapir-Whorf-Hypothese« beschreibt den Zusammenhang zwischen Sprache und Denken. Whorf, Benjamin Lee 1963: *Sprache, Denken, Wirklichkeit. Beiträge zur Metalinguistik und Sprachphilosophie.* Reinbek b. Hamburg: Rowohlt.

28 Weber in seinem Vortrag »Wissenschaft als Beruf« (2002: 488): »Rationalismus der Weltbeherrschung ist das Wissen davon oder der Glauben daran, daß man, wenn man nur wollte, es jederzeit erfahren könnte, daß es also prinzipiell keine geheimnisvollen unberechenbaren Mächte gebe, die da hineinspielen, daß man vielmehr alle Dinge – im Prinzip – durch Berechnen beherrschen könne. Das aber bedeutet: Die Entzauberung der Welt. Nicht mehr, wie der Wilde, für den es solche Mächte gab, muss man zu magischen Mitteln greifen, um die Geister zu

beherrschen oder zu erbitten. Sondern technische Mittel und Berechnung leisten das. Dies vor allem bedeutet die Intellektualisierung als solche.«

29 Er tut das mit Bezug auf Levi Bryant, Graham Harman und Donna Haraway.

30 Hood, Ralph W. Jr. Peter C. Hill und Bernard Spilka 2009, *The Psychology of Religion: An Empirical Approach*. 4. Aufl. New York, NY: Guilford Press, S. 9.

31 Eberwein, Werner 2009, *Humanistische Psychotherapie. Quellen, Theorien und Techniken*. Thieme: Stuttgart.

32 Siehe die erste Ausgabe von Buchers »Psychologie der Spiritualität« aus dem Jahr 2007, Beltz: Weinheim

33 Der Begriff findet sich vor allem im Medienbereich, wo er die Verbindung von Kommunikationssystemen bezeichnet, aber wird auch in der Hirnforschung für die Verbindung von Nervenzellen verwendet.

34 Die Seitenzahlen beziehen sich auf die Druckfassung des online verfügbaren Aufsatzes.

35 Und so sind auch die hier verwendeten Begriffe der »Komplexität« und »Dichte« komplexer, als hier dargestellt: Der Begriff der »Komplexität« wurde in analytischer Weise seit den 1970er Jahren entwickelt, nachdem er aus dem naturwissenschaftlichen Anwendungsbereich übernommen wurde (vgl. hierzu z. B. Leendertz, Ariane 2015, »Das Komplexitätssyndrom: Gesellschaftliche ›Komplexität‹ als intellektuelle und politische Herausforderung in den 1970er Jahren«. *MPIfG Discussion Paper* 15/7, www.mpifg.de, letzter Zugriff: 03.12.2021). Mit dem Begriff der »Dichte« haben im akademischen Rahmen unter anderem Émile Durkheim in der Soziologie (mit Bezug auf den Zusammenhalt von Gesellschaften) und Clifford Geertz im Rahmen der ethnologischen Forschung (mit Bezug zur Methode der »dichten Beschreibung« von Gesellschaften) gearbeitet.

36 Ob dieser Begriff auf Wolfgang Klafki oder Franz Weinert zurückgeht, ist nicht eindeutig geklärt.